U0452803

国家社会科学基金项目最终成果(课题编号:13BYY110)

使令动词的产生、发展及其影响

刘文正 著

中国社会科学出版社

图书在版编目(CIP)数据

使令动词的产生、发展及其影响/刘文正著. —北京：中国社会科学出版社，2024.3

ISBN 978-7-5227-3043-1

Ⅰ.①使… Ⅱ.①刘… Ⅲ.①汉语—动词—语言学史—研究 Ⅳ.①H146.2

中国国家版本馆 CIP 数据核字(2024)第 037399 号

出 版 人	赵剑英	
责任编辑	宫京蕾	
责任校对	夏慧萍	
责任印制	郝美娜	

出　　版	中国社会科学出版社	
社　　址	北京鼓楼西大街甲 158 号	
邮　　编	100720	
网　　址	http://www.csspw.cn	
发 行 部	010-84083685	
门 市 部	010-84029450	
经　　销	新华书店及其他书店	
印　　刷	北京君升印刷有限公司	
装　　订	廊坊市广阳区广增装订厂	
版　　次	2024 年 3 月第 1 版	
印　　次	2024 年 3 月第 1 次印刷	
开　　本	710×1000　1/16	
印　　张	19.25	
插　　页	2	
字　　数	316 千字	
定　　价	108.00 元	

凡购买中国社会科学出版社图书，如有质量问题请与本社营销中心联系调换
电话：010-84083683
版权所有　侵权必究

序　言

　　语法即语言构成和使用之法，具体而言，可分别称为词法、句法和章法。其中，词法跟句法的关系密切，句法跟章法的关系密切。

　　研究词法的不仅要研究词的分类、词的构成方式，更要研究词在句子中的使用情况。故有研究名词者，有研究动词者，有研究副词者，有研究形容词者，研究量词者，还有研究助词和语气词者。研究名词而有较大成就者，储泽祥、王珏、刘顺君堪称班头；研究副词而有较大贡献者，唐贤清、杨荣祥君堪称榜首；研究形容词而有较好声誉者，石锓君堪执牛耳；研究量词而垂后世者，刘世儒堪称导首；研究助词和语气词者，自吕叔湘先生导乎先路后，或断代研究，或按文献类别研究，人数之众，成果之多，遽数之不能终其数，难以一一论列；研究动词者，自吕叔湘先生在《中国文法要略》中提出"动词中心观"① 以来，研究者蜂起，人数之多，成果之硕，也难以一一论列，更难举出执牛耳的人选。

　　研究词法大多要研究句式，名词如此，助词如此，动词更是如此。刘文正君长期致力于汉语历史语法的研究，其主攻方向是动词及其句法演变，曾有《太平经动词及相关句法研究》（2015）之作，并以此获全国百篇优秀博士论文奖励。雏鹰初飞，已见不凡。在此基础上，又有《使令动词的产生、发展及其影响》之制，此书为国家社科基金项目的结项成果，今将出版，也是一件快事。文正曾从我游，故请我为其书作序。

　　吾观夫文正此书，其可论者约有三端。

---

　　① 吕叔湘：《中国文法要略》："所以这一类句子的中心是一个动词"，这句话被认为是"汉语动词中心观"的首倡，意义重大。原话见《吕叔湘全集》第一册，辽宁教育出版社2002年版，第29页。

一是系统演变观。王力先生著《汉语语法史》，共分析了二十多种语法现象的演变，但并未深入探讨各种演变现象之间的关联。此后很多专题研究也多如此。此书重点讨论使令动词和使令兼语式的发展历程，在此基础上，还将这些演变跟使动用法及动补结构的发展联系起来，进行综合考察，从而发现，使令兼语式的应用，使令范畴的形成和发展，导致"致使"义素从使动用法中分离开来，从而导致形容词、状态动词的使动用法走向衰落，又使得并立的"动词+使动词"得以重新分析，变成动补结构。这样，就将三种语法现象的演变综合起来，使我们认识到，汉语句式的演变，不是孤立进行的，各种现象之间，往往有着因果联系。

二是深入细致的描写。在考察使令兼语式和使令动词方面，全书选取汉语史各阶段的代表性文献，从句法、语义和语用三个维度，对其中具有"使令"义的动词进行穷尽分析，不但考察使令兼语式中兼语动词"行为"义逐渐丢失，还注意到兼语小句中谓词从行为到状态的细微变化，将整个演变过程加以细化，辅之以详细的数据统计，清晰地展示了"使、令、遣、教、让、命、致、请"等从普通动词向使令动词演变的历程和演变规律。在考察使动用法的衰落和动补结构的形成方面，也有细致的语义分析和详细的数据统计。这些细致的描述，详细展示了三种语法现象的演变过程，也充分展示了它们在演变过程中的相互关联。

三是跨语言的比较。英语"ask、have、make"等词语具有"致使"义，与汉语使令动词相当，所常用句式"主+动+宾+宾补"，也与汉语使令兼语式功能相近。对汉、英功能相近的"致使"义词语的演变过程加以考察，对于揭示人类语言的基本演变规律，揭示具体语言演变的个性，均有重要意义。此书描述了英语中十多个具有使令义的词语的演变历程，指出汉、英语"致使"义词语来源其基本相同，方向大体一致。但英语中充当"宾补"的成分在最后阶段才是行为动词，而汉语则是由动词逐渐向形容词演变。这些研究，展示了两种语言相近范畴在发展道路上的共性和差异，具有很高的普通语言学价值。

任何著作都不可能完美无缺，文正的书也是如此。书中用了跨语言比较法，就比较对象而言，用英语比较，不如用汉藏语系的语言比较。尽管人类语言有共性，但同语系内的语言比较更具普遍性和说服力。纵使用英语比较，由于英语不是作者的母语，加上没有使用英语的语言环境，尽管文正在英语学习方面下了不少功夫，但尚未形成英语语感，故在英语

"致使"义词语演变的考察过程中，主要依据历时词典，未能结合具体材料从语用角度细加分析，其分析的深度也就有限。有限比没有好，这种尝试对于汉语史的研究来说，是值得鼓励的。

尽管如此，《使令动词的产生、发展及其影响》仍是一部好的高质量的学术著作。年老了，本身在逐渐地作减法，但能看到自己的学生在作加法，不时有新的著作问世，不由老怀甚慰。

荀子说："诗曰：'尸鸠在桑，其子七兮。淑人君子，其仪一兮。其仪一兮，心如结兮。'故君子结于一也。"一心一意地读书，一心一意地治学，只问耕耘，不问收获。文正理论修养较高，思维能力较强，适合于语法研究，若能一心一意于语法研究，其前途可以想见。

是为序。

蒋冀骋　于湖南师范大学无知斋
2022 年 9 月 14 日

目 录

第一章 绪论 …………………………………………………………（1）
  第一节 以往的研究成果 …………………………………………（3）
    一 关于"兼语式"是否该取消 ……………………………（3）
    二 关于兼语式的结构 ………………………………………（5）
    三 关于兼语式的语义类型 …………………………………（6）
    四 关于兼语式发展的研究 …………………………………（6）
    五 关于兼语式跟其他结构式的历时关系的研究 …………（7）
    六 使令动词的共时研究 ……………………………………（8）
    七 使令动词的历时研究 ……………………………………（8）
  第二节 本课题的研究内容和方法 ………………………………（10）
    一 研究范围 …………………………………………………（10）
    二 研究方法 …………………………………………………（11）

第二章 汉语使令动词的产生 …………………………………………（12）
  第一节 使令动词产生于殷商说质疑 ……………………………（12）
    一 甲骨卜辞中"乎、令、使"的语义句法特征 …………（13）
    二 甲骨卜辞中"乎、令、使"的演化等级 ………………（17）
    三 先秦传世文献中的"呼（乎）、令、使" ……………（19）
  第二节 兼语式的形成 ……………………………………………（21）
    一 "言语动词+直接引语"的演变 ………………………（21）
    二 "使+N，PP_2"的演变 ………………………………（24）
  第三节 兼语式内部各成分的变化 ………………………………（25）
    一 主语的变化 ………………………………………………（25）

二　兼语的变化 …………………………………………… (27)
　　三　PP$_2$ 的变化 ………………………………………… (27)
　　四　V$_1$ 的变化 ………………………………………… (28)
　第四节　V$_1$ 变化的原因 …………………………………… (29)
　　一　句法基础 ……………………………………………… (29)
　　二　语义的变化 …………………………………………… (29)
　　三　否定对 V$_1$ 词义变化的影响 ……………………… (31)
第三章　汉语单音节使令动词的形成和发展 ………………… (36)
　第一节　使令动词"使"的形成和发展 ……………………… (36)
　　一　《尚书》《诗经》中的"使" …………………………… (36)
　　二　《左传》中的"使" …………………………………… (37)
　　三　《史记》中的"使" …………………………………… (43)
　　四　《太平经》中的"使" ………………………………… (47)
　　五　西晋竺法护译经中的"使" ………………………… (50)
　　六　《世说新语》中的"使" ……………………………… (54)
　　七　《齐民要术》中的"使" ……………………………… (56)
　　八　唐代《全唐诗》中的"使" …………………………… (59)
　　九　《祖堂集》中的"使" ………………………………… (62)
　第二节　使令动词"令"的形成和发展 ……………………… (65)
　　一　《尚书》《诗经》中的"令" …………………………… (65)
　　二　《左传》中的"令" …………………………………… (66)
　　三　《史记》中的"令" …………………………………… (67)
　　四　《太平经》中的"令" ………………………………… (71)
　　五　竺法护译经中的"令" ……………………………… (74)
　　六　《世说新语》中的"令" ……………………………… (77)
　　七　《齐民要术》中的"令" ……………………………… (79)
　　八　《全唐诗》中的"令" ………………………………… (81)
　　九　《祖堂集》中的"令" ………………………………… (83)
　第三节　使令动词"遣"的形成和发展 ……………………… (86)
　　一　甲骨卜辞、《尚书》《诗经》中的"遣" ……………… (86)
　　二　《左传》中的"遣" …………………………………… (87)
　　三　《史记》中的"遣" …………………………………… (87)

四　《太平经》中的"遣" ………………………………………… (89)
　　五　竺法护译经中的"遣" ………………………………………… (90)
　　六　《世说新语》中的"遣" ……………………………………… (91)
　　七　《全唐诗》中的"遣" ………………………………………… (92)
　　八　《祖堂集》中的"遣" ………………………………………… (96)
第四节　使令动词"教"的形成和发展 ……………………………… (99)
　　一　《尚书》中的"教" …………………………………………… (99)
　　二　《左传》中的"教" …………………………………………… (100)
　　三　西汉《史记》及唐之前文献中的"教" …………………… (102)
　　四　《全唐诗》和《祖堂集》中的"教" ……………………… (105)
第五节　使令动词"命"的形成和发展 ……………………………… (109)
　　一　《尚书》和《诗经》中的"命" …………………………… (110)
　　二　《左传》中的"命" …………………………………………… (111)
　　三　《史记》中的"命" …………………………………………… (114)
　　四　东汉《太平经》至唐代《全唐诗》中的"命" …………… (116)
　　五　《祖堂集》中的"命" ………………………………………… (118)
第六节　使令动词"致"的形成和发展 ……………………………… (119)
　　一　《尚书》中的"致" …………………………………………… (120)
　　二　《左传》中的"致" …………………………………………… (120)
　　三　《史记》中的"致" …………………………………………… (121)
　　四　《太平经》中的"致" ………………………………………… (124)
　　五　竺法护译经中的"致" ………………………………………… (125)
　　六　《世说新语》中的"致" ……………………………………… (126)
　　七　《齐民要术》中的"致" ……………………………………… (126)
　　八　《全唐诗》中的"致" ………………………………………… (128)
　　九　《祖堂集》中的"致" ………………………………………… (128)
第七节　使令动词"让"的形成和发展 ……………………………… (130)
　　一　先秦："让"的语义内涵及句法形式 …………………… (132)
　　二　西汉："让"的"让与"义使令动词的形成 …………… (134)
　　三　六朝："让与"义使令动词的稳固及"容让"义使令
　　　　　动词的萌芽 ………………………………………………… (137)
　　四　唐宋：使令动词"让"的形成 ……………………………… (139)

五　"让"的"使役""使令"义的产生原因 …………………… (143)
　第八节　使令动词"请"的形成和发展 …………………………… (145)
　　一　《左传》中的"请" ……………………………………………… (146)
　　二　《史记》中的"请" ……………………………………………… (149)
　　三　《太平经》中"请"的使用情况 ……………………………… (152)
　　四　竺法护译经中的"请" ………………………………………… (154)
　　五　《全唐诗》中的"请" …………………………………………… (156)
　　六　《祖堂集》中的"请" …………………………………………… (159)
　第九节　其他使令动词的形成和发展 …………………………… (162)
　　一　俾 ………………………………………………………………… (162)
　　二　敕 ………………………………………………………………… (166)
　　三　劝 ………………………………………………………………… (170)
　　四　唤 ………………………………………………………………… (173)
　　五　其他 ……………………………………………………………… (175)
　本章总结 …………………………………………………………………… (176)

第四章　复合使令动词的形成和发展 ……………………………… (180)
　第一节　《太平经》中的复合使令动词 …………………………… (180)
　　一　令使 ……………………………………………………………… (180)
　　二　"使令" …………………………………………………………… (181)
　　三　遣令、使遣、遣使 ……………………………………………… (182)
　　四　令敕、敕令、敕使、教使、敕教使 …………………………… (182)
　　五　令致、致令 ……………………………………………………… (183)
　第二节　中古其他文献中的复合使令动词 ……………………… (183)
　　一　已见于《太平经》的复合使令动词 ………………………… (183)
　　二　新见复合使令动词 …………………………………………… (184)
　第三节　《全唐诗》《祖堂集》中的复合使令动词 ……………… (185)
　　一　"遣"类 …………………………………………………………… (186)
　　二　"教"类 …………………………………………………………… (187)
　　三　其他 ……………………………………………………………… (189)

第五章　上古、中古、近代的"V令XP" …………………………… (195)
　第一节　上古汉语的"V令XP" …………………………………… (196)
　　一　上古例证分析 ………………………………………………… (196)

二　"V 令 XP" 的语义特征 …………………………… (198)
　　三　"V 令 VP" 和 "V 令 AP" 的关系 ………………… (199)
　第二节　中古汉语的 "V 令 VP" 和 "V 令 AP" ……………… (200)
　　一　V 令 VP ……………………………………………… (201)
　　二　V 令 AP ……………………………………………… (203)
　第三节　近代汉语的 "V 令 XP" …………………………… (206)
　第四节　"V 令 XP" 的成因 ………………………………… (206)
　　一　语义句法基础 ………………………………………… (207)
　　二　语用因素 ……………………………………………… (207)
　　三　韵律因素 ……………………………………………… (208)
　　四　语体因素 ……………………………………………… (208)
第六章　汉、英使令动词来源之比较 ………………………… (211)
　第一节　英语使令动词及形成 ……………………………… (211)
　　一　order ………………………………………………… (212)
　　二　ask …………………………………………………… (213)
　　三　send ………………………………………………… (215)
　　四　make ………………………………………………… (216)
　　五　have ………………………………………………… (218)
　　六　get …………………………………………………… (220)
　　七　allow ………………………………………………… (223)
　　八　let …………………………………………………… (224)
　　九　cause ………………………………………………… (225)
　　十　-en 和 en- …………………………………………… (226)
　第二节　英语使令动词的形成规律 ………………………… (227)
　　一　语义和句法的对应规律 ……………………………… (228)
　　二　英语使令动词的形成规律 …………………………… (229)
　　三　小结 …………………………………………………… (231)
　第三节　英、汉使令动词形成之比较 ……………………… (232)
　　一　来源和演变之异同 …………………………………… (232)
　　二　语义基础之异同 ……………………………………… (233)
　　三　相似的句法格局 ……………………………………… (235)

第七章　使令动词的产生对使动用法的影响 ……………… (239)

第一节　《左传》中形容词的两种用法 …………………… (240)
一　在"致使-状态"兼语式中充当PP_2的形容词 …………… (240)
二　形容词的使动用法 ……………………………………… (242)

第二节　《史记》中形容词的两种用法 …………………… (243)
一　在"致使-状态"兼语式充当PP_2的形容词 ……………… (243)
二　形容词的使动用法 ……………………………………… (246)

第三节　《太平经》中形容词的两种用法 ………………… (248)
一　在"致使-状态"兼语式中充当PP_2的形容词 …………… (248)
二　形容词的使动用法 ……………………………………… (250)

第四节　竺法护译经中形容词的两种用法 ………………… (251)
一　在"致使-状态"兼语式中充当PP_2的形容词 …………… (251)
二　形容词的使动用法 ……………………………………… (253)

第五节　《世说新语》中形容词的两种用法 ……………… (254)
一　在"致使-状态"兼语式中充当PP_2的形容词 …………… (254)
二　形容词的使动用法 ……………………………………… (254)

第六节　《齐民要术》中形容词的两种用法 ……………… (255)
一　在"致使-状态"兼语式中充当PP_2的形容词 …………… (255)
二　《齐民要术》中形容词的使动用法 …………………… (258)

第七节　使令动词的功能扩展对形容词的影响 …………… (260)
一　单音节形容词充当PP_2及使动用法 …………………… (260)
二　复合形容词充当PP_2及使动用法 ……………………… (262)
三　《祖堂集》分析手段和综合手段 ……………………… (263)

第八章　使令动词的产生对使成动结式的影响 …………… (264)

第一节　使成动结式的产生 ………………………………… (265)
如何判别使成动结式的产生 ……………………………… (265)

第二节　"V+A"使成动结式的产生 ……………………… (272)
一　V破 ……………………………………………………… (272)
二　V正 ……………………………………………………… (275)
三　V绝 ……………………………………………………… (277)
四　V全 ……………………………………………………… (279)
五　V明 ……………………………………………………… (280)

第三节 "V+状态动词"使成动结式的产生 …………………（281）
　　一　V伤 …………………………………………………（281）
　　二　V怒 …………………………………………………（282）
　　三　V断 …………………………………………………（284）
　　四　V死 …………………………………………………（285）
　本章总结 ……………………………………………………（287）
主要参考文献 …………………………………………………（288）
后　记 …………………………………………………………（293）

第一章

绪　论

什么是使令动词？这个问题很复杂，先从一组例句说起。

（1）a. 上级令各校切实执行。　b. 上级命令各校切实执行。

上例"令""命令"意思相同，但 a 和 b 并不都能分解为两个小句：

（1'）a. *上级令各校，切实执行。b. 上级命令各校，切实执行。

通过比较可知，"令""命令"句法差别很大："令"之后不能只有名词宾语，还须有谓词性成分进一步说明；"命令"之后可以是名词宾语。学界通常把（1）a 和 b 称为"兼语式"（pivotal construction）。

有些用法中"令"和"命令"意义也有差别，不能替换。如：

（2）a. 他的话令人高兴。b. *他的话命令人高兴。

兼语式是现代汉语的特殊结构式，由两个谓词短语（predicate phrase，简称PP）黏合而成，二者互不充当彼此的直接成分。此结构可概括为：

（3）主语　+　PP_1　+　兼语　+　PP_2
　　　a. 上级　　　令　　各校　切实执行。
　　　b. 上级　　命令　　各校　切实执行。
　　　c. 他的话　　令　　　人　　高兴。

兼语式中，前面的谓语核心是及物动词，后面的谓词核心可以是动词，如 a 句中的"执行"，也可以是形容词，如 c 句中的"高兴"。因此，兼语式又可概括为：

(4) a. 主语+V_1+兼语+V_2　　b. 主语+V_1+兼语+A

但是，PP_2核心有时很难确定是动词还是形容词，为了论述方便，可笼统称之为：

(5) 主语+V_1+兼语+PP_2　　或：主语+V_1+兼语+ V_2/A

兼语式中，两个谓词短语没有直接成分关系，但PP_2不可或缺，否则句子不成立；兼语既是V_1的宾语，又是V_2/A 的主语，是两个谓词的直接成分。

上文提到的V_1"令"，表示"使役、命令、致使"等义，只能用于兼语式，可称之为"使令兼语动词"（causative pivotal verb），简称"使令动词"。故使令动词可定义为：

> 表示"使役、命令、致使"等义，且只能用于兼语式的动词，如"使、令、叫、让"等，是典型的使令动词；有些使令动词还带有"陪伴"义，一般也只用于兼语式，如"带、领、率"等，是非典型的使令动词。

使令动词内部成员"使、令、叫、让"等也有意义差别。例如：

(6) a. 他的话让/令人惊讶。　　b. ?他的话使/叫人惊讶。

上例中，"让"可替换为"令"，但如果替换成"使、叫"，可接受度不高。

从历时来看，兼语式经历了从无到有、功能逐渐扩大的过程，而使令动词经历了从行为动词向使令动词的演变过程，两种演变密不可分，并且二者还跟汉语其他句法现象的发展紧密关联，如使动用法的衰落等。迄今为止，有关这些方面、这些关系的研究成果尚不多见，有必要加以研究。

第一节 以往的研究成果

兼语式的特殊性很早就受到关注，但在很长一段时间里，学者对使令动词的特殊性关注不够，常将它与普通行为动词混在一起。近年来，得益于兼语式研究的不断深入，使令动词逐渐受到重视。

相关研究可追溯到刘半农（1920）所述之"兼格"现象①，但没有深入分析。黎锦熙（1924）模仿西方纳氏语法，把它处理为"动+宾+宾补"，这样的处理，把动词加小句宾语的句法现象也纳入其中。王力（1943、1958）的问题跟黎氏一样，把"看见/知道+小句宾语"混在一起。吕叔湘（1942）把兼语式（致使句）局限在"致使"，把"派遣、帮、有"之类排除在外，概括范围又偏小。赵元任（1952）首次提出"兼语结构"，指明兼语的特性——既是前一动词的宾语，又是后一谓词的主语。至此兼语式的内涵和外延才渐渐确定，只是名称稍有差异，或称兼语式，或称兼语句。

有关兼语式和使令动词的研究可分为以下七个方面。

一 关于"兼语式"是否该取消

"兼语式"虽广为接受，但也有一些人反对。萧璋（1956）主张把兼语式归入扩大的主从动词词组或复句，理由是：语音上，PP_2 不读重音，结构上，可跟 V_1 倒置，应视为 V_1 的补足语。史存直（1954）把兼语式定性为单句，认为一个单句只有一个叙述，如果承认"兼语"，就等于承认了两个叙述的结合，不符合一个单句只有一个叙述的要求。张静（1977、1981）的观点跟史存直相近，认为如果承认兼语式，就破坏了单句只有一套中心的分析法。他还提出，"使、叫、让"等动词跟其后的名词合起来组成介词结构，作 PP_2 的状语，形成状中式。吕冀平（1979）主张将"兼语式"归入动词加小句宾语一类。朱德熙（1985）主张取消兼语式，将它归入连谓式。邢欣（2004）认为 N 之后有个空语类，"V_1+N+V_2"实际上是"$V_1+N+（\ ）+V_2$"，同样对兼语式持否定态度。

---

① 龚千炎《中国语法学史稿》（1987）提及最早提出"兼格"说的是刘半农《中国文法通论》（1920）。

其实，这些质疑均不足以否定兼语式的地位。从语音上看，PP_2并非不读重音。如：

(1) 局长命令大家务必站好最后一班岗。

上例是通常所说的兼语式，"务必站好最后一班岗"中"务必、站好"等词语显然要读重音。

有些兼语式中V_1反而不读重音。如：

(2) 这件事让我明白了一个要懂得如何做人的道理。

上例中，读重音的通常不是V_1"让"，而是PP_2"明白了一个要懂得如何做人的道理"中的"明白、懂得、如何做人"等。显然，依据重音，无法确立兼语式的地位。

同样，可否倒置，也不能作为兼语式的判定标准。很明显，上例不能倒置成"*明白了一个要懂得如何做人的道理这件事让我"。

有些兼语式的几个板块之间往往有语音停顿，除主语之后的停顿外，可在 N 和 PP_2 之间增加停顿，即 [[V_1+N], +PP_2]。如：

(3) a. 我邀请大家明天去我家。 → b. 我邀请大家，明天去我家。

但也有一些PP_2之前加上停顿显得很不自然。如：

(4) a. 老师的话语让我茅塞顿开。 → b. *老师的话语让我，茅塞顿开。

例（4）"让我茅塞顿开"内部衔接紧密，"我"和"茅塞顿开"之间不能停顿。非但"让"字兼语式，"使、令、叫"字兼语式也是如此。

可见，依据重音、倒置等因素来否定兼语式地位，并不可取。

兼语式形成之前，使令动词都是普通动词，只带普通宾语；有时需对宾语进一步说明，信息才完整，就会再附一个承前省略主语的小句。如：

(5)（遣徐市）发童男女数千人，入海求仙人。（《史记·秦始皇本纪》）

上例中，"发童男女数千人"和"入海求仙人"是承接关系复句，后一小句承前省略主语"童男女数千人"。如果去掉逗号（停顿），就变成兼语式"（徐市）发童男女数千人入海求仙人"，中间确实存在一个省略型空语类。现代汉语也是如此。确实可以认为例（3）a 中也有一个省略型空语类，因为它是 b 变换而成的。

但要注意的是，不同的兼语式，有松紧之别：例（3）a 内部较松散，可在兼语之后断开；但"使/令/让"字兼语式内部结合紧密，中间不能断开。既然如此，再认为 N 和 PP_2 之间存在空语类，就不合情理。兼语式有一个历时发展过程，随着结构的凝固化，空语类逐渐丢失。可见，根据空语类理论来否定兼语式的做法也有问题。

同样，根据包含叙述数量的众寡决定兼语式地位，或将兼语式归入单句，或将其归入复句，这种二元法也是不科学的。汉语中有一种紧缩复句，包含多个叙述，内部层次上不同于单句，形式结构上又不同于复句，是介于二者之间的一种类型，不宜简单处理为单句或复句。兼语式也是如此，典型的兼语式是单句形式，但包含多个叙述。

总的来说，目前的研究不足以否定兼语式的地位。既然如此，我们应当承认，在现行的汉语语法体系中，兼语式当有正式名分和合理地位。

二 关于兼语式的结构

黎锦熙（1924）将兼语式分析为"动+宾+宾补"，"宾补"是表示"使令、请托或劝告"（反面就是"禁止、拒绝"等）的外动词的宾语之后的成分，并指出动词的宾语兼具两种资格。但从其引例来看，其中有"爱+N+V"之类（我爱他们诚实）。可见黎氏主要关注形式结构分析，不重视语义结构差异，结果是将"心理动词+小句宾语"混在一起。王力（1943）把兼语式称为"递系式"，表面上只是名称之异，实则反映了着眼点的变化。王氏更关注语义结构关系。正如邢欣（2004）所说，"递系式"反映的是"两个动词短语 VP_1 与 VP_2 之间的延续关系"，"兼语式"反映的是关注"介于两个动词之间的名词短语的双重功能"。吕叔湘（1942）注意到"V 之使+状态词"中"V 之"语义未尽的特点，故而需要在后面再加上"使+状态词",又指出"使/令"等字居首的兼语式多表假设,跟王氏一样,吕氏也注重兼语式的语义结构。

赵元任(1952)开始注意到兼语式和动词带宾语小句的区别,从语音特征(轻声/非轻声)、兼语/充当宾语之小句的主语可否移位、紧缩性等角度展开讨论。李临定(1986)所分析的内容更广泛,包括:①兼语式中否定词的使用;②V_1的主语的类型(词/小句);③兼语的有定/无定、兼语的省略;④PP_2的省略与移位;⑤V_1与"了/着/过""得/给""当/作/为"等成分的搭配能力、V_1的可替换性。此外还论及无主语兼语式的作用、兼语式和其他句式的变换关系。赵元任、李临定对兼语式的描述,不但揭示了句法语义结构方面更丰富的细节特征,还在很大程度上揭示了兼语式与其他句式的差异。

三 关于兼语式的语义类型

黎锦熙(1924)将兼语式分为三类:①使令/请托/劝告;②称谓/认定;③表示情意作用,只有前两种得到公认。丁声树(1961)也分三类:①"使/教/让"类;②"请/要/派/催/介绍/召集/放/领导/请求/允许"类;③"有/没有"类。两相比较,后者将前者的第一类分成了两种,前者的后两种被排除,又增加了"有/没有"类。这一做法成了后来的通行标准,各大学现代汉语教材,以及张斌(2012)都采用这一标准。Peng(2006)依据结构式语法将兼语式分为操控型、结果型、描写型、因果型四类,这种处理注意到了主语、兼语等成分的语义变化,体现了新视角和新思想的价值。朱晓亚(2001)依据格语法描述兼语式的各种语义组合形式,内容涉及兼语式的主语、兼语的语义角色、V_1和PP_2的语义类型等,深入句式内的各种语义成分及语义关系,分析更加细致。此外,朱琳(2009)吸收语言类型学等理论,给兼语式的语义类型分析带来了新的思路。

四 关于兼语式发展的研究

吕叔湘(1942)关于"V之使+状态词"的分析,从现代汉语扩大到了古代汉语。王力(1958)也改变其《中国现代语法》(1943)中仅关注现代的做法,开始描写兼语式的发展历史,他指出,上古已产生"有"字式和"命/使/遣/令"字式,且应用范围逐渐扩大;宋代以后,类型增加，产生"教/叫"字式；"五四以后，汉语的表达内容丰富了，兼语式的应用范围就比任何时期都更加扩大"。这是首次用发展的眼光来观察兼语式。太田辰夫（1958）把"使令"和"被动"均纳入兼语式，开始关注不同结构式之间的演变关系。冯春田（2000）细致描述了"使、使得、令、教（交）、着、叫、与、让、要、遣、放"等构成的兼语式的发展过程，还指出兼语式向被动式演变经历了"具体使役—抽象使役—被动使役"的过程及三个条件。Peng（2006）则指出兼语式在形成过程中依次经历了意合（parataxis）、形合（hypotaxis）、主从（subordination）三阶段，还讨论了兼语式形成和多样化的诱因。可以看到，随着时间推移，兼语式研究从单纯描写走向描写与解释结合，方法不断改进，认识也不断深入。

五 关于兼语式跟其他结构式的历时关系的研究

陈承泽（1922）开始注意到使动用法与兼语式的语义关联，吕叔湘（1942）注意到兼语式跟"把"字句的联系，前文提到太田辰夫（1958）不仅注意到兼语式跟被动式的关系，还注意到它跟连动式、动补结构（使成复合动词）等结构式的语义关联，这些研究都注意到了兼语式跟其他结构式的关系，但没有从历时发展的角度来考察。

志村良治（1984）注意到，在使成复合动词的形成过程中"使役式句或类似使役式的句子起了重要作用"，但未深入讨论。梅祖麟（1991）考察动补结构（如"打死"）的来源，注意到它与"隔开式"动补结构（如"打头破"，实际上是兼语式）的关联。蒋绍愚（1994）、宋绍年（1994）、刘承慧（1999）、吴福祥（1999）、赵长才（2000）等沿着梅氏的思路将问题不断推向深入。尤其值得注意的是，吴福祥（1999）将这种关联限制在"指受型"动补结构，大大弥补了前人研究的不足。刘文正（2008、2009、2011、2015）指出，普通动词在兼语式中发展为使令动词，催生致使范畴，促进使动用法衰落，进一步催生动补结构，勾勒了使令动词的产生、发展及其对其他句法结构的影响，明确指出了兼语式的发展对其他结构发展的影响。这些论述，是本文进一步研究的基础。此外，徐丹（2003）关于兼语式（"使"字句）跟"把"字句、"得"字句等句式的历时关系的讨论，古屋昭弘（2000）对《齐民要术》中的"Vt+令+Vi"的分析，都值得注意。

六　使令动词的共时研究

长期以来，关于使令动词的共时研究，仅零星见于兼语式研究之中。吕叔湘（1942）注意到"使、令、叫（教）、劝、请"等动词有影响止词行为的力量，是正面的致使，"禁、阻"等是反面的致使，而"任、从"等是中立的致使。李临定（2006）注意到：①"让、叫"经常表示某人致使了某种动作，常和人的主观意志相联系，"使"总是表示由于某个事件而引起了什么结果，不和人的主观意志相联系；②使令动词有强迫、鼓舞、要求等区别，有强致使与弱致使的区别；③有的使令动词只有"单纯使令义"，有的则有"多义使令义"和兼类特征。这些研究揭示了不同使令动词的差异，但还没有将其作为独立于行为动词之外的范畴。

张斌（2012）首次将使令动词作为与行为动词并列的范畴，又把它分成两种类型：①表示致使、命令、促成等行为意义，如"使、逼、催"等；②含有陪伴义，如"搀、帮、拖"等。张氏还对使令动词的句法特征做了说明。至此，使令动词终于具有了独立地位，也表明学界已自觉地认识到它的独特性。

七　使令动词的历时研究

使令动词的历时演变研究始自太田辰夫（1958）。他将"有'使役'义"且"用于兼语式"作为判定标准，认为"教、使、让"等先秦就已用于兼语式，经"使役化"而成使令动词（"不完全动词"），但"动词性很明确"；而"吩咐、打发"等虽"经常用作兼语式中的第一个动词"，但因可用于其他结构式，仍应视为普通动词。他还指出，中古以后产生了很多复合的使令动词，如"令使""令教""使令""教令""教著""遣令""遣放""放教""著令""著仰""着落"等。国内汉语史研究者虽然很少具体讨论使令动词如何判别，但所采用的标准与太田辰夫基本相同，如李佐丰（1994）等。

国内学者关注更多的是使令动词的功能发展。李佐丰（1994）认为使令动词经历了"意使→致使"变化，条件是主语从"有生"变为"无生"。蒋绍愚（1994）、江蓝生（2001）、石毓智（2005）等不仅关注使令动词从"使役"向"被动"的发展，还涉及其演变动因，这都受了太田辰夫（1958）的启示和影响。徐丹（2003）运用语法化理论对使令动词的功能扩展过程做了细分,认为其经历了"使役→被动命令→使令→允许→允让→任凭"等阶段,"允许"义在整个演变过程中起到了重要作用。这些研究主要抓住语义变化,对语义和句法的互动关系重视不够。

近年来,张丽丽(2005、2006a、2006b、2006c)也运用语法化理论研究使令动词的演变,与此前大多只关注某一个方面的变化相比,其关涉面更广,包括从使役到致使的功能扩展、从使役到被动的功能变化、从使役到条件连词的范畴演变,等等。关于"从使役到致使"的变化,她将李佐丰的"意使→致使"进一步细化为"使役→有意致使→无意致使→描述性致使",使令动词"意义明显虚化且语法程度提高",由"泛化机制引起,但仍是句子的核心,并未降类"(2005)。关于"从使役到被动"变化的过程,所述虽与前人相似,但她进一步指出,推论是引起演变的机制(2006c)。关于"使役义→条件连词"的变化,她认为是代喻机制、隐喻机制的结果(2006b、2006c)。总的来看,张丽丽的系列研究无论是广度还是深度,都有进一步发展,但她并未注意到有些词语的特殊性。例如使令动词"让"的形成,其起点是"谦让、容让",所行路线与"使、令"等不同,造成其演变的动因和机制,也有待进一步探讨。此外,她对兼语式中其他成分的制约作用不够重视,这种不足是需要克服的。

除了重视功能扩展之外,刘文正(2008、2009b、2011、2015)重视使令动词的形成,对"使、令、遣"等从行为动词到使令动词的变化做了历时考察。认为语用因素使前后两个不能独立完成交际的小句黏合到一起,构成兼语式,句式的变化使行为动词渐渐演变为使令动词,经过从"致使-行为"到"致使-状态"的变化,最终在东汉发展为成熟的使令动词。但刘文只详细考察了先秦至东汉,东汉以后如何,缺乏深入调查。

总体来看,有关使令动词的研究成果丰硕,但仍有进一步深耕的余地。关于使令动词形成的考察,并未涉及全面,仍有相当的词语或未得到重视,或对其形成的特殊性未能清晰展示;关于使令动词的功能扩展及其向其他范畴的演变,多关注"教、让",对其他词语的重视度不够,也未取得一致看法。

以上我们从七个方面回顾了以往关于兼语式和使令动词的相关研究成果。总的来看,相关研究从最初的单纯句法描写,到注重语义分析,最后发展为句法、语义描写和功能解释的结合,研究工作逐步深入、逐步完善。研究方法和视角的转变,让我们对兼语式和使令动词有了更加深入的认识。但同时也应看到,以往的研究还存在很多问题,仍有不少问题亟待解决。

第二节　本课题的研究内容和方法

一　研究范围

本书只讨论曾有抽象"致使"义的使令动词,将围绕以下几个问题进行讨论。

(一) 使令动词的历时研究

使令动词并非自古就有,它经历了从无到有、由少及多的发展过程。在此发展过程中,新兴成分的出现,以及新兴成分对旧有成分的取代间有发生。使令动词究竟产生于何时?为什么会产生?经历了怎样的变化?这是我们要着重探讨的问题。

(二) 使令兼语式的历时研究

使令动词产生于特殊结构式——使令兼语式。考察使令动词的产生,就必须相应地探讨使令兼语式的演变历程。根据甲骨文献资料可知,使令兼语式出现于殷商时期,而其源头实不可考,且后世的使令兼语式与之存在很大差异。这些差异是怎样产生的,有怎样的发展变化,Peng(2006)虽有考察,但过于简单,描述并不清晰,须重新考察。

使令动词的发展与使令兼语式的变化密切相关,但究竟是什么关系,具体如何关联,目前仍未知晓。从历时发展的角度来说,应该考察汉语使令动词的变化历程。这些是我们要探讨的第二方面的问题。

(三) 使令动词和使令兼语式的历时演变给汉语句法结构带来的影响

语言具有系统性,各个要素之间保持着动态平衡。某个要素发生变化时,受其影响,其他要素会发生相应变化,从而达到新的平衡。汉语使令动词的产生和发展,并不只意味着汉语多了一种词类范畴;使令兼语式的发展,并不仅仅意味着汉语多了一种句法结构。二者必然会给汉语语法系统带来影响。究竟有何种程度的影响,具体带来了哪些变化,这是要进一步论及的问题。

二　研究方法

　　本书将对汉语史各阶段的使令动词及其前身做细致描写，分析其句法结构和义素，对各阶段的历史文献中使令动词的各种用法进行穷尽性整理，对其各项数据进行统计，将各阶段的各种用法进行比较，揭示其共性和差异，并探讨引起其变化的机制。

　　使令动词的产生和发展与使令兼语式密切相关，使令兼语式的演变又具体体现为使令动词的演变。因此，很难将二者截然分开，各自讨论。我们将这两方面的问题合而为一，为了便于操作，以各使令动词为纲分别考察其发展演变史。

第二章

汉语使令动词的产生

使令动词表述"使役、派遣、命令、致使"等义。能表述此义的词语很多，但并非均为使令动词。判定一个词是否属于使令动词，就汉语来说，除了看它是否具有上述意义之外，还要看它是否用于兼语式，如"乱、丰富"可表述"致使"义，但不能用于兼语式，只能带使动宾语，故不能视为使令动词；有些词语含"使役、派遣、命令、致使"等义，可用于兼语式，但还常带受事宾语，如"喊、派遣"，还是非典型的使令动词。只有专门表述"使役、派遣、命令、致使"等义且只能用于兼语式的词语才是典型的使令动词，如"使、令、让"等。①

但是，在汉语史文献中对使令动词做严格区分，有一定难度。一是使令动词跟非使令动词的语义差别非常细微，各人对语境的解读也有差异，往往见仁见智。二是汉语史文献的语言风格、语体色彩往往有差异，并不一定是语言面貌的真实记录。三是抽样调查严格来说也不一定精确，所得结论可能与事实有距离。因此，在判定使令动词时，会有一定的模糊性。

第一节 使令动词产生于殷商说质疑

汉语的使令动词产生于何时？学术界有两种说法，一种认为产生于殷商，另一种认为产生于春秋战国。张玉金（2002）认为在甲骨卜辞中已经出现，所举例子都是"使/令+人+行为"的句型。刘文正（2008、2009、2011）认为使令动词"使"和"令"产生于春秋战国时期，在东汉时期发展成熟。和刘文观点相似的还有李佐丰（1994）、徐丹

---

① 邢欣（2004）、张斌（2012）采用较宽泛的标准，把只要表示"使役、派遣、命令、致使"等义，又可以用于兼语式的动词都视为使令动词。

(2003)和张丽丽(2005、2006)等。综合几家的观点来看,使令动词在春秋战国时期已经存在是没有问题的,但以上考察或有范围的问题,或有方法的不足,均难让人信服。下文将考察殷商甲骨卜辞和先秦传世文献中有关"使、令、呼"等词的使用情况,以检验上述有关说法。

一 甲骨卜辞中"乎、令、使"的语义句法特征

考察郭沫若(1982)和胡厚宣(1999)可知,甲骨卜辞中能够表示"命令、派遣"义的词语,主要有"乎、令、使"等。如:

(1) 贞:乎王往……[《甲骨文合集》(以下简称《合》)6946正]
(2) 乎雀燎于岳。(《合》14453))
(3) 小臣令众黍。(《合》12)
(4) 癸亥贞:王令多尹壅田于西,受禾。(《合》33209)
(5) 贞:使人往于唐。(《合》5544)
(6) 贞:妇好使人于眉。(《合》6568)

例(1)大意是"叫王前往某处",例(2)大意是"叫雀这个人在岳举行燎祭",例(3)大意是"小臣命令众种(或收、献)黍",例(4)大意是"王命令多尹壅在西方开垦田地",例(5)大意是"(某人)派人前往唐",例(6)大意是"妇好这个人派人前往眉"。以上6例中,"乎、令、使"都表示"派遣、命令"义,并且都用于兼语式。

单看上面各例似可认定甲骨卜辞的"乎、令、使"为使令动词,但事实并非如此,因为除了兼语式之外,这些词还可用于其他句型,且词义没有差别。下面分别考察。

(一)乎

三者中"乎"最为常见,在《合》前11479片甲骨中共出现887次。《说文解字》(以下均称《说文》):"乎,语之余也,从兮,象声上越扬之形也。"《说文》将"乎"视为虚词(语之余),实际上只说明了它作为语气词的特征,并非本义,本义当为"呼气",普通行为动词,引申为言语行为动词(简称言语动词),表示"呼叫、呼喊",相当于现代汉语中的"喊"。"呼"是"乎"后起字,《说文》:"呼,外息也,从口乎

声。"卜辞"乎"多表示"喊、叫、命令"。除了带兼语式之外,"乎"还可用于其他句型。如:

(7) 乎雀。(《合》4110)
(8) 贞:乎师般。(《合》4220)

以上两例都是带受事(人)宾语的简单句。

(9) 贞:勿乎。(《合》313)
(10) 贞:其克乎。(《合》4527)

以上两例都是未带或省略宾语的简单句。不过,这种情况甲骨卜辞中不常见。

(11) 乎伐舌方。(《合》6248,6249)
(12) ……乎取我。(《合》6920)

以上两例都是"乎"后跟动词性短语的句子,可视为略去兼语的兼语式省略式。

在甲骨卜辞中,"乎"还可以与"告"连用。如:

(13) ……乎告舌方灾。(《合》6075 正)
(14) 畲乎告舌方其出。(《合》6078)
(15) 畲乎告舌方出。(《合》6079)

以上三例均为"乎告"近义连用且共带兼语小句。

从上面的分析来看,"乎"既可带受事宾语,也可用于兼语式,还可以不带宾语(包括省略宾语)。尽管句法环境不同,但基本意义不变,都表示"叫喊、命令"。Traugott 和 Trousdale(2013)指出,在变化过程中,结构式产生新的形式和新的意义,即形成新的配对($F_{新}—M_{新}$),形成新的结构式,达成结构式化(constructionalization);仅有形式变化或者仅有意义变化,尚未形成新的配对,都未达成结构式化,只是结构式变化

(constructional change)。按照这种观点，"乎"也算不上使令动词，只是言语动词。

(二) 令

"令"在《合》的前 11479 片甲骨中共出现 580 次。《说文》："令，发号也。"从甲骨文的字形来看，这个解释是对的，"发号"就是"发令、命令"，卜辞中都是这个意思。卜辞中"令"也只是言语动词，不是使令动词。它跟"乎"一样，句法特征复杂。如：

(16) 贞：勿令众人。(《合》5)
(17) 贞：令自般。(《合》4218)

以上两例都是"令"带受事（人）宾语的简单句。

(18) 癸亥卜，贞：勿令。(《合》448)
(19) 乎妇好令。(《合》5532)

以上两例都是"令"不带宾语的简单句。

(20) 贞：勿令归。(《合》5733)
(21) 令取射，子太……取射。(《合》5758)

以上两例都是"令"后跟动词性短语的句子，这种句子可以视为兼语式的省略。

(22) 王大令众人曰：……(《合》1)
(23) 贞：王大令众人曰：……(《合》5)

以上两例"令……曰"跟现代汉语"告诉……说"或"对……说"形式相近，可概括为"$N_1+V_1+N_2+V_2+$直接引语"，形式上类似兼语式，实际上是连动式，N_2 并非 V_2 "曰"的施事，甚至没有语义关联。

从上面几种情况来看，"令"既可带受事宾语或不带宾语，又可用于兼语式，还可用于连动结构，各种句型中都表示"命令"，说明它仅有句法变化，没有达成结构式化；还没有变成使令动词，只是言语动词。

（三）使

徐丹（2003）认为："'使'字最初有'使用'义，也有'派遣'义。"《合》前 11479 片甲骨卜辞中共有 77 个"使"字用例，全为"派遣、驱使"，而无"使用"。我们怀疑"使"最初只表示"派遣、驱使"，"使用"是其引申义。《说文》："使，令也。"严格来说，这个解释也有问题：表示"派遣、驱使"，属普通行为动词；表示"发号、命令"，属言语动词。准确来说，应当是"使"的引申义跟"令"的本义相同。"发号、命令"及"致使"是从表示"派遣、驱使"义引申出来的。卜辞中，"使"的写法跟"史、事"一样，但"使"只用为动词，"史、事"都用为名词，分别表示"人"和"事情"（马如森，2008），三词同形。名词"史、事"跟本文无关，不赘述。卜辞中，"使"的用法也比较复杂。如：

（24）贞：我三史使人。贞：画使人。贞：画不其使人。（《合》822）

（25）贞：我三史不其使人。（《合》822）

以上两例都是"使"带受事（人）宾语的简单句。

（26）贞：勿至使。（《合》5641）
（27）贞：惠口使。……使。（《合》5642）

以上两例都是"使"不带宾语的简单句。

（28）贞：我使灾缶。（《合》6834 正）
（29）贞：我使毋其灾缶。（《合》6834 正）

以上两例都是"使"后跟动词性短语，可视为兼语式的省略。

上面分析说明，"使"既可带受事宾语或不带宾语，又可用于兼语式，而意义也无变化，说明它跟"乎、令"一样，也没有达成结构式化，还不是使令动词，只能算行为动词。

从以上句法、语义分析可知，"乎、令、使"均可用于多种句型，语义均无变化。都还没有形成新形式和新意义的配对，没有形成新的结构式，都没有演变成使令动词，只是言语动词或行为动词。

二 甲骨卜辞中"乎、令、使"的演化等级

兼语式是使令动词形成的唯一环境（刘文正，2008）。既然在甲骨卜辞中"乎、令、使"都能大量用于兼语式，说明都已开始了虚化历程。虚化等级如何？我们统计了《甲骨文合集》中前11479片甲骨卜辞中有关"乎、令、使"的例证，情况如下：

表2-1　　　　　　甲骨卜辞"乎、令、使"各用法统计[①]

	无宾语		名词宾语		兼语式		后接动词		连动式		存疑
	数量	%	数量	%	数量	%	数量	%	数量	%	数量
乎	17	1.9	109	12.3	429	48.4	332	37.4	1	0.1	152
令	87	15.0	124	21.4	275	36.5	88	17.2	6	1.0	174
使	7	9.1	11	14.3	54	70.1	5	6.5	0	0	5

说明：

1. 甲骨卜辞中，"事、史"跟"使"字形一样，但意义迥异，不在统计之列。

2. 三者均有一些无法判别用法的存疑例句，包括：①前后的文字均无法辨认者；②后面虽然有名词，但名词之后的文字无法辨认；③后面的文字虽清晰，但至今仍然无法确定意义，这些均未计入总数。

上表数据说明两点：其一，"乎、令、使"在甲骨卜辞中，句法形式多样，除"使"不用于类似于兼语式的连动式外，其他格式都有用例；其二，三者均以出现于兼语式为常，后接行为动词或名词宾语次之，无宾语形式又次之，若将前二者合在一起，则比例分别为85.8%、53.7%、76.6%，说明带小句已为其主要句法形式。这些数据说明它们在演化过程中已经走了相当长的路，只是演化等级不高，意义尚无变化。张丽丽（2005）认为，"使、令"等词语演变为使令动词，其语义发生了"从使役到致使""从有意致使到无意致使""从一般致使到描述致使"等变化，刘文正（2008、2009、2011、2014）认为使令动词发展成熟经历了从"致使-行为"到"致使-情状""容让-行为""容让-状态"等变化，句法上有兼语小句的谓词经历了从动词变到状态动词或状态形容词的变化。

[①] 关于甲骨卜辞的各项数字均为手工统计，数据可能有细微出入。

显然，卜辞的用例均为有意为之的强制性使役，表示"致使-行为"，而非无意致使，并不表示"致使-情状"，兼语小句中的谓词一般为行为动词。因此可以断定，甲骨卜辞的"乎、令"还是言语动词，而"使"还是行为动词。

还有一点需要说明，我们是参照胡厚宣《甲骨文合集释文》的断句进行统计的，但有些句子可能有多种标点法，试看以下几组例子：

(30) a. 乎妇好。(《合》2696)
　　 b. 贞：乎妇好酒。(《合》2716)
(31) a. 乎雀。(《合》4110, 4111)
　　 b. 乎雀立。(《合》4109)
(32) a. 令荔。(《合》4890)
　　 b. 贞：勿令荔从拖。(同左)
(33) a. 贞：勿使人。(《合》5553)
　　 b. 使人往于唐。(《合》5544)

上面四组例子有如下特征：每组中例 a 均为简单主谓句，例 b 均为兼语式；叙述对象均为同一个人；每组例句一般出现在邻近的甲骨卜辞中，例（32）的两种例子甚至相同。据此似可推测，这些兼语式也可分为两个并立小句，即第二个动词短语单独为小句。也即，既然"使人"可成句（见例33b），那么"使人往于唐"也应可分析为"使人，（人）往于唐"，"往于唐"的主语"人"承前省略。当然，不同的人可能有不同语感，或许认为此例只能分析为兼语式，而不能分析为并立的双小句。

以上推测如果正确，那么还可进一步推测，这些所谓兼语式最初形式就是两个并立主谓句（第二个主谓句省略主语）。由于前后语意相承，中间停顿很短，久而久之，停顿取消，两个并立分句融合在一起，形成兼语式，给使令动词的产生提供了句法环境。以上推测有类型学资料的支撑。Alice Harris 和 Lyle Campbell（2002）从类型学的角度提出，世界语言中，复杂的复合句都是由几个并立的简单句复合在一起，通过一系列的演变而来。不过这种对于兼语式来源的推测还需更多资料支撑。

即使我们的推测是错误的，我们仍然可以断定：既然在相邻语境中出现不同句型，又由于它们的概念几乎没有差别，那么"乎、令、使"的性质没发生变化，都还保持言语动词或行为动词的特征，虚化程度并不高。

三 先秦传世文献中的"呼（乎）、令、使"

上文已经证明"乎、令、使"在甲骨卜辞中还不是使令动词，那么他们在先秦传世文献中又是怎样的状况呢？下面我们略为介绍。我们先看"乎"的情况。

在先秦传世文献中，"乎"和"呼"已有分工，"乎"一般用为句末语气词或者介词，"呼"则既有动词的用法，又有叹词用法，用作叹词时一般和"鸣"组成叹词"鸣呼"。语气词或介词"乎"和叹词"呼"与本文无关，不拟讨论，下面仅就动词"呼"的情况进行说明。我们从"十三经"中检得动词"呼"33例，择要列举如下：

(34) 靡明靡晦，式号式呼，俾昼作夜。（《诗经·大雅·荡之什》）

(35) 及赐爵，呼昭穆而进之，帅其属而割牲，羞俎豆。（《周礼·夏官司马第四》）

(36) 瑕叔盈又以蝥弧登，周麾而呼曰："……"（《左传·隐公十一年》）

(37) 将战，吴子呼叔孙曰："……"（《左传·哀公十一年》）

(38) 帅其属而以鞭呼趋且辟。（《周礼·秋官司寇第五》）

以上五例中的"呼"均表示"喊、叫"，跟卜辞的"乎"意义一致。其中例（34）"呼"未带宾语；例（35）带受事宾语；例（36）"呼""曰"组成复合式，带直接引语作宾语；例（37）"呼某人曰"相当于卜辞中的"令某人曰"，是连谓式；例（38）后面带动词短语"趋且避"做宾语，可视为兼语式省略兼语，也可把"趋且辟（避）"看作间接引语，这样理解的话，就是"呼"的宾语。

下表是甲骨卜辞（甲）和《诗经》《易经》等十三经（经）中动词"乎（呼）"后成分的比较（为了让表格更简洁，文献均不加书名号，以下各章同）：

表 2-2　　　　甲骨卜辞和《十三经》"乎"后的成分统计

	无宾语		名词宾语		直接引语		兼语式		动词		连动式		存疑
	数量	%	数量	%	数量	%	数量	%	数量	%	数量	%	
甲	17	1.9	109	12.3	0		429	48.4	332	37.4	1	0.1	152
经	14	42.4	5	15.1	12	36.4	0		1	3	1	3	0

单从"十三经"来看,"呼"根本不是使令动词,因为没有一例用于兼语式。将卜辞和"十三经"对照,上表数据反映了一些有趣的现象:卜辞中"呼"带兼语式和后接动词的分量最大,但"十三经"中"呼"后接动词的用法仅有一例,但不是兼语式;卜辞没有后接直接引语的例子,而"十三经"中有很多(主要是《左传》),仅次于不带宾语的情况。怎么解释这些现象?

有两种可能的解释。一是"呼"在甲骨卜辞有较强的演变为使令动词的倾向,到"十三经"中这种演变萎缩,仍然保持言语动词用法。按照语法化和词义虚化的规律,一个典型动词的意义只可能沿着"实→半实→半虚→虚"的路线发展。使令动词相对于言语动词或行为动词来说,意义更虚。这种解释显然和虚化的基本规律相逆。

二是"呼"从商代到周代可能本无多大变化,一直就是言语动词,上述数据差异仅缘于语用环境和文体风格的不同。我们知道,《左传》长于刻画人物,尤其是人物语言的描写。记述历史人物时,多描写语言,且直接引用,因而书中"呼曰"带直接引语的例子很多。卜辞是其记录者客观记述所见所闻,很少对事件过程和场面做生动刻画,因此,卜辞中很少出现"乎"带直接引语的例子,涉及言语和占卜内容时一般采用间接引语的方式。这种解释是合乎情理的。事实上,一直到现代汉语,"呼"以及由它组成的复合言语动词也都没有演变成使令动词,尽管它能用于兼语式。

至于"令、使",从上面的考察中可知,甲骨文中虽用于兼语式,但意义没有变化,应当说也没有变成使令动词。李佐丰(2005)、徐丹(2003)、张丽丽(2005、2006)认为两词在战国时期已经变成使令动词,刘文正(2008、2011、2015)用定量和定性相结合的方法,穷尽考察了先秦《尚书》《左传》及东汉《太平经》等文献,认为两词在春秋战国时期演变成使令动词,功能逐渐扩展,从"致使-行为"扩展为"致使-

情状",到东汉发展成熟。这些结论是可靠的。不过,"令""使"在先秦至东汉的语义变化,以上有关论述尚不精细:最初的"令、使"兼语式表述"使役-行为","致使-行为"是其发展。"使役-行为"是怎样演变为"致使-行为",又怎样演变为"致使-情状",使令动词和兼语式具体如何演变,东汉以后有何发展,以上有关研究均未论及,须进一步考察。

第二节 兼语式的形成

前一节重点讨论殷商卜辞的"乎、令、使"是否已演变成使令动词,附带说明此阶段已产生兼语式。但是,兼语式有何句法特征,具体如何形成,尚须进一步说明。

一 "言语动词+直接引语"的演变

"令+NP,VP"

上节已说明甲骨文中有"呼、令"等具有使役义的言语动词,下面先以"令"为例对句型的重新分析加以说明。甲骨文中有以下句型:

(1) 王大令众人曰:囗田,其受年。(《合》2)

上节中我们把这种例子称为连动句,因为句中两个谓语"令大人"和"曰:'囗田,其受年'"处在同一层次,没有主次之分。如果去掉"曰",句子变成如下形式:

(1′) 王大令众人:囗田,其受年。

尽管甲骨文中并没有完全一致的用例,但有理由认为这种变换符合当时的语法规则,因为甲骨文中"令"可带受事宾语,只是其后没有再出现直接引语;直接引语跟"曰"之间并非严格意义上的动宾关系,二者之间有较大的停顿,也即"王大令众人"、直接引语"囗田,其受年"独立性较强,可以视为两个相对独立的小句,"囗田,其受年"是祈使句,隐含施事主语"众人"必须隐去,用生成语言学的话来说,这里存在一个必隐型空语类。如果去掉小句之间的停顿,句子相应变成:

(1″) 王大令众人囗田，其受年。

这种变换是将直接引语变成间接引语。小句"囗田……"缺少主语，无须考虑人称变换，可直接附在第一小句之后。按照对间接引语的分析方法，可将（1″）分析为 SVO，其中"众人囗田，其受年"是"令"的宾语。但它跟（2）无区别，试比较：

(1″)　王　大令　众人　囗田，其受年
　　　　｜　　｜　　｜　　｜
　　　　NP　VP₁　NP　PP₂
　　　　｜　　｜　　｜　　｜
(2) 今日（ ）　令　𡿪　取黄丁人。(《合》22)

例（2）就是通常说的兼语式，但它跟例（1″）的构成成分没有区别，语义关系也完全一样。尤其重要的是，VP₁"令"都具有"使役"义。有理由认为，这种使令兼语式实际上是由具有"使役"义的言语动词跟充当直接引语的祈使小句黏合而成的。这种变化涉及下面将要分析的小句宾语（间接引语）重新分析为兼语小句的问题。

直接引语形式的分析结构为：

(3) ［王　［大令　众人］］，［囗田……］

当两个小句减小停顿，并合为间接引语句时，其分析结构如下：

(4) ［王　［大令　众人］］［囗田……］

第二小句是祈使句，主语与 V₁ 的宾语相同，但须隐藏。实际结构应为：

(5) ［王　［大令　众人］］［∅ ［囗田……］］

但是在显性层面并没有出现第二个"众人"，而人们又感觉到显性层

面的"众人"既跟"令"和"囗田……"都有直接成分关系,这样就容易被人理解为:

(6) [王　[大令　[众人]]]
　　　 [　　　 [囗田……]]

比较例(5)和例(6)可知,"众人"不再仅专职地充当"令"的宾语,还充当了"囗田……"的主语。这种结构层次的变化是由重新分析引起的,并导致句法结构发生变化:原来的"动词+间接引语宾语"变成兼语式。

必须指出,这种重新分析只发生在具有"使役"义的言语动词带间接引语(祈使句)的句子之中,而普通言语动词带间接引语时,一般不会发生这种变化。我们以现代汉语的几个言语动词"说""告诉"为例进行说明:

(7) 他说:"我明天会来。"
(8) 他告诉我:"我明天会来。"

以上两例都应分析为"说+$O_{小句}$"。将直接引语变成间接引语,就变为:

(7′) 他说他明天会来。
(8′) 他告诉我他明天会来。

例(7′)是"说+$O_{间接引语}$",而例(8′)是"说+$O_{1人}$+$O_{2小句}$"。

从对例(7)、例(8)及变化结构分析中可知,言语动词或者不带受事宾语,如例(7),或者即使带了受事宾语,其宾语也不会跟引语部分发生联系,如例(8)中的"我"和"他明天会来";引语部分的主语也不会跟前面的动词"说"和"告诉"发生直接成分关系,引语小句整体上才充当"说""告诉"的宾语。不会发生结构上的重新分析。也就是说,这类不带使役义的言语动词加间接引语的句子并不会重新分析为兼语式。

二 "使+N，PP₂"的演变

"使"跟言语相关，但似乎不能算作言语动词，至少它们不能像"令""乎（呼）"一样带直接引语，不可能有"令""乎"那样通过直接引语变成间接引语而形成兼语式的演变，当另有途径。下面以"使"为例来说明。

前面我们提到甲骨文中有这样的句子：

（9）勿使人。
（10）使人往于唐。

例（9）、例（10）两句中的"使"字意义没有差别，在相同语境中可以形成两种不同句型。根据这些特征，可认为例（10）可断为"使人，往于唐"。也就是说，"使人往于唐"是由"使人"和"往于唐"两个小句直接并合而成的，其中后一小句承前省略了主语"人"，用生成语言学来说，属可隐型空语类。由于"人"既是"使"的受事宾语，又是"往"的主语，当两个小句合并在一起时，这种直接合并的结构就有可能重新分析为兼语式。

我们知道，甲骨文是没有句读符号的，后人在阅读时需边解读边找语用停顿。"使+N，PP₂"的两个分句语义密切相关，解读时很容易取消二者之间的停顿，使原来独立的两个分句直接并合在一起，形成一个复杂句。这种直接并合的结构最初只是并列句，而不是兼语式。前面提到，Alice Harris 和 Lyle Campbell（2002）指出，世界语言中，复杂的复合句都是由几个并立的简单句复合在一起，通过一系列的演变而来。汉语兼语式也应该如此：在慢慢演变中最终变成兼语式。

兼语式在甲骨文中可能已经形成，因为"使+N（+停顿）+PP₂"已有大量例证。即使甲骨文中的例子不能视为兼语式，但可以确认兼语式在早期书面语中就已成为一种常见句型。因为《周易》《尚书》等文献中也有大量的例证。"遣+N（+停顿）+ PP₂"的情况与此相同，不另外论述。

使令兼语式的出现给汉语表达带来了很多方便，表现如下。

1. 将两个小句合而为一，减少了停顿，使单位时间表达的信息量更加丰富，适应了交际的经济性原则和要求，同时带来了句子信息结构的繁复和丰富,增加了句法表达手段。

2. 丰富了表达方式,适应了特殊语体的需要。"使役"义言语动词带直接引语时,用的是描写,可形象地再现事件发生时的状貌;带间接引语时,用的是叙述(转述),是叙述者作为旁观者站在客观角度的转述。后一种方式更便于第三方记录。"使、遣"等动词虽然不是言语动词,但常跟言语事件有关,与言语动词语义上相通,也具有上述作用。

第三节　兼语式内部各成分的变化

使令兼语式形成以后,又经历了很多变化,这里只概括叙述,具体细节在后面各章中展示。先比较下面例子:

(1) a. 使人往于唐。　　　　b. 勿使人(,往于唐)。
(2) a. 王大令众人囗田。　　b. 勿令众人(,囗田)。
(3) a. 这场大雨使房子严重受损。
　　 b. *这场大雨使房子,严重受损。
(4) a. 这样的解释无法令他满意。
　　 b. *这样的解释无法令他,满意。

上面四例,a 是兼语式,b 是普通 SVO。前两例 a 和 b 中的两种小句在卜辞中都存在,将 a 分解为 b,是合乎语法的;但将后面两例的 a 分解为 b,不符合现代汉语语法。两相比较,可以看出,前后两组兼语式中的主语、兼语、PP_2 及 V_1 "使、令"的意义都发生了变化,最终使得后一种兼语式不可分解。下面具体分析这四个方面的变化。

一　主语的变化

兼语式主语的变化,李佐丰(1994)、徐丹(2003)、张丽丽(2005、2006)、Peng(2006)等指出,早期"使、令"等词形成的兼语式,主语具有操控性或强意志性,随着时间推移,这些特点逐渐变弱。北大语料库所收王朔小说中共有"使"字兼语式 648 例,其中 626 例主语的义素是 [-人;-操控性],另外 22 例是 [+人;-操控性]。"令"字兼语式 233 例,其中 227 例主语义素是 [-人;-操控性],只有 6 例是 [+人;-操控性]。可以说，现代汉语中"使""令"兼语式的主语基本失去了[+人；+操控性]。

当然，并非所有使令兼语式的主语都如此，如"迫使、迫令、责令、命令"等构成的兼语式，其义素[+人；+操控性]就非常明显。如：

(5) 首长命令战士原地等候。

如果把"使、令"和"迫使、迫令、责令、命令"分置于两极，那么"让、叫"则处于两极之间，二者还有一定的[+操控性]，但主语不一定指人。如：

(6) 这可叫我怎么办啊？
(7) 他让我明白了一个道理。

例(6)的主语是[-人]，但具有[+操控性]，例(7)主语是[+人]，不具有[+操控性]。

以上只是主语变化的一个方面。现代汉语中还有更复杂的情况，如：

(8) 五岁生日那天，他母亲突然去世，使他深受打击。

上例可视为复杂单句，主语是"他母亲突然去世"，其实也是完整的主谓结构，谓语是"使他深受打击"。主谓结构充当主语，表现出复杂化特点，这种变化，更进一步强化了主语的义素[-人；-操控性]。

当然，这种句子也可分析为复句，主谓结构前面可以添加关联词。如：

(9) 第二次世界大战后，由于伦敦灯光强度增加，加上空气浑浊，使天文台的工作受到影响。(《中国儿童百科全书》)
(10) 由于共产党充作二十军的骨干，使这支部队的战斗力有了明显的增强。(《中共十大元帅》)

上面两例可以分析为因果复句，"使"跟连词"由于"呼应，逐渐向结果连词发展。

主谓之前也可添加助词"的",因果复句又变成复杂单句。例(9)可变为:

(9′)……由于伦敦灯光强度的增加,加上空气浑浊,使天文台的工作受到影响。

总之,具有"使役"义的动词形成的兼语式,经不断使用,其义素有如下发展:

主语的语义变化是:[+人;+操控性] → [-人;-操控性]。

二 兼语的变化

受主语变化影响,兼语也会发生变化,但不如前者明显。从例(1)、例(2)可知,当兼语式的主语是具有操控性的施事时,兼语相应具有受控性,具有义素[+人;+受控性];变化后,兼语不一定指人,不再有[+受控性],但有[+受影响性]。如:

(11) 这样一来,就使局面更复杂了。

上例中,兼语的义素是:[-人;-受控性;+受影响性]。这种变化可描述为:

兼语的语义变化:[+人;+受控性] → [±人;-受控性;+受影响性]。

三 PP_2的变化

(一) PP_2的语义变化

变化之前,PP_2是行为动词,表述事件,[+行为]是其显著的义素,如例(1)、例(2)中的"往、田";变化之后,PP_2通常是状态形容词,如例（4）"满意"，即使是动词（短语），也都含有状态特征，如例（3）"严重受损"。

（二）PP_2 与 V_1 的关系变化

PP_2 为行为动词时，与 V_1 的关系并不那么紧密，可独立成小句；变成表示状态的成分以后，跟 V_1 的关系变得紧密，一般不能单独成小句，成为强制性成分。如：

（12）a. 李缅宁尽量令语气平淡，不使开心流露。（王朔《无人喝彩》）

b.* 李缅宁尽量令语气，平淡，不使开心，流露。

上例表明，PP_2 已成为 V_1 不可缺少的成分。赫林（2006）认为，PP_2 是 V_1 "使/令"价。此说有一定道理，但配价语法所说的"价"通常是名词性成分。随着 PP_2 变成 V_1 的强制性成分，它也成了兼语式中表示结果的成分，具有 [+结果] 义素。

值得注意的是，现代汉语中，"命"之后的 PP_2 虽已成为结构中不可缺少的一部分，但语义并没有改变。而如果替换成双音词"命令"，中间可以停顿。如：

（13）a. 首长命大家赶紧过去。b.* 首长命大家，赶紧过去。

（13′）a. 首长命令大家赶紧过去。b. 首长命令大家，赶紧过去。

"命"在先秦就可以表示"命令"，带受事宾语，后面不必出现 PP_2。如：

（14）虽微先大夫有之，大夫命侧，侧敢不义？（《左传·成公十六年》）

"命"字兼语式的这种特点，可能是受"令/使"的同化。

四　V_1 的变化

兼语式中 V_1 的变化主要表现在语义上，它最初表示"使役、命令"

等义,有［+行为］［+致使］等义素,但随着主语失去［+人］和［+操控性］等义素,自身的［+行为］丢失,只剩下［+致使］,从而形成动词家族中一个特殊的子类——使令动词(范畴)。失去具体的行为义之后,意义变得抽象空灵,只表述主语和兼语之间的"关系"义(致使)。张静(1977、1981)把"使、令"视为介词,从表述"关系"义方面来说,是有一定道理的。

纯粹的致使关系不足以表述一个完整的信息,它需要一个结果性成分作为补充,因此,PP_2成为其强制性成分。

第四节 V_1变化的原因

普通动词V_1的语义变化,及至最终演变为使令动词,是句法、语义、语用等多种因素互动的结果。

一 句法基础

兼语式为"使役"义普通动词向使令动词演变提供了句法基础。动词是句法核心(Chafe,1970)。兼语式中有两个动词,二者都有充当句法核心的能力。但一个句子的谓项中只有一个句法核心,唯一的位置给哪一个成分?第二个动词可提供具体的事件信息,具有充当核心的优势,而第一个动词只表明使令关系,不提供具体事件信息,处于劣势地位。已有研究指出,现代汉语兼语式的两个谓词中,只有PP_2能够跟时体成分相结合,而V_1不能,只有具备跟这种成分相结合的能力,才有资格充当句法核心(邢欣,2004)。这个发现表明,现代汉语中PP_2才是句法核心。古代汉语中没有时体标记,但并不缺少表述时体概念的成分。从与这种成分结合的方面来看,古、今汉语应当是一致的。也就是说,兼语式中PP_2占据句法核心地位,V_1就只能退居其次。这样,V_1就会变得不稳定,容易朝其他方面演变。不过,兼语式仅提供演变的句法基础,并不具备推动演变的能力。

二 语义的变化

语义变化主要是结构式中的构成成分之间的语义关系发生变化。"使役"义动词的主语是具有操控性的人,通常是国君等统治者。这种具体的人通常会指令人做具体的事。如：

(1) 秋七月，天王使宰咺来归惠公、仲子之赗。(《左传·隐公元年》)

上例中，兼语式的主语"天王"具有极强的操控性，他发出的命令不容违背。这种情况下，"使"的行为动词特征明显。早期兼语式中的"使、令"等词多具有此特征。

主语不是人，而是神等虚幻事物，也具有极强的操控性，是将现实的最高统治者通过隐喻投射到目标域——虚幻空间。由于虚幻事物不能发出具体指令，"使役"义动词有了表示"致使"的可能性。如：

(2) 天祸郑国，使介居二大国之间。(《左传·襄公九年》)

主语不具操控性，但对兼语的行为具有约束力和推动力。如：

(3) 使驰说之士南乡走楚者，黄歇之义。(《史记·太史公自序》)

(4) 吾将使秦王烹醢梁王。(《史记·鲁仲连邹阳列传》)

上面两例中，"使"的主语并不具有操控性，不可能对驰说之士和秦王下命令。所以"使"不是"派遣、命令"，而是"要求、致使"。

主语不表示人，这种情况下，"使"表示"致使"。如：

(5) 子之言，常发起吾意，使吾道兴。(《太平经·三者为一家阳火数五诀》)

以上例(1)、例(2)、例(5)似乎表明，主语指称的对象的变化，能够推动"使役"动词意义变化的发生，但例(3)、例(4)的主语仍然指称人，这说明主语变化与否只是表层现象，真正推动变化的，还是主语、兼语以及"使役"义动词的语义关系变化——从"役使"关系变为"致使"关系，从而推动演变。

三 否定对 V_1 词义变化的影响

否定词的使用，对 V_1 的词义变化有影响，这主要是一种语用上的表现。肯定与否定的不对称性，石毓智（1992）、沈家煊（1997）对此有过论述。但兼语式的否定式与相应的肯定式的关系如何，诸家很少涉及。本节将进行简单比较。兼语式中的否定可分为两种形式，一种是否定 V_1，另一种是否定兼语小句中的谓词 PP_2。兼语式的否定，上古至中古汉语中主要用"无、勿、毋、不、非"，现代汉语主要用"别、不、没（有）"，语义上可分为"禁止"和"非禁止"两种类型。

（一）否定 V_1

1. 表示禁止

上古汉语中，表示禁止的否定副词有"无、勿、毋"，可对译为"别、不要"。这种兼语式通常是祈使句，主语一般省略，兼语通常是人，是兼语小句谓词 PP_2 的施事，PP_2 通常是行为动词，也可以是行为兼状态的动词。否定词置于兼语动词之前，否定整个兼语式，表示"禁止（无使）某人（兼语）做某事或处于某种状态（PP_2）"。如：

（6）且无使季氏葬我。（《左传·襄公二十九年》）不要派/容让季氏安葬我（做某事）。

（7）无令舆师淹于君地。（《左传·成公二年》）不要容让我军留在贵国（处于某种状态）。

去掉否定词，兼语式和 V_1 的意义大多会有所变化。如：

（6'）且使季氏葬我。 使：派。
（7'）令舆师淹于君地。令：派、命令。

可以看到，"使、令"肯定和否定兼语式中的意义表现出不对称性：肯定兼语式中，"使、令"表示"派遣、命令"，有较强的"使役、命令"行为义；否定兼语式中，前一例"使"有两种解读——派遣/容让，而后一例"令"只有一种解读——容让。这种差异与 PP_2 有关：PP_2 表示行为，是动作动词时（葬我），V_1 可以两解；PP_2 表示状态，是状态动词或形容词时，V_1只有一解（淹于君地）。

两相联系来看，否定词否定行为时，一解与肯定式对称，另一解与肯定式不对称；否定状态或者否定"行为+状态"时，肯定式和否定式呈不对称性。肯定式中表示"行为+状态"的V_1能保持原义，但在否定式中，意义发生改变，丢失［+行为］义素。

传世文献中，否定行为的例子相对少见，而否定状态或"行为+状态"相对较多。如《左传》：

（8）无使滋蔓！（《左传·隐公元年》）使：让。
（9）毋俾城坏。（《左传·昭公六年》）俾：让。

综合例（6）至例（9）否定、肯定兼语式来看，存在以下对应关系：

否定行为：V_1有两种解读，表示"使役"或"容让"，对应肯定式中表示"使役"；

否定行为和状态：意义改变，表示"容让"，对应肯定式中表示"使役"；

否定状态：意义改变，表示"容让"，对应肯定式中表示抽象"致使"。

可以看到，在起禁止作用的祈使性兼语式中，"容让"义几乎贯穿始终。我们猜测，肯定和否定的不对称，在使令动词的形成过程中有重要作用。

2. 否定事实或性质

这种否定兼语式中，V_1前通常用否定词"不"，偶尔也用"弗、非"，其他否定词少见，可对译为现代汉语"不"或"没有"，表示对事实或性质的否定。

1）直接否定V_1

（10）又不使大夫聘。（《左传·宣公七年》）
（11）子有美锦，不使人学制焉。（《左传·襄公三十一年》）
（12）遂弗使献。（《左传·襄公十年》）

以上三例中，"不/弗使"表示"不/没派遣"或"派遣"，去掉否定词，则是"派遣"。可见，受"不/弗"否定的兼语式与相对应的肯定兼语式是对称的，兼语式和"使"的意义不因肯定、否定的变化而变化。

用"非"也一样。如：

(13) 非使人之所得闻也。(《左传·襄公二十七年》)

上例中，"非使"即"不是致使"，去掉否定词，则是"致使"。肯定和否定对称。

2) 否定助动词

(14) 不可使共叔无后于郑。(《左传·庄公十六年》)
(15) 我能事尔，尔不可使多蓄憾。(《左传·文公十四年》)

以上两例中，"不可使"即"不能使得"。去掉否定词，相应的意思是"可以使得"，"使"的意义没有变化。

总的来说，否定 V_1 时，受"无、勿、毋"否定的兼语式与肯定式是不对称的，否定词对"使"的意义解读有影响；受"不、非"否定的兼语式与肯定式是对称的，否定词对"使"的意义没有影响。不同的否定词在使令动词 V_1 的发展过程中所起的作用不同。

(二) 否定 PP_2

使令兼语式中，兼语小句的谓词 PP_2 也可以受否定副词修饰。有的可做两解，有的只有一种。

1. 两解型

当否定词是表示禁止的"无、勿"时，这种兼语式与现代汉语中两种兼语式对应：一种与" V_1 +（兼语+）否定词+ PP_2 "对应，即否定副词仍然修饰小句谓词；另一种与"否定词+ V_1 +（兼语+）PP_2 "对应，即将否定副词前移至使令动词之前。如：

(16) 使无降楚。(《左传·宣公十五年》)
(17) 襄仲使无朝。(《左传·文公十四年》)

以上两例中，例(16)可翻译为"命令他不要向楚国投降"，也可翻译为"不要容让他向楚国投降";而例(17)可翻译为"襄仲命令(穆伯)不要上朝参与政事",也可翻译为"襄仲不容让(穆伯)上朝参与政事"。V_1有"容让"和"命令"两种解读。

这种例子在传世文献中较为常见。如:

(18) 令无入僖负羁之宫而免其族。(《左传·僖公二十八年》)

(19) 怀公命无从亡人。(《左传·僖公二十三年》)

(20) 子展命师无入公宫,与子产亲御诸门。(《左传·襄公二十五年》)

(21) 齐侯将纳公,命无受鲁货。(《左传·昭公二十六年》)

2. 一解型

当修饰兼语小句谓词的否定副词"无"表示"不、没有"时,只与现代汉语中的"V_1+(兼语+)否定词+PP_2"对应,使令动词不能前移。V_1的解读与肯定式相同。如:

(22) 匄在此,敢使鲁无鸠乎?(《左传·襄公十六年》)
(23) 楚人使蔡无常。(《左传·襄公二十年》)
(24) 俾成人无勤。(《左传·昭公三十二年》)
(25) 俾我一人无征怨于百姓。(《左传·昭公三十二年》)

以上几例中,"使、俾"都可译释为"致使"。

总的来说,否定PP_2时,否定词是表示禁止,还是事实否定或性质否定,兼语式的肯定式与否定式的对称关系并不相同:表示禁止时,肯定式与否定式是不对称的,否定词对"使"的意义解读有影响;表示事实或性质否定时,肯定式与否定式是不对称的,否定词对"使"的意义没有影响。

小结

从本节的分析中可以看到,具有"使役"义的动词V_1的演变,与合适的句法环境、相关的语义组配密切相关。语义组配,其实质是语用表现。语用表现细微而不易察觉，共时状态下很不稳定，因而这些表现对 V_1 的影响也不易被发现。例如"使"的"容让"义，很多词典并没有将其列为义项，可能正是这个原因。需要注意，否定式中 V_1 的"容让"义，将多种义项联结在一起，或许否定词的使用，正是发展演变的推手，是促成使令动词最终形成的重要因素。

第三章

汉语单音节使令动词的形成和发展

在长期的发展过程中，汉语使令动词经历了从无到有，从单一到逐渐丰富的过程。使令动词一般为单音节，尽管汉语史上也出现过一些双音节使令动词，但其多以单音使令动词为构词基础。本章只考察单音节使令动词的形成和发展。

第一节 使令动词"使"的形成和发展

"使"是现代汉语中最为典型的使令动词之一，主要表示抽象"致使"义。前文已述，"使"在殷商卜辞中还只是表示"派遣"的行为动词。前人虽有一些论述，但也还存在一些问题，或说法不准确，或缺乏数据支撑，或分类不够细致，尚缺乏说服力，有待进一步研究（李佐丰，1994；徐丹，2003；张丽丽，2005、2006；刘文正，2012、2015）。下面，我们将对传世文献中使令动词"使"的形成历程及各种发展，进行细致描述。

一 《尚书》《诗经》中的"使"

《尚书》中，"使"字共有 4 例。如：

(1) 有能奋庸熙帝之载，使宅百揆亮采，惠畴？（《虞书·舜典》）

(2) 使羞其行，而邦其昌。（《周书·洪范》）

(3) 汝弗能使有好于而家，时人斯其辜。（《周书·洪范》）

(4) 是崇是长，是信是使，是以为大夫卿士。（《周书·牧誓》）

上面例（1）—例（3）加点部分都是省略兼语的使令兼语式，"使"均作兼语动词，表示"派遣、差遣"义。例（4）"使"是行为动词，加点部分意思是"差遣任用他们"。可见"派遣、差遣"义虽多用于兼语式，又可用于SVO，但应当还不是使令动词。

《诗经》中，我们一共找到15例，其中《大雅》兼语动词用法2例，行为动词用法1例；《小雅》兼语动词用法3例，行为动词用法2例；《国风》7例都是兼语动词用法。就兼语式来看，《大雅》《小雅》中的情况比较复杂，尚无纯粹"致使"用例；《小雅》中有1例表示"容让"的否定式，2例表示纯粹的"致使"；《国风》中都是纯粹"致使"用法。如：

(5) 天位殷适，使不挟四方。（《诗经·大雅·大明》）
(6) 我戍未定，靡使归聘。（《诗经·小雅·采薇》）
(7) 既往既来，使我心疚。（《诗经·小雅·大东》）
(8) 及尔偕老，老使我怨。（《诗经·卫风·氓》）

《大雅》《小雅》和《国风》的语言风格不相同，所代表的时代也不同。《大雅》语言最为艰深古朴，反映的可能是西周的语言特征，其用法基本承袭殷商；《小雅》也比较古老，可能代表两周之交的语言面貌，已向使令动词发展，有了个别使令动词用例；《国风》语言相对浅白，可能来自东周各国民间，"使"都表示纯粹"致使"，可能在当时口语中已成为使令动词。

二 《左传》中的"使"

《左传》可以视为春秋战国之交或战国早期的语言材料。书中"使"的语义、用法又有很大发展。具体如下（全书为纯手工统计，数据可能有小出入）。

表 3-1　　　　　　　　《左传》"使"字各用法统计

类别	名词	行为动词			行为动词用于兼语式			使令动词
义项	使者	派遣	出使	使用	派遣	命令/要求	容让	致使
数量	69	27	25	18	765	182	62	120
比例	5.4%	2.1%	2.0%	1.4%	60%	14.4%	5%	9.4%

从表 3-1 中可以看出,《左传》中"使"的用法有如下特点:

1. 行为动词仍然保留了原有的"派遣"义,并引申出两个动词义项:"出使"和"使用";一个名词义项"使者"。

2. "派遣"义大量用于兼语式,表示"派遣-行为",占绝对优势。

3. 特殊语用条件下,用于兼语式的"使"又表示"命令-行为"和"容让-行为"。

4. 使令动词用法已不少见,可推断此阶段其性质已然固定。

此外还要说明的是,《左传》中很多句首或句首连词"若"之后的"使"字,具备了向假设条件连词演变的句法基础。

下面对《左传》中的"使"字兼语式加以说明。

(一)派遣-行为

"派遣-行为"兼语式代表的是"派遣-某人-做某事"的概括,是行为动词在兼语式中的具体应用,"使"仍表示"派遣";PP_2是行为动词(短语),表示"做某事",通常是"位移+处所"或者暗含"位移"概念;"某人"可省略,这在《左传》中很常见,逾 200 例。兼语小句一般表示某种具体的行为事件,这种事件在时间上有起点和终点。如:

(1)秋七月,天王使宰咺来归惠公、仲子之赗。(《左传·隐公元年》)

(2)宋公使来乞师,公辞之。(《左传·隐公四年》)

(3)曲沃庄伯以郑人、邢人伐翼,王使尹氏、武氏助之。(《左传·隐公五年》)

(4)天祸郑久矣,其必使子产息之,乃犹可以戾。(《左传·襄公二十九年》)

以上前两例 PP_2 包含位移动词"来",其中例(2)省略兼语。后两例也暗含位移特征,"使"均表示"派遣"。

"派遣"义用于兼语式虽占绝对优势,但也可不用该句式。如:

(5)若使子率,子必辞,王将使我。(《左传·哀公八年》)

上例的意思是:"如果派您领兵先行,您一定要推辞,君王将会派我

（去）"，其中"使子率"是兼语式，而"王将使我"是SVO。

少量PP$_2$为持续动词，如"居、处"之类，既具有"行为"义，又具有"状态"义。《左传》不多见。如：

（6）请京，使居之，谓之京城大叔。（《左传·隐公元年》）

由于"居"具有"行为"义，"使"还可以解读为"派遣"，但如果仅有"状态"义，"使"就不能是"派遣"，只能是抽象"致使"，不可能说"派遣某人处于某种状态"。

（二）命令/要求/任命-行为

"使"字除了对译成"派遣"之外，还可以对译成"命令、要求、任命"等。后者与"派遣"不同："派遣"总是包含或隐含"位移"，而"命令、要求、任命"等与位移无关。至于"命令、任命"，往往用于君臣上下级之间，是自上而下。而"要求"既可用于上下级之间，也可以无级别差异，通常不必如此细致区分。"使"由"派遣"引申出"命令、任命、要求"等义项，可能是受"令"的同化。《左传》这种用法并不少见。如：

（7）晋师及齐国佐盟于爱娄，使齐人归我汶阳之田。（《左传·成公二年》）
（8）齐侯使庆佐为大夫。（《左传·襄公二十一年》）
（9）郑人使子展当国，子西听政，立子产为卿。（《左传·襄公十九年》）

（三）容让-行为

表示"容让"的"使"字多用于否定句、肯定形式的反问句。如：

（10）岂其使一人肆于民上，以从其淫，而弃天地之性？（《左传·襄公十四年》）
（11）臧氏将为乱，不使我葬。（《左传·襄公二十三年》）
（12）亦使知之若何？（《左传·僖公二十四年》）
（13）公从之，重为之礼，使归求成。（《左传·成公九年》）

个别肯定式中的"使"也可解读为"容让",但多表示条件。如:

(14) 不杀安于,使终为政于赵氏,赵氏必得晋国。(《左传·定公十四年》)

上例中,可解读为"容让","使终为政于赵氏"实际上是"赵氏必得晋国"的条件。

"容让"可以进一步向"放纵、听任"隐喻。如:

(15) 寡人有弟,弗能教训,使干大命,寡人之过也。(《左传·襄公三年》)

"使(弟)干大命"这种行为虽然是"寡人"不愿接受的,但在其弟实施过程中,"寡人"并未阻止,而是"听任"的结果。

(四) 准许/容让-状态

当兼语式中的PP_2是形容词或者表示状态的其他词语时,该兼语式表示"容让-状态"。《左传》中这种用法很少,仅9例,且只见于否定式或条件式。如:

(16) 天生民而立之君,使司牧之,勿使失性。(《左传·襄公十四年》)

(17) 有君而为之贰,使师保之,勿使过度。(《左传·襄公十四年》)

(18) 余将老,使郤子逞其志,庶有豸乎?(《左传·宣公十七年》)

以例(16)、例(17)是否定式,例(18)是条件句式。

(五) 致使-行为

这种兼语式的基本意义是"主语致使兼语做某事",其中V_1可能是主语对兼语发出的命令、派遣、容让等行为,但行为事件PP_2并非主语的主观愿望,只是客观上有一种"因(致使)-果(行为)"关系。如:

(19) 君使民慢，乱将作矣。(《左传·庄公八年》)

例（19）中，"君使民"可理解为国君对百姓发出命令，但"慢（怠慢、不敬）"这种行为并非国君希望百姓所做的，而是其未曾料到的后果。这种兼语式是"致使-行为"，"使"也非"派遣、命令、容让"，而是"致使"。

PP_2的诱发者不一定是可以做出"派遣、命令、容让"的人，也可以是某种条件。如：

(20) 上天降灾，使我两君匪以玉帛相见，而以兴戎。(《左传·僖公十五年》)

(21) 周原伯绞虐其舆臣，使曹逃。(《左传·昭公十二年》)

上面两例中，事件PP_2由前一小句引起，前者可视为后者的主语，也可视为原因小句。应该说，PP_2的出现，促成"使"的"致使"义得以固定。《左传》中，这种结构已有68例。

(六) 致使-状态

如果"使"字表示"致使"而兼语式中的PP_2又是形容词，这就是"致使-状态"。《左传》中，这种用法已不少见，共49例。如：

(22) 楚君若能使秦君辱于敝邑，寡君敢不固请于齐？(《左传·襄公二十七年》)

当兼语省略时，表示"致使"的"使"直接附在状态形容词PP_2前面。如：

(23) 上之人能使昭明，善人劝焉，淫人惧焉。(《左传·昭公三十一年》)

(24) 若先伐君，是使睦也。(《左传·定公十三年》)

这种用法与形容词的使动用法非常相似，与使动用法的衰落有一定关系，但其中表示"使动"的动词之后还可以出现使动宾语。如：

(25) 而告冯简子，使断之。(《左传·襄公三十一年》)

　吕叔湘（1942）说文言中常用的"V 之使 V"在《左传》中就已出现。如：

　　(26) 事成，乃授子大叔使行之，以应对宾客。(《左传·襄公三十一年》)
　　(27) 不如小决使道。(《左传·襄公三十一年》)

　有人把这种"使"字视为"上致使标记"，认为此用法乃是受佛教译经影响而生（牛顺心，2004），而此时佛教尚未引入，影响何来？

　（七）连词的萌芽状态

　《左传》中有些兼语句以"使"字开头，后面附一小句，前后有顺承或因果关系。如：

　　(28) 使夫往而学焉，夫亦愈知治矣。(《左传·襄公三十一年》)
　　(29) 使民不安其土，民必忧。(《左传·昭公二十五年》)

　上两例中，"使"分别表示"派遣""致使"，兼语式分别表示"派遣-行为"和"容让-状态"，但还不足以表述完整信息，故后面附加小句，进一步说明结果。这些兼语式可视为条件复句的前件，在"使"字前再加一个假设连词"若"，特征更为明显。如：

　　(30) 苟使意如得改事君，所谓生死而肉骨也。(《左传·昭公二十五年》)
　　(31) 若使子率，子必辞，王将使我。(《左传·哀公八年》)

　这些"使"字还有具体词汇意义，不能视为条件连词。后来演变成假设连词，可能就是从这种结构开始的。

小结

1. 和殷商卜辞、《尚书》、《诗经》相比，《左传》中表示抽象"致使"时，"使"只能用于兼语式，显然已发展成使令动词；表示"派遣"时，还可带受事宾语，宜视为行为动词；表示"命令"时，可能只是"派遣"义项在不同语境中的语用分析，无须专列为义项；表示"容让"时，受否定式、条件式制约，更不必专列义项。

2. 《左传》中"使"的用法已经出现与形容词的使动用法同构的现象。

3. 《左传》已经出现了促成"使"向连词演变的句法环境。

三 《史记》中的"使"

《史记》中共有"使"字 2436 个，其中近 240 例表示抽象"致使"，约占 1/10，所占比例与《左传》相近，也是用于"致使-行为"和"致使-状态"两种兼语式，并无明显发展。表示行为的有"派遣、任命、命令、容让、出使、驱使、使用"等七个义项，带受事宾语的用法在 6% 左右，较之《左传》略有缩减，其余绝大多数用于兼语式。此外，名词有"使者""使命"两个义项。下面主要说明兼语式及相关结构式中的用法。

（一）派遣-行为

《史记》中表示"派遣"的"使"，已经很难找到其带受事宾语的例证。"使"一般用于兼语式，可以说，在这一义项上已发展为使令动词，计约 1230 例。其行为动词用法趋于消失。如：

（1）齐王使淳于髡之赵请救兵，赍金百斤，车马十驷。（《史记·滑稽列传》）

（2）二十七年，使三万人助三晋伐燕。（《史记·楚世家》）

（3）乃使解兵。（《史记·张仪列传》）

（4）寡人使束甲而趋之，何如？（《史记·平原君虞卿列传》）

兼语有时可前移，做前一动词的宾语，一般把兼语式视为后置定语。如：

（5）计未定，求人可使报秦者，未得。（《史记·廉颇蔺相如列传》）

上例中,"人"本应为完整兼语式"可使人报秦"中的兼语,被提出来做"求"的宾语,剩余部分"可使报秦"可视为后置定语。

兼语也可提出来做主语,剩余部分充当谓语。如:

(6) 桀之狗可使吠尧。(《史记·鲁仲连邹阳列传》)
(7) 蹠之客可使刺由。(《史记·鲁仲连邹阳列传》)

从语义上看,以上两例中的"桀之狗、蹠之客"均是"使"的受事,又是"使"后动词的施事,可移至兼语位置,形成"可使桀之狗吠尧""可使蹠之客刺由",但"桀之狗"" 蹠之客"提到小句之首做主语。这种移至主语位置的现象是由话题化引起的。

(二) 任命-担任某职

"使"表示"任命、命令"时,与位移无关,其后PP_2中常出现官职名称,即便不出现,也很容易联想到。这是"派遣"与"任命"的区别。约有100例,全用于兼语式。可以说,"使"在这一义项上也已发展为使令动词。如:

(8) 怀王因使项羽为上将军,当阳君、蒲将军皆属项羽。(《史记·项羽本纪》)
(9) 遂东太子光,使高厚傅牙为太子。(《史记·齐太公世家》)

(三) 命令-行为

全用于兼语式,已发展为使令动词。约60多例。如:

(10) 使击筑而歌,客无不流涕而去者。(《史记·刺客列传》)
(11) 沛公方倨床,使两女子洗足,而见郦生。(《史记·郦生陆贾列传》)

(四) 容让-行为

(12) 楚独追北，使沛公、项羽别攻城阳，屠之。(《史记·高祖本纪》)

(13) 弗杀，使即反国，为郑忧矣。(《史记·郑世家》)

(14) 遂不使治病，赐金五十斤罢之。(《史记·高祖本纪》)

例 (12) 中，"使"表示"有意准许、容让"，似乎不再受否定式、条件式限制，可给它专列一个义项。这是语用现象语义化的表现。

(五) 致使-行为

跟《左传》一样，这种兼语式，PP_2 表示动作行为，前面通常有一表示背景的小句。约有 70 例。如：

(15) 吾将使秦王烹醢梁王。(《史记·鲁仲连邹阳列传》)

(16) 吾使生居一郡，能无使盗入盗乎？(《史记·酷吏列传》)

(六) 致使-状态

《史记》中已很常见，总数在 170 例以上。如：

A. 普通状态，PP_2 一般是形容词或者是形容词加名词的定中短语。如：

(17) 故汉兴，承敝易变，使人不倦，得天统矣。(《史记·高祖本纪》)

(18) 不乐，音大悲，使卫乱乃此矣。(《史记·卫康叔世家》)

B. 感知-心理状态，PP_2 一般是心理动词。如：

(19) 布告天下，使明知朕意。(《史记·孝文本纪》)

(20) 使之大急，彼且割地而约从，王尚何救焉？(《史记·魏世

家》）

C. 存现状态。如：

（21）使死者复生，生者不惭，为之验。（《史记·晋世家》）
（22）楚之救韩，不能使韩不亡，然存韩者楚也。（《史记·楚世家》）

D. 得失状态。如：

（23）乃赦西伯，赐之弓矢斧钺，使西伯得征伐。（《史记·周本纪》）
（24）使神人百物无不得极，犹日怵惕惧怨之来也。

(六) 连词"使"

《史记》中，"使"的连词化倾向有所加强，共有 25 例有连词特征，或者说已经连词化了。其特点是："使"字兼语式是复句的前一小句，而语义重心在后一小句。如：

（25）使臣得尽谋如伍子胥，加之以幽囚，终身不复见，是臣之说行也，臣又何忧？（《史记·范雎蔡泽列传》）
（26）使臣卒然填沟壑，君虽恨于臣，亦无可奈何。

以上两例"使"处于句首，似乎还具有"准许、容让"意义，表示对事件发展趋势的一种展望。事情结果出现的可能性非常高，"使"字兼语式可视为后面结果的客观条件。这种"使"字不表示假设。

随着事情结果可能性的进一步降低，假设性得以提高，"使"字兼语式成为后面结果的假设条件。如：

（27）使秦破赵，君安得有此？（《史记·平原君虞卿列传》）
（28）使骐骥可得系羁兮，岂云异夫犬羊。（《史记·屈原贾生列传》）

当"向(乡)/假/若"与"使"连用时,假设的意味更明显,后面的内容往往与事实相反。如:

(29)乡使管子幽囚而不出,身死而不反于齐,则亦名不免为辱人贱行矣。(《史记·鲁仲连邹阳列传》)

(30)假使臣得同行于箕子,可以有补于所贤之主。(《史记·范睢蔡泽列传》)

(31)若使泽中之麋蒙虎之皮,人之攻之必万於虎矣。(《史记·楚世家》)

以上三种细微差异,应当反映了"使"逐渐向连词靠拢的过程,可以说,《史记》中,"使"已经具备了连词特征。

小结

《史记》中,兼语式中"使"的使用有以下特点。
1. 表示抽象"致使"的使令动词的使用频率并没有显著变化。
2. "派遣、命令"义项基本用于兼语式,新出现的"任命"也是如此,这些义项都已发展成为使令动词。
3. "容让"义项不再受限于否定式、条件式,也发展为使令动词。
4. 假设连词"使"可能已经产生。

四 《太平经》中的"使"

《太平经》中,动词"使"一共有900多例,其中表示"出使、驱使、使用"等义的普通动词,约有60多例,为总数的6%,与《史记》相比,几无变化。《太平经》是语录体,前两者是史书,所述内容差异很大。这种情况表明,它作为普通动词,表现得很稳定。"使"的最大变化是,在兼语式中表示抽象"致使"的用例大大增加,有776例,而用于兼语式的"派遣、命令、容让"等义项,只有90多例,前者是后者的8倍多。数据表明,东汉时期"使"的性质发生了根本转变,已经转化为成熟的典型抽象使令动词,成了动词中的一种子范畴。

(一)派遣-行为

"使"表示"派遣",在《太平经》中仅有5例带受事宾语,而用于兼语式的多达78例，表示"派遣某人做某事"。这说明，带受事宾语只是存古用法，该时期已发展为使令动词，只用于兼语式。如：

(1) 如是各使可使，使往视事。(《太平经·善仁人自贵年在寿曹诀》)

(2) 是以天使吾出书，为帝王解承负之过。(《太平经·急学真法》)

例(1)中有三个"使"，前两个是行为动词用法，可带受事宾语，后一个"使"及例(2)中的"使"是使令动词。

(二) 命令–行为

"命令"义仅见于兼语式，共8例。如：

(3) 天使其各受先祖之命，著自然之术，其中不得去也。(《太平经·生物方诀》)

(4) 天使不言也，大化未出，所作者异，不得同法。(《太平经·国不可胜数诀》)

(三) 容让–行为

《左传》《史记》中，这种兼语式受否定、条件等限制，《太平经》中还受因果关系限制。共9例。如：

(5) 吾所以使真人言者，不以故子也。(《太平经·上善臣子弟子为君父师得仙方诀》)

(6) 不宜使小人闻、小人言、小人用之也。(《太平经·妒道不传处士助化诀》)

例(5)"使"用于因果复句中表示原因，例(6)是否定式。

(四) 致使–行为

《太平经》中，"致使–行为"兼语式主要用作复句的后件，表示结果。共有306例，约占总量的1/3。如：

(7) 故施禁法，使人不犯之耳。(《太平经·病归天有费诀》)

(8) 反得天重谪，而生承负之大责，故天使其弃浮华文，各守真实，保其一旦夕力行之，令人人各有益其身，无肯复自欺殆者也。(《太平经·解师策书诀》)

复句前件浓缩为动词性成分时，与兼语式结合，形成"V-使-PP_2"。如：

(9) 郡县闻之，取召使为有职之吏。(《太平经·为父母不易诀》)

(10) 或作深山大谷中，多禽兽虎狼之处，深水使化人心。(《太平经·九君太上亲诀》)

(五) 致使-状态

《太平经》中"致使-状态"的PP_2为形容词的用例最多，共计471例，约占总量的一半。这说明"使"作为使令动词在东汉已经发展成熟。如：

(11) 一人生百子，使父母饥寒，又何益于亲乎？(《太平经·核文寿长诀》)

(12) 乃为有知，可使无咎。(《太平经·不承天书言病当解谪诫》)

(六) 假设连词

"使"和"向"组合为复合假设连词"向使"，共2例。如：

(13) 向使不共事，不肯更迭相忧也。(《太平经·分别四治法》)

(14) 向使先生凡民人常守要道与要德，虽遭际会，不死亡也。(《太平经·万二千国始火始气诀》)

此外，《太平经》中，"使"还可以构成复合使令动词"使令、令使、使遣、遣使、使敕、敕使、使得"等,详见第四章。

小结

《太平经》中,"使"字兼语式的使用有以下特点。

1. 兼语式的类型并没有增加,但"致使-行为"和"致使-状态"均大大超过"派遣—行为",在整个兼语式中占绝大多数,标志着使令范畴已经成熟。

2. "V-使-PP_2"没有明显增长。

3. "向使"已发展成为假设连词,使用频率很低。

4. 兼语式灵活多样。跟《史记》一样,兼语可前移至主语位置。如:

(15) 长吏到其发所,悉召其部里人民,故大臣故吏使其东向坐,明经及道德人$_i$使(e_i)北向坐,孝悌人使(e_i)西向坐,佃家谨子使(e_i)居东南角中西北向坐,恶子少年使(e_i)居西南角中东北向坐。(《太平经·兴善止恶法》)

五 西晋竺法护译经中的"使"

西晋时期,使令动词继续发展,主要表现在常用使令动词增多,许多后起的使令动词与先秦以来形成的"使""令"不断竞争,"使"的使用量呈下降趋势。并且,"使"的用法越来越接近现代汉语的特征,表示抽象"致使"的特点日益巩固。下面我们选取竺法护的19部译经,对其中的"使"字加以整理介绍。[①]

上述译经中,"使"字兼语式共有249例,"使"字分别表示"派遣、命令、容让、致使",均不带受事宾语。另外有连词"假使"112例、"设使"17例。说明如下。

---

① 所用19部竺法护译经取自台湾大正新修大藏经电子文献,并经刘智锋博士加以整理,19部译经分别是:《文殊悔过经》《舍利弗悔过经》《文殊师利净律经》《文殊师利净律经》《迦叶结经》《当来变经》《太子墓魄经》《德光太子经》《过去世佛分卫经》《鹿母经》《生经》《普曜经》《自誓三昧经》《如来独证自誓三昧经》《佛升忉利天为母说法经》《五百弟子自说本起经》《奈女祇域因缘经》《舍头谏经》《乳光佛经》。

(一) 派遣-行为（15例）

(1) 使我晨来索牛乳湩，梵志摩耶利默然不报。（《乳光佛经》）
(2) 乃使此人远来，相闻和解。（《生经》卷3）

(二) 命令-行为（8例）

(3) 召二万人悉使被铠皆执兵仗侍卫左右。（《普曜经》卷1）
(4) 即召外阵兵三千余人，使掘地作藏。（《太子墓魄经》）

又有复合使令动词"呼使、使呼"各1例，参下章。

(三) 容让-行为（2例）

(5) 王自念言："太子形貌与世超异，面色清净傥不可意。"使自择之。（《普曜经》卷3）
(6) 悉共遮护，勿得使去。（《普曜经》卷3）

(四) 容让-状态（2例）

(7) 勿使见非诸不可意，实时受教皆当如法。（《普曜经》卷3）
(8) 复慎莫复语，无使诸天龙神得闻是声。（《乳光佛经》）

(五) 致使-行为（82例）

(9) 某等皆劝，乐使作善，助其欢喜。（《舍利弗悔过经》）
(10) 开化未闻，使入大乘。（《文殊师利净律经》）

(六) 致使-状态（126 例）

(11) 故使汝病。(《柰女祇域因缘经》)
(12) 具足洗浴，浊垢使净。(《普曜经》卷 7)
(13) 财业丰饶，莫使厄匮。(《文殊悔过经》)
(14) 皆使严整。(《生经》卷 2)
(15) 皆欲使安。(《生经》卷 4)
(16) 尽未来际常使不绝。(《柰女祇域因缘经》)

先秦文献中，单音节形容词"净、安、绝"等，都不难找到用为使动的例证。随着状态动词和形容词使动用法的衰落，表示抽象"致使"的"使"与状态动词或形容词结合而成的兼语式在西晋时代已经占绝对主导。

(七) V (O) -致使-行为（4 例）

(17) 遮蠹虎贲，扶避使过。(《太子墓魄经》)
(18) 猎者即便放鹿使去。(《鹿母经》卷 1)
(19) 群臣奉诏，即给衣粮，逐使出境。(《生经》卷 1)
(20) 梵志困我，役使无赖。(《生经》卷 1)

(八) V (O) -致使-状态（4 例）

(21) 斗使成怨。(《生经》卷 3)
(22) 消灭四颠倒，疗除使无余。(《普曜经》卷 7)

有的使令动词嵌套使用，与这种结构很相似。如：

(23) 即令象子使活如故。(《生经》卷 3)

此外，竺法护译经中还有复合使令动词，如："呼使、使呼、教使、使致、敕使令、遣使令"等，详见第四章。

(九)"使+得 V"(7 例)

这是使令动词"使"和表示"能够"的助动词"得"的连用。如:

(24) 皆使得入一切诸乘诸菩萨门所生之地。(《文殊悔过经》)

(25) 将示水草使得生活。(《鹿母经》卷 2)

以上两例中,"使+得"之后分别是动词和形容词,与现代汉语不同。试比较:

(26) 你这样做无非就是要使得大家都不高兴。

竺法护译经的"使得"句应分析为:

[[使+(兼语)] + [得+[PP$_2$]]]

现代汉语的"使得"句应分析为:

[[使+得] + [兼语+[PP$_2$]]]

不难发现:现代汉语中"使得"相当于"使","得"无实义,竺法护译经中"使得"表示"致使能够";现代汉语中的"使得"和 PP$_2$ 之间有兼语,而竺法护译经中的"使得"和 PP$_2$ 之间无兼语,后面紧跟动词、形容词。可见,此时"使得"还是两个词。

(十) 连词

竺法护译经中"使"没有单用作连词的用法,但有复合连词"假使""设使"。共 129 例,超过"使"字总量的 1/4。

1. 假使:即假设(112 例)。

(27) 假使得佛觉道意,常为清净无疑难。(《德光太子经》)

(28) 假使一人亡本没流,未拯拔者终不舍放,诸欲求安逮是功德疾成佛者,皆当尽心中诚归信三尊,世世不废如我今日现般泥洹。

(《鹿母经》卷2)

2. 设使：表示假设（17 例）。

（29）设使无想，云何如是？（《佛升忉利天为母说法经》卷2）
（30）设使豪羸差特异，卿则从意讲宣之。（《舍头谏经》）

小结

综合来看，竺法护译经中，使令动词"使"的抽象"致使"特征进一步发展，并进一步向连词演变。兼语式中"使"的使用有以下特点。

1. "致使-行为"和"致使-状态"两种兼语式的用例继续增长，使令范畴进一步成熟。
2. "V-使-PP_2"仍然低频使用。
3. 由"使"构成的假设连词大大发展，使用频率非常高。
4. 译经一般四字为句，兼语式一般比较简短。

六 《世说新语》中的"使"

《世说新语》篇幅不大，语言较为典雅。"使"字只有 110 余例，主要做使令动词（98 例），其次是连词（11 例），行为动词（出使、驱使、使用）用例很少（4 例）。

（一）派遣-行为（37 例）

（1）吾欲立功于河北，使卿延誉于江南，子其行乎？（《世说新语·言语》）
（2）使伊去，必能克定西楚，然恐不可复制。（《世说新语·识鉴》）

（二）命令-行为（4 例）

（3）僧意在瓦官寺中，王苟子来，与共语，便使其唱理。（《世说新语·文学》）
（4）淮使戒装，克日当发。（《世说新语·方正》）

(5) 适王子猷来,太傅使共语。(《世说新语·轻诋》)

(三) 容让-行为 (3例)

(6) 正使君辈从此出入!(《世说新语·排调》)
(7) 相王好事,不可使阿讷在坐。(《世说新语·轻诋》)
(8) 不可复使羌人东行。(《世说新语·尤悔》)

(四) 容让-状态 (3例)

(9) 此事岂可使卿有勋邪?(《世说新语·排调》)
(10) 何不使游刃皆虚?(《世说新语·排调》)
(11) 不欲使此声著,盖以避祸耳!(《世说新语·仇隙》)

又有"命""使"连用,表示"容让",但仅1例,参见第四章。

(五) 致使-行为 (19例)

(12) 于是至诸屯邸,检校诸顾、陆役使官兵及藏逋亡。(《世说新语·政事》)
(13) 不然,使子继父业,弟承家祀,有何不可?(《世说新语·品藻》)

(六) 致使-状态 (30例)

(14) 若能朝天子,使群臣释然,万物之心,于是乃服。(《世说新语·规箴》)
(15) 使君辈存,令此人死!(《世说新语·伤逝》)

(七) V-致使-行为 (3例)

(16) 养令翩成,置使飞去。(《世说新语·言语》)

(17) 使吏送令归家。(《世说新语·政事》)

(18) 风起浪涌,孙、王诸人色并遽,便唱使还。(《世说新语·雅量》)

(八) 连词 (11例)

(19) 使嘉宾不死,鼠辈敢尔!(《世说新语·简傲》) 单用

(20) 若使一恸果能伤人,濬冲必不免灭性之讥。(《世说新语·德行》) 若使

(21) 但使自今以后,日亡日去耳。(《世说新语·规箴》) 但使

(22) 阿源有德有言,向使作令仆,足以仪行百揆。(《世说新语·赏誉》) 向使

小结

1. 《世说新语》中,表示"派遣-行为"的用例相对较多,这主要由其内容决定。该书主要介绍历史人物故事,这方面的内容决定了这种意义的"使"字用例居多,若排除此因素,表示"致使"的"使"字仍然占优势,而"致使-状态"最多。这进一步证明,中古时期,使令动词"使"已发展成熟。

2. "V-致使-行为"使用频率低。

3. 假设连词有单用"使",及与"若/但/向"组合等形式,均表示假设。

七 《齐民要术》中的"使"

就动词"使"的语义、句法类型而言,与前面讨论的文献相比,《齐民要术》并无很特别之处。使令动词义项无外乎"派遣、命令、容让、致使",均用作使令动词。但异常突出的是,此书中"V-使-PP_2"的用例特别丰富。此外,行为动词义项无外乎"驱使"(3)、"使用"(10)、"出使"(4),且比重很低。下面对使令动词加以说明。

(一) 派遣-行为（3例）

(1) 汉武帝使张骞至大宛，取蒲萄实，于离宫别馆旁尽种之。(《齐民要术·种桃柰》)
(2) 丁氏尝使买葵，冬得生葵。(《齐民要术·菜茹》)

(二) 命令-行为（6例）

(3) 使千人树之，一人摇之，则无生柳矣。(《齐民要术·栽树》)
(4) 使壮士熟踏之。(《齐民要术·笨麴并酒》)

(三) 容让-行为（4例）

(5) 冬雨雪止，辄以蔺之，掩地雪，勿使从风飞去。(《齐民要术·耕田》)
(6) 初酘之时，十日一酘，不得使狗鼠近之。(《齐民要术·法酒》)

(四) 容让-状态（17例）

(7) 有草拔令去，勿使荒没。(《齐民要术·种槐、柳、楸、梓、梧、柞》)
(8) 二日一除，勿使粪秽。(《齐民要术·养羊·毡及酥酪、干酪法，收驴马驹、羔、犊法，羊病诸方，并附》)

(五) 致使-行为（9例）

(9) 为国者，使农寒耕而热芸。(《齐民要术·种谷·稗附出》)
(10) 重病得愈者，使种杏五株。(《齐民要术·种梅杏·杏李䅪

附出》）

（六）致使-状态（60例）

（11）取墐土作熟泥，封之，如三指大，长二寸，使蒂头平重，磨处尖锐。（《齐民要术·养鱼·种莼、藕、莲、芡、芰附》）
（12）可饱食，不可使厌。（《齐民要术·荔支》）

（七）V-致使-状态（32例）

（13）鸡一头，解骨肉相离，切肉，琢骨，煮使熟。（《齐民要术·羹臛法》）
（14）作浪中坑，火烧使赤，却灰火。（《齐民要术·蒸缹法》）
（15）摊使冷，著麴汁中，搦黍令散。（《齐民要术·法酒》）
（16）抒却水，干燃使热。（《齐民要术·醴酪》）
（17）用面五升，先干蒸，搅使冷。（《齐民要术·飧饭》）
（18）盛暑，日曝使干，渐以手摩挲，散为末。（《齐民要术·种枣·诸法附出》）

（八）VO-致使-状态（9例）

（19）浸豉使液。（《齐民要术·养牛、马、驴、骡·相牛、马及诸病方法》）
（20）一发之后，重酘时，还摊黍使冷。（《齐民要术·造神麴并酒》）
（21）次捣粟、饭使熟。（《齐民要术·八和齑》）
（22）土化之法，化之使美。（《齐民要术·收种》）

小结

从以上说明中可以看到，《齐民要术》中除"致使-行为"和"致使-状态"用例仍旧非常丰富之外，"V-使-PP$_2$"也非常多。这种情况不是偶然的，它与文体、语体因素密切相关。《齐民要术》是一部用语简洁的农业科技专书，属于科技语体，专门介绍农业生产工序。这种文体、语体决定了"V-使-PP$_2$"会高频使用。

"V-使-PP$_2$"中，V 表示动作，书中用以说明通过这种动作行为，要取得某种效果。因此，书中动词 V 和兼语式"使-PP$_2$"紧密相随的用例也很普遍。而由于语言简洁，动词 V 一般不出现主语、状语，宾语即使出现也往往是单音节代词，其后的也往往是一个简单的状态动词和形容词。这就导致它们合在一起往往成四音节结构，甚至更短。这就是"V-使-PP$_2$"大量出现的原因。

我们的统计采用的是现代人的标点整理本，往往带有一些主观性。如果排除这种因素，"V-使-PP$_2$"结构可能更多。对下面的一些句子重新标点，可能并没有什么问题。试比较：

(23) 取第三度淋者，以用揉花，和，使好色也。(《齐民要术·种红蓝花、栀子》)
(23′) 取第三度淋者，以用揉花，和使好色也。
(24) 唯急火急炙之，使焦，汁出便熟。(《齐民要术·炙法》)
(24′) 唯急火，急炙之使焦，汁出便熟。
(25) 摊去热气，及暖于盆中以蘖末和之，使均调。
(25′) 摊去热气，及暖于盆中，以蘖末和之使均调。

如此一来，此书中的"V-使-PP$_2$"会更多。也进一步证明，所谓"上致使标记"并非因译经影响而产生，而是汉语发展的必然结果，与独特的语体和文体有着密切关系。

八 唐代《全唐诗》中的"使"

与西晋竺法护译经、《世说新语》等相比，唐代的使令动词"使"并无明显变化，下面以《全唐诗》前 200 卷为例进行说明。

(一) 派遣、命令-行为 (5例)

(1) 因从京口渡，使报邵陵王。(刘希夷《相和歌辞·江南曲八首》)
(2) 画眉犹未了，魏帝使人催。(崔国辅《魏宫词》)

(二) 容让-行为 (10例)

均用于否定句，否定词多为"莫、勿（无）"表示禁止，也用"不"否定事件。如：

(3) 双成走报监门卫，莫使吴歈入汉宫。(宋若华《嘲陆畅》)
(4) 长兄行不在，莫使外人逢。(李白《湖边采莲妇》)
(5) 幸承天泽豫，无使日光催。(李乂《奉和春日游苑喜雨应诏》)
(6) 无使谷风诮，须令友道存。(孟浩然《送张子容进士赴举》)
(7) 故侵珠履迹，不使玉阶行。(崔国辅《长信草》)
(8) 当令输贡赋，不使外夷骄。(刘长卿《送徐大夫赴广州》)

(三) 容让-状态 (13例)

(9) 人生得意须尽欢，莫使金樽空对月。(李白《将进酒》)
(10) 归来授衣假，莫使故园芜。(李颀《送裴腾》)
(11) 恋君秋夜永，无使兰膏薄。(刘长卿《杂咏八首·上礼部李侍郎·寒缸》)
(12) 瓮间聊共酌，莫使宦情阑。(韦应物《陪王郎中寻孔征君》)

以上表示"容让"的使令动词"使"字前面都有否定副词。

（四）致使-行为（73例）

(13) 露滋不堪栖，使我常夜啼。（李峤《早发苦竹馆》）
(14) 能令楚妃叹，复使荆王吟。（杨希道《咏笙》）

这种"致使-行为"兼语式多在诗歌的对句位置。

（五）致使-状态（119例）

(15) 谁使恩情深，今来反相误。（袁晖《相和歌辞·长门怨》）
(16) 不知神之来兮不来，使我心兮苦复苦。（王维《鱼山神女祠歌·迎神》）

与上类相似，"致使-状态"兼语式也多在对句位置。

（六）连词

《全唐诗》中，"使"构成的复合连词非常多，"向使、若使、假使"，还有"但使、纵使、要使、倘使"等，均表示假设。共有17例。如：

(17) 但使龙城飞将在，不教胡马度阴山。（王昌龄《横吹曲辞·出塞》）
(18) 纵使晴明无雨色，入云深处亦沾衣。（张旭《山行留客》）
(19) 要使功成退，徒劳越大夫。（宋之问《洞庭湖》）
(20) 倘使曹王见，应嫌洛浦神。（孟浩然《宴崔明府宅夜观妓》）
(21) 向使逢着汉帝怜，董贤气咽不能语。（岑参《醉后戏与赵歌儿》）
(22) 若使三边定，当封万户侯。（孔绍安《结客少年场行》）

总的来看，《全唐诗》中"使"字表示"致使"延续了中古以来的发展态势，与现代汉语越来越接近；复合假设连词继续增长，双音化趋势不断加强。

值得注意的是，《全唐诗》兼语式受诗歌句子字数限制，兼语小句中的 PP_2 有些必须单独成小句，相应地，"V_1+兼语"与之分立。这种现象很常见。如：

(23) 遂使康乐侯，披榛著双屐。(刘长卿《奉陪萧使君入鲍达洞寻灵山寺》)

(24) 谁使女萝枝，而来强萦抱。(李白《白头吟》)

(25) 空使沧洲人，相思减衣带。(刘长卿《送史判官奏事之灵武兼寄巴西亲故》)

(26) 空使忆君处，莺声催泪痕。(刘长卿《奉使新安自桐庐县经严陵钓台宿七里滩下寄使院诸公》)

九 《祖堂集》中的"使"

《祖堂集》中"使"字兼语式只有"致使-行为"和"致使-状态"两种，使令动词只有 5 例，表示"致使"，复合假设连词 10 例，有"设使、致使、假使"等。[①]

(一) 致使-行为 (3 例)

(1) 年至四十，遇婆须密而得出家，使证圣果，游行化导。(《祖堂集》卷1)

(2) 鬼使七日后方来，觅僧不得。(《祖堂集》卷6)

(3) 至八日使开浴，浴讫，端坐长往。(《祖堂集》卷6)

(二) 致使-状态 (2 例)

(4) 时时勤拂拭，莫使有尘埃。(《祖堂集》卷2)

---

① 《祖堂集》中"使"共有 90 例，大多数是名词，73 例，表示使者和官名，行为动词 2 例，表示"驱使"。

（5）是以理未立先，有福智载去，如贱使贵，不如于理先立。（《祖堂集》卷14）

（三）连词（10例）

（6）假使后学根机玄利，将是则顿晓。（《祖堂集》卷20）
（7）莫道不会，设使会得，也只是左之右之。（《祖堂集》卷5）

以上"假使、设使"表示假设。

小结

1. 《祖堂集》中，使令动词"使"的义项和功能有所萎缩，"派遣、命令、容让"等义项基本消失，只用于表示抽象"致使"，与现代汉语几乎没有区别。

2. "使"字用例也不多，这与其他使令动词特别是"教"的兴起有密切关系。现代汉语口语中，使令动词主要用"叫、让"，而"使、令"多用于书面语，这一特点在《祖堂集》中已基本形成。

本节总结：使令动词"使"的发展特点

通过上面的描述，我们可以清晰地看到"使"字兼语式和使令动词"使"从先秦到近代的产生、发展历程。下面我们将以上九种文献中"使"字兼语式的语义类型及由此发展出的连词的各项数据列表如下（见表3-2）。

由于《尚书》和《诗经》中的"使"字不多，可能有很多偶然性，故只作为参照。从其余各文献来看，"使"字兼语式及"使"字的意义发展变化有如下特点。

1. 春秋战国之交或者战国早期（《左传》）"使"已经分化出使令动词，表示抽象"致使"，但占比不大，主要用作行为动词，表示"派遣、命令、任命"等行为，可带受事宾语，但主要是构成兼语式，意义没有明显变化。

表 3-2　　　　　　"使"在十种文献中的各项数据统计

		《尚书》《诗经》	《左传》	《史记》	《太平经》	《竺译经》	《世说新语》	《齐民要术》	《全唐诗》	《祖堂集》
动词	派遣/命令/任命-行为	5	947	1391	86	25	42	8	5	0
	容让-行为	0	54+1	23	8	2	3	4	10	0
	容让-状态	0	9	0	0	2	3	17	13	0
	致使-行为	1	68	69	304	82	19	10	73	3
	致使-状态	7	53	170	472	125	30	59	119	2
	V-使-行为	0	1	0	2	4	2	0	0	0
	V-使-状态	0	0	0	0	4	0	41	0	0
连词				25	2	129	11		17	10

2. 西汉时期（《史记》）"使"仍然主要表示"派遣、命令、任命"，意义没有明显变化，但这些义项全用于兼语式，表明在这些义项上它已由行为动词转为使令动词，在这一时期，使令动词"使"已具有多个义项。

3. "使"的"容让"义项始终受限制，只用于表示否定或条件的兼语式。

4. 自东汉起（《太平经》），使令动词"使"的义项开始萎缩，"派遣、命令、任命"等义项的用例大大减少，而抽象"致使"的用例猛增，表明此使令范畴在东汉发展成熟。

5. 先秦时期，表示行为及由此带来的结果的"V 使 V/A"开始出现，大概与信息内容简短、韵律等因素有关，其使用受文体、语体限制，在一般文献中使用频率低，但在科技语体、介绍工艺技术流程的文体中使用频率非常高（《齐民要术》）。

6. 唐代以后，使令动词"使"的使用量日渐减少，逐渐被其他新兴的使令动词替代，它虽可见诸书面，但已成为一个文言词。

7. 先秦至东汉，是使令动词"使"的高速发展期，东汉至唐，是其稳定使用期，唐以后，进入萎缩阶段。

8. 先秦时期，"使"开始用来表示假设、条件，西汉时期，成为假设连词，除西晋竺法护译经所反映的情况之外，其使用频率较低，但形成的复合词不少；西晋竺法护译经中大量使用，或许是个人语言风格的表现。

历时结构式语法认为，结构式是形式和意义的配对，单有形式的变化或者意义的变化，均没有形成新的"形-义"对（pairing），即没有形成新的结构式。只有当两方面都有变化时，才有新的结构式产生，达成结构式化。甲骨卜辞中的"使"无论是带受事宾语，还是形成兼语式，意义都是"派遣"，只有形式一极的变化，没有形成新的结构式（使令动词或使令范畴），没有发生结构式化。即使不考虑较早的《尚书》和《诗经》两部文献，我们也可以断定：至迟在春秋战国之交或者战国早期的《左传》中，新的"形-义"对已经产生，发生了结构式化，形成了新的使令范畴。此后使令兼语式继续发展，直至萎缩。在兼语式中，"使"又演变为假设连词，成为一种冠于小句首的一种附加范畴，这是它的第二次结构式化。

第二节 使令动词"令"的形成和发展

关于使令动词"令"的形成和发展，李佐丰（1994）、徐丹（2003）已有所讨论，但主要是描述其语义变化过程和规律。刘文正（2008）选取东汉以前的一些文献做过抽样调查，描述"令"的发展演变。但由于只是抽样调查，加之东汉以后的状况尚未考察，并没有清晰地显示其演变情况。这里选取从上古到近代的一些代表性文献进行细致考察。

一 《尚书》《诗经》中的"令"

前面提到，甲骨文中"令""命"不分。《尚书》《诗经》中，二者虽相通，但也已明显分化，如"命运、天命"之"命"绝不能写作"令"。《尚书》中，"令"出现了3次，都与"命令"义无关，而是"美"的意思。《诗经》中，"令"出现了十余次，只有2例与"命令"义相关。如：

(1) 东方未晞，颠倒裳衣。倒之颠之，自公令之。（《诗经·齐风·东方未明》）
(2) 有车邻邻，有马白颠。未见君子，寺人之令。（《诗经·秦风·车邻》）

以上两例中，"令"均表示"命令"，其中例（1）带受事宾语。用例虽少,但也说明春秋以前仍然是言语动词。

二 《左传》中的"令"

《左传》中,"令"字有45例,相对于"使"来说要少得多,不及后者的1/25,用法也相对简单。基本类型如表3-3所示。

表3-3　　　　　　　　《左传》"令"字各用法统计

名词	言语动词		言语动词用于兼语式	使令动词
命令	命令	致告	命令	致使
2	21	3	18	1

从表3-3中可知,《左传》中"令"的基本意义是"命令",基本用法是做言语动词,有多种句法表现。一是不带宾语。共有17例。如:

(1) 甲戌,师于氾,令于诸侯曰:"……"(《左传·襄公九年》)

二是带对象宾语,只有1例。如:

(2) 干位以令大事,非其任也。(《左传·昭公三十二年》)

上例中"大事"是"令"的对象宾语,这种宾语与《诗经》"自公令之"不同,后者中"之"是受事宾语。

三是与"曰"组成连动式,共带直接引语做宾语。共有3例。如:

(3) 国人弗蓺,令曰:"蓺郤氏,与之同罪。"(《左传·昭公二十七年》)

(4) 荀偃令曰:"鸡鸣而驾,塞井夷灶,唯余马首是瞻。"(《左传·襄公十四年》)

四是用于兼语式,表示"命令某人做某事"。可概括为"命令-行为"。如:

(5) 使华臣具正徒，令隧正纳郊保，奔火所。(《左传·襄公九年》)

(6) 令诸侯三岁而聘，五岁而朝，有事而会，不协而盟。(《左传·昭公三年》)

(7) 令倍其赋。(《左传·襄公二十二年》)

(8) 赵文子为政，令薄诸侯之币而重其礼。(《左传·襄公二十五年》)

综合来看，《左传》中表示"命令"的"令"还是普通言语动词，虽可用于兼语式，但 PP_2 还不是其强制性成分，还不能算使令动词。

"令"的第二个义项是"致告"，也是普通言语动词，只能带受事宾语。如：

(9) 惠伯令龟，卜楚丘占之。(《左传·文公十八年》)

(10) 且楚故，司马令龟，我请改卜。(《左传·昭公十七年》)

以上两例中，"惠伯令龟""司马令龟"表示惠伯、司马在占卜前把所要占卜的事情致告龟甲受事宾语，"龟"是"令"的受事。

《左传》中"令"已经开始分化出使令动词，表示抽象"致使"，所在兼语式表示"致使-行为"，但用于否定祈使句，其意义与"容让"相通。如：

(11) 寡君不忍，使群臣请于大国，无令舆师淹于君地。(《左传·成公二年》)

上例中，"令"字兼语式是前一小句所述行为的结果，"令"表示"致使"，但因它用于否定式，也可表示"容让"。此用法仅有1例。

综合来看，《左传》中"令"的发展与"使"不同步，主要做普通动词，使令动词尚处于起步阶段。

三 《史记》中的"令"

《史记》中，"令"字数量猛增，接近"使"字的一半；用法也变得复杂，已常用作使令动词，并引申出连词用法。

（一）行为动词

表示"命令"，普通动词，带受事宾语、直接引语等。共 54 例。如：

(1) 秦诏书购求两人，两人亦反用门者以令里中。(《史记·张耳陈余列传》)

(2) 即令国中："有生得毒，赐钱百万；杀之，五十万。"(《史记·秦始皇本纪》)

(3) 主进，令诸大夫曰："进不满千钱，坐之堂下。"(《史记·高祖本纪》)

以上例（1）"令"带受事宾语，例（2）先带受事宾语再带直接引语，即"令+NP+直接引语"，例（3）带受事宾语再和"曰"组合，形成"令+说话对象+曰+直接引语"。这些都是普通言语动词用法。

（二）命令-行为

"令"表示"命令"，兼语小句的 PP_2 表示行为。命令语气强烈。共 473 例。如：

(4) 令军毋入厘负羁之宗族间。(《史记·管蔡世家》)

(5) 帝令主君灭二卿，夫熊与罴皆其祖也。(《史记·赵世家》)

(6) 沛公欲王关中，令子婴为相。(《史记·高祖本纪》)

（三）建议/要求-行为

命令语气较弱，表示"建议"或"要求"，操控性减弱。共 13 例。如：

(7) 楚王厚赐与约，使反其言，令宋趣降，三要乃许。(《史记·郑世家》)

(8) 即令更服丸药，出入六日，病已。(《史记·扁鹊仓公列传》)

(四) 容让-行为

主语本身未对宾语发出"命令"而宾语做出相应行为，或者给以机会让宾语做出相应行为，这就是"容让"，其操控性进一步减弱。共20例。如：

(9) 必以岑娶为太子，无令他人代之。(《史记·大宛列传》)
(10) 令人主自择，不肯面折庭争。(《史记·平津侯主父列传》)
(11) 宛乃出其善马，令汉自择之。(《史记·大宛列传》)

"令"可用于表示祈使的否定兼语式，如例(9)，也可不用，如后两例。这说明其容让义使用不受限制。

(五) 致使-行为

这种使令兼语式之前一般还有一个小句，"令"的主语常省略，省略的主语与兼语没有行为关系，但前后两个事件有因果关系，即致使关系。共52例。如：

(12) 愿令此三人归，令我君得自快烹之。(《史记·秦本纪》)
(13) 故作此誓，令后世以记余过。(《史记·秦本纪》)

(六) 致使-状态

跟"致使-行为"兼语式一样，前面也有一个小句，"令"的主语也常省略。不同的是，这种使令兼语式中的PP_2一般是形容词或表示状态的短语。共93例。如：

(14) 吾悔不用子胥之言，自令陷此。(《史记·吴太伯世家》)
(15) 下令如流水之原，令顺民心。(《史记·管晏列传》)

（七）连词

连词"令"表示"假设"，共 16 例。其连词用法是从致使义演变而来。表示"致使"时，"令"字兼语式通常位于另一小句之后，表示因果关系中的"果"。当"令"字兼语式位于两个小句的前一小句位置时，通常表示后续小句的条件或者是假设条件，开始向连词方向虚化，从让步条件演变为假设条件。通常情况下，"令"字前面无主语。值得注意的是，《史记》中"令"极少用如连词，虽在句子前头，但大多并不居于首位，其前往往还有其他词，假设连词"令"处在首位只有 3 例。如：

（16）令冬月益展一月，足吾事矣！（《史记·酷吏列传》）

（17）令朔在事无为是行者，若等安能及之哉！（《史记·滑稽列传》）

以上两例中，"令"字处在句首，"令"字兼语式是后续小句的充分条件，而这种条件往往为虚拟的。因此，"令"可视为假设连词。

（18）假令晏子而在，余虽为之执鞭，所忻慕焉。（《史记·管晏列传》）

（19）藉弟令毋斩，而戍死者固十六七。（《史记·陈涉世家》）

（20）向令伍子胥从奢俱死，何异蝼蚁。（《史记·伍子胥列传》）

（21）诚令成安君听足下计，若信者亦已为禽矣。（《史记·淮阴侯列传》）

（22）如令子当高帝时，万户侯岂足道哉！（《史记·李将军列传》）

以上例子的"令"字前面有"假、弟（第）、向、诚、如"等，这些词语都有强化其假设连词特征的作用。

小结

1. 《史记》中，使令动词"令"已成为稳定的抽象"致使"范畴，但在"命令"义上还是言语动词,PP_2尚未成为强制成分,发展速度比"使"慢。

2. 跟"使"一样,发展方向基本相同,但发展过程稍有不同,表现为操控性逐渐减弱,而"遣"的这一特点并不明显。

3. "令"的"容让"义不受句法限制,这也与"使"有所不同。

4. "令"可用在复句前件之首,向假设连词发展,但连词特征尚弱。

四 《太平经》中的"令"

(一) 行为动词(1例)

刘文正(2008、2015)认为,《太平经》中"令"已不再做行为动词。经重新考察,发现了1例:

(1) 帝王得之天下服,神灵助其行治,人自为善,不日令而自均也。(《太平经·道无价却夷狄法》)

上例中,"日令"与"自均"并列,均为状中结构,"令""均"后均不带其他成分,是行为动词。这是上古汉语的书面残留。

(二) 命令-行为(5例)

此中表示"命令-行为"的"令"字兼语式,PP_2均为行为动词。如:

(2) 故属君子,令付其人也。(《太平经·道无价却夷狄法》)
(3) 乃令善神随护,使不中邪。(《太平经·九君太上亲诀》)

(三) 容让-行为(15例)

(4) 书辞小息,且念其后,得善复出,不令遗脱。(《太平经·孝行神所敬诀》)
(5) 必使诸神相护,不令邪神干之也。(《太平经·天报信成神诀》)

(四) 容让-状态 (5例)

(6) 今唯天师令弟子之无知,比若婴儿之无知也,须父母教授之乃后有知也。(《太平经·分别贫富法》)
(7) 令敕天官神给姓名,勿令空乏。(《太平经·大功益年书出岁月戒》)

以上两例中,PP$_2$或由小句充当,或由形容词充当,均表示消极状态。

(五) 致使-行为 (84例)

(8) 令人君常垂拱而治,无复有忧。(《太平经·天谶支干相配法》)
(9) 共上书言事也,勿得独有孤一人言也,皆令集议。(《太平经·来善集三道文书诀》)

(六) 致使-状态 (177例)

(10) 积久故生承负,令天灾不绝。(《太平经·妒道不传处士助化诀》)
(11) 此人空虚日久,与食令足。(《太平经·大功益年书出岁月戒》)

兼语式前有一小句表示行为,"令"处在兼语式句首时,常表示"如果"。如:

(12) 各在纵水,令伤阳德。(《太平经·天谶支干相配法》)

PP$_2$通常是个主谓谓语结构,从本质上来说,也是表述状态的。如:

(13) 故令一男者当得二女,以象阴阳。(《太平经·一男二女法》)
(14) 是令尽有者,其道德悉及之,德所及者能制之,故尽善万物,都蒙其道德,故平平也。(《太平经·三五优劣诀》)

（七）V-致使-行为（1例）

(15) 见邪神所为，则召令上之，考问藏罪，藏多罪大，便见不活。(《太平经·病归天有费诀》)

（八）V-致使-状态（3例）

(16) 诋冒令人伤。(《太平经·天咎四人辱道诫》)
(17) 此人空虚日久，与食令足。(《太平经·大功益年书出岁月戒》)

《太平经》中还有两个使令动词同现于一个小句的情况，后者似乎只是强化结果，没有其他作用。如：

(18) 故使善文善人记其竹帛，使后生令得贪进遂善家，世世有荣，子孙不离朝堂。(《太平经·为父母不易诀》)
(19) 开耳精听，为子详陈道大瑕病所起，使天下后学者令昭然知其失道也。(《太平经·天咎四人辱道诫》)

这种配合使用的情况在其他文献中罕见，其作用有待研究。

（九）连词"令"（7例）

"令"表示"致使-状态"位于句首时，往往表示条件。当这种条件具有虚拟性时，就会朝假设连词方向演变。但是在《太平经》中，只有"假""令"连用才是假设连词。如：

(20) 假令人人各有可畏，或有可短。(《太平经·斋戒思神救死诀》)
(21) 假令立春之日，斗加寅，名为上帝之时，先动大角。(《太平经·某诀》)

"假令"也可处于第一小句的主谓之间，如：

(22) 行假令正，共说一甲字也，是一事也。(《太平经·拘校三古文法》)

但也有个别"假令"并非假设连词，而是行为动词。如：

(23) 然，所言拘校上古、中古、下古道书者，假令众贤共读视古今诸道文也。(《太平经·件古文名书诀》)

假设连词"假令"与行为动词"假令"的主要形式区别是句法位置：假设连词往往位于句首或者前一分句的主谓之间，而行为动词"假令"往往在后一分句。"假"与"令"组合，是动词，因常见于句首，又无法补出主语，且总充当复句前件，逐渐演变成连词。

小结

《太平经》中"令"的特点。

1. 行为动词用法消失，已发展成使令动词。作为使令动词，有三个义项：命令、容让、致使。
2. "致使"义项最为常用，说明使令动词"令"在此阶段发展成熟。
3. "令"字兼语式开始附在动词后，形成"V-令-V/A"，这一用法也早于佛经。
4. "令"开始分化为假设连词，但还不够稳定。

五　竺法护译经中的"令"

竺法护的 19 部译经中，"令"的使用量已超过"使"，其作为使令动词的语法特征进一步巩固和成熟，原来处于萌芽状态的一些结构类型，在竺法护译经中有了较大发展。

(一) 命令-行为（24 例）

竺法护译经中表示"命令"的"令"偶尔可做言语动词，但仅有 2 例，应当是文言的残留，其余 24 例均为使令动词，表示"命令-行为"。如：

(1) 降伏往稽首，及令四天王。(《普曜经》卷 3)

(2) 令住寻住。(《生经》卷4)
(3) 其主恒令与马相随。(《生经》卷5)
(4) 王故令我追呼汝还。(《佛说奈女祇域因缘经》)

以上例(1)"令"是言语动词用法,而其余3例都是使令动词。有意思的是例(4)"令我追呼当还"是兼语式套用,"令""呼"均为兼语动词。

(二) 容让-行为(6例)

(5) 坚闭门户,勿令妄开。(《普曜经》卷3)
(6) 不得令往从王乞匄。(《生经》卷3)

(三) 容让-状态(4例)

(7) 汝当受持,广宣此经,无令灭绝。(《鹿母经》卷2)
(8) 勿令愁忧。(《普曜经》卷4)

(四) 致使-行为(140例)

(9) 令某等作佛道行佛经。(《舍利弗悔过经》)
(10) 吾心不欲令人采之。(《生经》卷1)

竺法护译经中,有很多"致使-行为"兼语式与前面的动词短语语意相承,只是因为中间有停顿,看上去像两个部分,如果取消停顿,就变成"V-令-V"结构了。如:

(11) 吾当化之,令不违教。(《生经》卷4)
(12) 即前牵手,令从地起。(《普曜经》卷3)

（五）致使-状态（207例）

(13) 吉祥多生子，当令饶财宝。(《生经》卷1)
(14) 随时消息，令饱满，肥盛气力。(《生经》卷4)

与上一种情况相似，竺法护译经中，有很多"致使-状态"兼语式与前面的动词短语语意紧密联系，也可以取消停顿而成"V-令-A"结构。如：

(15) 谁能养育，令长大乎？(《普曜经》卷2)
(16) 善权教授，令开解。(《德光太子经》)

（六）V（O）-致使-行为（6例）

(17) 便前解弶放之令去。(《鹿母经》卷1)
(18) 驱令出国。(《生经》卷1)

（七）V（O）-致使-状态（16例）

(19) 为菩萨时，乳哺令长。(《迦叶结经》)
(20) 谁能保此事，除愁令无患。(《生经》卷5)

此外，竺法护译经中还有一些由"令"作为构词语素与同义语素构成的复合使令动词"教令、使令、唤令、遣使令、敕使令"等。参见第四章。

竺法护译经中，"令""得"连用有26个，二者并非彼此的直接成分，不是一个词。与"使得"一样，省略的兼语，只能补在"令""得"之间，应分析为：[令+[得+ PP_2]]。如：

(21) 皆令得脱于泥犁薛荔。(《舍利弗悔过经》)
(22) 愍念亲族，欲令得度。(《迦叶结经》)

（八）连词（8例）

"令"不能单独做假设连词，只有"假""令"连用。如：

(23) 假令我舍身，向般泥洹时。（《佛五百弟子自说本起经》）

竺法护译经中"令"的特点。
1. 与《太平经》相比，使令动词用法很稳定，抽象"致使"占绝对优势。
2. "V-令-V/A"用法很丰富，应当是受译经四字一句影响。
3. 这一时期，使令动词"令"的使用量与"使"持平。

六 《世说新语》中的"令"

《世说新语》中的"令"，逾半表示"美好"，常用于官名，用于动词、连词的共81例，"命令-行为"兼语式占大多数，另外"V-令-V/A"的比重也不小。

（一）命令-行为（59例）

(1) 涉春烂败，都督白之，公令舍去。（《世说新语·俭啬》）
(2) 曹公之屠邺也，令疾召甄。（《世说新语·惑溺》）

（二）容让-行为（3例）

(3) 诚是才者，其地可遗，然要令我见。（《世说新语·贤媛》）
(4) 乃开库一日，令任意用。（《世说新语·俭啬》）

（三）容让-状态（2例）

(5) 当令齿舌间得利。（《世说新语·文学》）

(四) 致使-行为（1例）

(6) 上意欲令小加弘润。(《世说新语·政事》)

(五) V (O) -致使-行为（8例）

(7) 我将三千兵, 槊脚令上！(《世说新语·豪爽》)
(8) 母王夫人在壁后听之, 再遣信令还。(《世说新语·文学》)

(六) 致使-状态（10例）

(9) 它人能令疏亲, 臣不能使亲疏。(《世说新语·方正》)
(10) 使君辈存, 令此人死！(《世说新语·伤逝》)

(七) V-致使-状态（1例）

(11) 晏乃画地令方, 自处其中。(《世说新语·夙慧》)

(八) 假设连词（1例）

(12) 令巢、许遇稷、契, 当无此言。(《世说新语·言语》)

小结

《世说新语》中"令"的特点。

1. "令"字虽然不多, 但使令动词义项众多, 用法丰富。这表明东汉以来, "令"的用法相对稳定。

2. "命令-行为"的用例占绝大多数, 可能受到材料和语体限制, 《世说新语》多叙述人物事件, 较少有场面描写。

3. "V-令-V/A"结构较多, 概因其行文简省, 少有细致刻画。

4. 假设连词仅有 1 例，不见复合连词。
5. "令"的使用量已超过"使"，开始取得优势。

七 《齐民要术》中的"令"

《齐民要术》中，"令"共出现 670 次，均用作使令动词，用法多样。

（一）命令-行为（2 例）

(1) 公令谓左右伯。(《齐民要术·种谷》)
(2) 西王母以七月日降，……令侍女更索桃。(《齐民要术·桃》)

（二）容让-行为（8 例）

(3) 鸡，春夏雏，二十日内，无令出窠。(《齐民要术·养鸡》)
(4) 酒饭，人狗不令啖。(《齐民要术·造神麴并酒》)

（三）容让-状态（23 例）

(5) 无令有白鱼，有辄扬治之。(《齐民要术·收种》)
(6) 于屋下掘作深荫坑，底无令润湿。(《齐民要术·插梨》)

（四）致使-行为（71 例）

(7) 有草，乃令拔之。(《齐民要术·种胡荽》)
(8) 腊夜令持椒卧房床旁，无与人言，内井中，除温病。(《齐民要术·种椒》)

（五）V-致使-行为（2 例）

(9) 善谓饥时与恶鸟，饱时与善鸟，引之令食，食常饱，则无

不肥。(《齐民要术·养牛、马、驴、骡》)

(10) 其贪伏不起者,须五六日一与食,起之令洗浴。(《齐民要术·养鹅、鸭》)

(六) 致使-状态(291例)

(11) 如此令地熟软,易锄省力。(《齐民要术·种谷》)
(12) 有草莱,令枣臭。(《齐民要术·种枣》)

(七) V-致使-状态(276例)

(13) 取羝羊脂,和盐煎使熟,烧铁令微赤,著脂烙之。(《齐民要术·养羊》)
(14) 后以水浸令湿,手挼之。(《齐民要术·作豉法》)

以上各例"令"字均带省略兼语的兼语小句,并紧跟在行为动词短语之后。这是该文献中最为突出的一种句型。《齐民要术》中,还有一些句子与上述举例没有本质区别,仅仅是在动词短语与其后的省略型兼语式之间有一停顿。如:

(15) 盛水瓮中,令满。(《齐民要术·种瓜》)
(16) 下水,令彻泽。(《齐民要术·种葵》)

有的动词短语与其后的兼语式之间由连词"则"连接。如:

(17) 多停则令无复辛味矣,不停则太辛苦。(《齐民要术·八和齑》)

用连词"则"连接就使得动词与兼语式之间在语义和句法上的衔接更为紧密。

(八) 致使-V-状态（7 例）

此结构在前述文献中未曾出现，PP_2 表示结果状态，由 "V-状态" 充当，语义重心在状态成分。这种结构实为动补结构。太田辰夫（1958）认为，可靠的动补结构产生于唐代，《齐民要术》的这些用法，完全可以将动补结构的产生时间提前。

(18) 挂著屋里壁上，令廕干，勿使烟熏。(《齐民要术·种茱萸第四十四》)

(19) 夜半炊作再馏饭令四更中熟。(《齐民要术·笨麴并酒第六十六》)

(20) 使三月中，即令酘足。(《齐民要术·法酒第六十七》)

(21) 令漉出，著冷水中。(《齐民要术·饼法第八十二》)

《齐民要术》中另有"令使"2 例，是使令动词，用于"致使-状态"。参见第四章。

小结

《齐民要术》中"令"的特点。

1. "令"字数量众多，使令动词义项丰富，用法复杂，表明东汉以来使令动词有进一步发展。
2. "V-令-V/A"大量使用，这与科技语体密切相关。
3. "令"进一步挤占"使"的使用空间，逐渐将其淘汰。
4. 假设连词不见用例。

八 《全唐诗》中的"令"

《全唐诗》前 200 卷中，动词"令"共出现 251 例，除 1 例言语动词用法外，其余均为使令动词。

(一) 命令-行为（2 例）

(1) 当令犬戎国，朝聘学昆邪。(王维《送宇文三赴河西充行军司马》)

(2) 诏书起遗贤，匹马令致辞。(常建《太公哀晚遇》)

(二) 容让-行为（11例）

　　(3) 官属不令拘礼数，时时缓步一相寻。（张谓《西亭子言怀》）
　　(4) 莫令金谷水，不入故园流。（宋之问《送永昌萧赞府》）
　　(5) 何不令皋繇拥篲横八极？直上青天挥浮云。（李白《鲁郡尧祠送窦明府薄华还西京》）

以上"令"均用于否定兼语式，例(5)"何不令"表示否定的反问，整句表示肯定。

(三) 容让-状态（19例）

　　(6) 郎自别日言，无令生远愁。（孟郊《杂曲歌辞·车遥遥》）
　　(7) 相逢不令尽，别后为谁空。（王绩《过酒家五首》）

(四) 致使-行为（88例）

　　(8) 与君桂阳别，令君岳阳待。（李端《杂曲歌辞·古别离》）
　　(9) 富贵翻相忘，令人忽自哂。（李白《送赵判官赴黔府中丞叔幕》）

由于诗句字数的限制，有时PP_2必须单独成小句。如：

　　(10) 空令后代人，采掇幽思攒。（孟郊《杂曲歌辞·妾薄命》）
　　(11) 空令猿啸时，泣对湘潭竹。（李端《杂曲歌辞·古别离二首》）
　　(12) 因令匹夫志，转欲事清朝。（薛能《杂曲歌辞·升平乐》）

（五）致使-状态（131例）

（13）徒令白日暮，高驾空踟蹰。（李白《相和歌辞·陌上桑》）

（14）荣华忽消歇，四顾令人悲。（聂夷中《相和歌辞·短歌行》）

小结

《全唐诗》中"令"的特点。

1. "令"字数量虽多，但表示抽象"致使"的用法占绝对优势，表明此时已逐渐变成抽象"致使"范畴，其演变逐渐完成。

2. 由于诗句字数限制，兼语式常常分裂为两个小句，这实则也是受语体限制的结果。

3. "令"的使用量略低于"使"。这反映了在书面语中处于劣势地位的"使"，在口语中仍能与"令"分庭抗礼。

九 《祖堂集》中的"令"

《祖堂集》中，"令"共出现121次，其中名词11例，普通动词3例，复合使令动词3例，其余104例均为使令动词，可以表示"命令-行为""致使-行为"和"致使-状态"。

（一）命令-行为（23例）

（1）师以长庆三年癸卯岁六月二十三日告门人，令备汤，沐讫。（《祖堂集》卷4）

（2）师令大众酾地次，佛日倾茶与师。（《祖堂集》卷7）

（二）致使-行为（25例）

（3）我当自修正行，亦劝于他，令修正行。（《祖堂集》卷14）

（4）譬如牧牛之人，执鞭视之，不令犯人苗稼。（《祖堂集》卷

17)

(三) 致使-状态 (52例)

(5) 莫婚他族, 宜亲内姓, 无令种姓断绝。(《祖堂集》卷1)
(6) 今见汝身, 令我眼开, 故知汝是菩萨。(《祖堂集》卷1)

(四) V-致使-状态 (4例)

《祖堂集》中, "令"还可出现在复合结构"V-令-PP$_2$"中, 共4例。如:

(7) 师遂以药熏其眼令赤, 时人号为赤眼归宗和尚焉。(《祖堂集》卷15)
(8) 拥之令聚而不聚, 拨之令散而不散。(《祖堂集》卷17)

此外, 还有复合使令动词"敕令、劝令"。参见第四章。

小结

《祖堂集》中"令"的特点。
1. 抽象"致使"用例占绝大多数, 是稳定的使令范畴。
2. "命令-行为"数量不少, 与其内容多叙述和尚师徒关系有关。
3. 与"使"的数量相比, "令"已取得绝对优势。

本节小结: 使令动词"令"的发展特点

我们将以上九种文献中"令"字兼语式的语义类型及由此发展出的连词的各项数据列表如下 (见表3-4):

表3-4　　　　"令"在九种文献中的各项数据统计

	《左传》	《史记》	《太平经》	《竺译经》	《世说新语》	《齐民要术》	《全唐诗》	《祖堂集》
普通言语动词	24	54	1	2	80		1	3
命令-行为	18	486	5	24	59	2	2	23

续表

	《左传》	《史记》	《太平经》	《竺译经》	《世说新语》	《齐民要术》	《全唐诗》	《祖堂集》
容让-行为		20	15	6	3	8	11	
容让-状态			5	4	2	23	19	
致使-行为	1	52	84	140	1	71	88	25
致使-状态		93	177	207	10	291	131	52
V-令-行为			1	6	8	2		
V-令-状态			1	16	1	276		4
致使-V-状态						7		
连词		16	7	8	1			
合计	43	721	296	415	165	670	252	107

通过上面的描述可知,"令"字兼语式和"令"字的意义发展变化有如下特点。

1. 从甲骨卜辞到春秋时期的《尚书》和《诗经》,"令"都还是言语动词,不是使令动词,甚至还不能用于兼语式。

2. 春秋战国之交或战国早期(《左传》),"令"虽然可用于兼语式,但仍应视为言语动词,因为PP_2还不是它的强制性成分,不用于兼语式的例子还占多数。

3. 西汉时期,"令"作为兼语动词的用法占绝对优势,且已分化出使令动词义项(抽象"致使"),但普通言语动词用法仍有不少用例。

4. 东汉时,普通言语动词用法基本消失,已经发展为成熟的使令动词,包括"命令、容让、致使"等三个义项。这一特点一直延续到唐代。

5. 五代以后,使令动词"令"的"容让"义逐渐消失。

6. 《齐民要术》中"V(O)-令-V/A"用例特别多,《世说新语》和《祖堂集》中"命令-行为"用例也不少,可能都受到了语体和文体的影响。

7. 《齐民要术》中出现了"令-V-A"结构式,实际上是"致使-状态",VA已是使成动补式。"令-V-A"结构式可以作为判别使成动补式的一个标志。

第三节　使令动词"遣"的形成和发展

现代汉语"遣"一般只在书面语中用为普通动词,但在历史上曾经有使令动词的用法,并且一度非常活跃。不过,这种用法最终消失。下面我们对其产生和发展历程进行详细考察。

一　甲骨卜辞、《尚书》《诗经》中的"遣"

"遣"见于甲骨文,根据姚孝遂主编《殷墟甲骨刻辞类纂》(1989)和《殷墟甲骨刻辞摹释总集》(1988),甲骨文中"遣"字可以断定其句法形式的有13例,其中不带宾语的5例,带受事宾语的5例,带兼语式的3例(另有10例因不完整而无法判断,不在考察之列)。

（一）不带宾语

（1）惟田囗不惟之有遣。(《合》31935)
（2）戊子……今夕遣。(《合》72770)

（二）带宾语

（3）王遣若。(《合》5315,又见5316)
（4）其遣戋。(《合》35301)

（三）带兼语式

（5）王有遣祖乙弗佐王。(《合》5447乙)
（6）王有遣祖乙佐……(《合》5447乙)

根据以上例子,大致可断定"遣"是动词,但无法判定其具体含义。徐中舒编《甲骨文字典》(2014):"遣,疑为祭名。"李学勤编《字源》(师玉梅2012):"遣本义为释放或派遣。"《说文》:"遣,纵也。"从辞例来看,后一个解释更有道理。从句法上看,例(5)和例(6)似乎是兼语式，但不同学者有不同的释读和句读。胡厚宣《甲骨文合集释文》（1999）将例（5）释读并标点为：

(6′) 王之遣，祖乙弗佐王。

这个句读表明他不认为例（6）是兼语式，至少可以从中断开。白于蓝《殷墟甲骨刻辞摹释总集校订》（2004）曾对《殷墟甲骨刻辞摹释总集》逐条校订，但未提及例（5）。我们认为，此阶段"遣"用法自由，可断可连，即使可用于兼语式，但也还是普通行为动词。

《尚书》和《诗经》两部文献中只有1个"遣"字，是行为动词，表示"派遣"。如：

(7) 王遣申伯，路车乘马。（《诗经·大雅·崧高》）

二 《左传》中的"遣"

《左传》中，"遣"共出现10次，另有1例见于引文，仅1例用于兼语式，其余均带受事宾语，并且两种句法结构中的"遣"均表示"驱使、派遣"。可见它在此阶段还没有变化，还是比较典型的普通行为动词，虽偶用于兼语式，但尚未向使令动词演变。如：

(1) 王遣夏姬归。（《左传·成公二年》）
(2) 姜与子犯谋，醉而遣之。（《左传·僖公二十三年》）
(3) 乃与公谋逐华貙，将使田孟诸而遣之。（《左传·昭公二十一年》）

以上例（1）带兼语式，后两例均带受事宾语，"遣"字都表示"派遣"。

三 《史记》中的"遣"

《史记》中"遣"字用例猛增，一共有240例，既可以带受事宾语，也可以带兼语小句。

(一) 普通行为动词（67例）

表示"派遣"，带指人的受事宾语，其中15例省略宾语。如：

(1) 秦王欲遣之，口弗忍言。(《史记·张仪列传》)
(2) 秦王乃使人遣白起，不得留咸阳中。(《史记·白起王翦列传》)

《史记》中"遣"带上宾语后还可带直接引语，1例。如：

(3) 窦姬家在清河，欲如赵近家，请其主遣宦者吏："必置我籍赵之伍中。"(《史记·外戚世家》)

上例似乎表明，"遣"字后的兼语小句来自直接引语。

(二) 派遣-行为（163例）

表示"派遣"，用于兼语式，兼语不省略，一般指人，少量指车。整个结构式表示"派遣某人做某事"。如：

(4) 韩王始不用非，及急，乃遣非使秦。(《史记·老子韩非列传》)
(5) 久之，景公遣使者持节赦贾，驰入军中。(《史记·司马穰苴列传》)
(6) 乃遣车五百乘救楚击吴。(《史记·伍子胥列传》)

从上面两种情况来看，表示"派遣"时，其用法比较自由。

(三) 任命-担任某职（4例）

"遣"字表示"任命"，整个兼语式表示"任命某人担任某官职"。如：

(7) 上将军吕禄等闻之，乃遣婴为大将，将军往击之。(《史记·樊郦滕灌列传》)
(8) 乌孙能东居浑邪地，则汉遣翁主为昆莫夫人。(《史记·大

宛列传》)

这种用法估计受到了"令"的同化。

(四) 致使-行为 (2例)

"遣"字表示"致使",整个兼语式表示"致使人做某事"。如：

(9) 今朕夙兴夜寐,勤劳天下,忧苦万民,为之怛惕不安,未尝一日忘于心,故遣使者冠盖相望,结轶于道,以谕朕意于单于。(《史记·孝文本纪》)

(10) 遣使冠盖相属于道,护之,下巴蜀粟以振之。(《史记·平准书》)

总的来说,与《左传》相比,《史记》中"遣"字的最大变化是由带受事宾语的行为动词分化出兼语动词用法,但使令动词还不成熟,基本意义无实质变化。

四 《太平经》中的"遣"

《太平经》中,"遣"可做行为动词,也可做使令动词。行为动词"遣"表示"命令、派遣";使令动词"遣"既可表示"命令、派遣",也可表示抽象"致使"。

(一) 普通行为动词 (14例)

(1) 吾乃上辞于天,亲见遣,而下为帝王万民具陈,解亿万世诸承负之谪也。(《太平经·解师策书诀》)

(2) 诸神未白天君,闻知被遣。(《太平经·有功天君敕进诀》)

(3) 国遣军师,有命得还。(《太平经·有过死谪作河梁诫》)

例(1)和例(2)中,"遣"用于被动结构,受事做主语;例(3)"遣"带受事宾语。

(二) 派遣-行为 (35例)

(4) 故已毕悉遣诸善人去。(《太平经·兴善止恶法》)
(5) 天何故时遣雷电辟历取人乎?(《太平经·服人以道不以威诀》)

以上各例"遣"表示"派遣、命令",PP$_2$表示行为事件。

(三) 致使-状态 (1例)

(6) 当知人情,出入表里,可进可退,无遣人咎,各得增年,延及子孙。(《太平经·贪财色灾及胞中诫》)

上例中"遣人咎"是兼语式,是"使人病"的意思,表述的是"致使-状态"。[1]

此外,"遣"还可以组成复合词"遣令""遣使""使遣",均表示"派遣、命令",都是使令动词,带表示动作行为的兼语小句。详见第四章。

总的来说,《太平经》中的"遣"字基本维持西汉时的状态,主要做行为动词,带不带宾语还比较自由,不过,"致使-状态"用法的出现,说明它已分化为使令动词。

五 竺法护译经中的"遣"

竺法护译经中,"遣"的动词义项变得丰富,但不表抽象"致使"。

(一) 普通行为动词

有两个义项,一是"给予、馈赠、分派给",二是"放走、赶走"。
1. 分派给、给予、馈赠 (10例)

(1) 与我共战斗,急速往遣之。(《普曜经》卷5)
(2) 应有供养,故天遣我。(《普曜经》卷6)

---

[1] 俞理明《〈太平经〉正读》(2002)认为,此例中"遣"系"遗"之误。按:此作本字解,亦通,无须通假。"遣"在唐代诗歌中发展为使令动词,表示"致使"。

2. 放走、赶走（18例）

(3) 辞谢遣鹿，而说偈言。（《鹿母经》卷2）
(4) 即以慈心遣鹿。（《鹿母经》卷2）
(5) 用识三尊言，见遣尽恩爱。（《鹿母经》卷2）
(6) 鹿见遣去，出就其子。（《鹿母经》卷2）

另有复合词"发遣"，可表示"打发走"（9例）、"放遣"（3例）、"遣逐"（1例）、"遣弃"（1例），均可带受事宾语。例略。

（二）派遣-行为（47例）

(7) 大迦叶之等，众僧遣吾告。（《迦叶结经》）
(8) 遣人呼比丘来。（《生经》卷1）

从竺法护译经来看，西晋"遣"仍是行为动词，虽多用于兼语式，但无意义变化。

六 《世说新语》中的"遣"

《世说新语》中，"遣"共出现40次，义项继续增长，但还是普通行为动词，有"派遣、驱使、使出嫁、使用"等四个义项；以带兼语式为常，共32例，可以表示"派遣-行为""命令-行为""任命-担任某职"，未出现使令动词用法。

（一）普通行为动词

1. 派遣（1例）

(1) 诸人欲要之，初遣一信，犹未许。（《世说新语·任诞》）

上例中，"遣一信"是"派遣一个信使"的意思，"遣"带受事宾语。

2. 驱使、驱赶、打发走（4例）

(2) 苟未免有情，亦复谁能遣此！（《世说新语·言语》）
(3) 至期遣妻，百姓号泣追呼者数万人。（《世说新语·方正》）

3. 使出嫁（1例）

(4) 我在遣女，裁得尔耳！(《世说新语·方正》)

4. 使用（2例）

(5) 及其发言遣辞，往往有情致。(《世说新语·赏誉》)
(6) 朝廷虑其不从命，未知所遣，乃共议用桓温。(《世说新语·识鉴》)

(二) 派遣–行为（30例）

(7) 既出市，桓又遣人问。(《世说新语·德行》)
(8) 司空郑冲驰遣信就阮籍求文。(《世说新语·文学》)

(三) 命令–行为（1例）

(9)（梅颐）有事，王丞相遣收之。(《世说新语·方正》)

(四) 任命–担任某职（1例）

(10) 魏明帝深惧晋宣王战，乃遣辛毗为军司马。(《世说新语·方正》)

总的来说，《世说新语》中的"遣"字历经数百年，仍保持西汉时的基本状况，变化不大。

七 《全唐诗》中的"遣"

唐代的情况大有不同，以《全唐诗》为代表，不难发现"遣"作为兼语动词的用例多，语义也有了明显变化。作为普通行为动词，义项丰富，并且已分化成使令动词；很大一部分用例表示抽象"致使"。

(一) 普通行为动词

1. 派遣、差遣（24例）

(1) 一日两遣仆，三日一共筵。（杜甫《赠李十五丈别》）

由于诗句字数的限制，有些诗句上下联合起来正好是个兼语式。如：

(2) 仍闻遣方士，东海访蓬瀛。（王维《早朝》）

2. 排遣、排除、抒发（186例）

此义起于六朝。《晋书·王浚传》："吾始惧邓艾之事，畏祸及，不得无言，亦不能遣诸胸中，是吾褊也。"《全唐诗》习见，大概与唐诗多抒怀之作有关。如：

(3) 无复昔时人，芳春共谁遣。（李世民《望送魏征葬》）
(4) 对君忽自得，浮念不烦遣。（王维《戏赠张五弟諲三首》）

3. 打发、驱赶、放逐（4例）

当由"派遣"义引申而来，略带贬义，而"派遣"略带褒义。如：

(5) 到来难遣去难留，著骨黏心万事休。（李廷璧《愁诗》）
(6) 皇帝俭勤，盥濯陶瓦。斥遣浮华，好此绵纻。（韩愈《元和圣德诗》）

4. 使用（7例）

"遣""使"均表示"使用"，但"遣"的宾语往往较抽象，通常是"辞、术"等；"使"的宾语往往比较具体，如"使棒、使棍"等。如：

(7) 走马遣书勋，谁能分粉墨。（李贺《感讽六首》）
(8) 因言遣妖术，灭绝由本根。（元稹《赛神》）

(二) 派遣-行为（61例）

"遣"所形成的兼语式，与前述文献相比复杂得多。与成熟的使令动词"使、令"相比，毫不逊色，可表示"派遣、容让、致使"等义项。"派遣-行为"是常见义项。如：

(9) 箭创殊未合，更遣击兰州。（马戴《关山曲二首》）
(10) 遣戍征周牒，恢边重汉功。（贺知章《奉和圣制送张说巡边》）

(三) 命令-行为（3例）

与"使"一样，"遣"也引申出"命令"义，应当是受"令"的同化类推影响。如：

(11) 遂令高卷幕，兼遣重添酒。（白居易《和微之诗二十三首·和寄问刘、白》）
(12) 试共卿卿语笑初，画堂连遣侍儿呼。（孙棨《题妓王福娘墙》）

(四) 容让-行为（60例）

与前代文献相比，使令动词"遣"的一个显著变化是，可以表述"容让"，不仅见于否定句和疑问句，还可用于肯定句。如：

(13) 更催飞将追骄虏，莫遣沙场匹马还。（严武《军城早秋》）

上例中，"催"与"遣"对举，但前者用于肯定，表示"催促、命令"，后者用于否定，表示"不准许、不容让"。又如：

(14) 平生不解谋此身，虚作离骚遣人读。（李白《笑歌行》）

(五) 容让-状态 (57例)

PP$_2$都是状态形容词,用于否定句。如:

(15) 春风知别苦,不遣柳条青。(李白《劳劳亭》)
(16) 急管更须吹,杯行莫遣迟。(岑参《与鲜于庶子泛汉江》)

(六) 致使-行为① (179例)

"遣"字的另一个重要变化是,表示"致使"的用例猛增,跃升首位。如:

(17) 手指交梨遣帝食,可以长生临宇县。(李颀《王母歌》)
(18) 相哀骨可换,亦遣驭清风。(杜甫《寄司马山人十二韵》)

(七) 致使-状态 (108例)

(19) 漫把芳尊遣客愁。(唐彦谦《高平九日》)
(20) 又闻万事皆天意,何遣此人又如此。(贯休《村行遇猎》)

《全唐诗》中还有一些以"遣"为词根的复合词或同义连文形式,如"遣教""致令遣""从遣""发遣""驱遣""诏遣"等。参见第四章。

(八) 连词

《全唐诗》中"遣"字还有一个显著变化是,出现了不少连词用例,不过都是复合词,如"若遣""倘遣"等。恐怕也是受"使、令"的影响。

---

① 刘文正《〈太平经〉动词及相关基本句法研究》对《全唐诗》中的"遣"字做过抽样调查,但没有区别"致使-行为"和"致使-状态"。

1. 若遣（12例）
表示假设条件，相当于"倘使、要是"。如：

(21) 若遣有情应怅望，已兼残雪又兼春。（王初《春日咏梅花二首》）
(22) 若遣绿珠丑，石家应尚存。（曹邺《古莫买妾行》）
(23) 穷途若遣长堪恸，华发无因肯晚生。（罗邺《秋夕旅怀》）

上面各例的"若遣"用在复句的前半部分，为后半句提供某种条件，表示"假设条件"。值得注意的是，如果"若遣"之后是形容词，句子的假设意味很浓，如果其后是行为动词，假设的意味则不强。试比较：

(24) 若遣花开只笑妾，不如桃李正无言。（皎然《相和歌辞·长门怨》）
(25) 若遣随波流，不如风飘起。（姚合《杏溪十首·架水藤》）

2. 倘遣（1例）
同"若遣"，表示"假设条件"。如：

(26) 无心已出岫，有势欲凌风。倘遣成膏泽，从兹遍大空。（吕温《白云起封中诗》）

总的来说，《全唐诗》中"遣"字义项丰富，已分化为成熟的使令动词，表示抽象"致使"，但"派遣"等义项还没有成为使令动词。

八 《祖堂集》中的"遣"

《祖堂集》中，"遣"共出现23次，其中普通行为动词有两个义项：一是"驱赶"，3例；二是"排遣、消除"，7例。作为"派遣"义的使令动词，表示"致使-行为"1例；表示"致使-状态"1例。另有复合词"发遣"3例，"遣除"1例。

(一) 普通行为动词

1. 驱赶（3例）

（1）师云："适来暂唤来，如今却遣出。"（《祖堂集》卷9）

2. 排遣、消除（7例）

（2）迦叶报言："汝既证无漏，可现神变以遣众疑。"（《祖堂集》卷1）

(二) 派遣-行为（8例）

（3）师遣人送书到先径山钦和尚处，书中只画圆相。（《祖堂集》卷14）

（4）马祖遣师送书到国师处，在路逢见天使。（《祖堂集》卷15）

(三) 致使-状态（1例）

（5）时时勤拂拭，莫遣有尘埃。（《祖堂集》卷18）

总的来看，《祖堂集》中"遣"虽然用例不多，但普通行为动词只有"驱赶"和"排遣"两个义项，而"派遣"义项只用于兼语式，在此意义上，后面必须附PP_2，这样就成了使令动词的另一个义项。作为表述"致使-状态"的抽象致使范畴，可能已经萎缩。我们还查检了宋元明乃至清代文献，其抽象"致使"用法已很难找到。

小结：使令动词"遣"的发展特点

我们将以上文献中"遣"字兼语式的语义类型及由此而生的连词的各项数据列表如下：

表 3-5　　　　　　　"遣"在各种文献中的各项数据统计

		《尚书》	《左传》	《史记》	《太平经》	《竺译经》	《世说新语》	《全唐诗》	《祖堂集》
行为动词	派遣/打发/放逐	1	10	68	14	18	5	28	10
	排遣							186	
	分给、馈赠					10			
	使用							2	7
	其他							1	
使令动词	派遣-行为		1	166	35	47	30	61	8
	命令-行为			4			1	3	
	任命-担任						1		
	容让-行为							60	
	容让-状态							57	
	致使-行为			2				179	
	致使-状态				1			108	1
连词								13	
合计		1	11	240	49	75	40	702	19

据表 3-5 可知,"遣"字兼语式和"遣"字的意义发展变化有如下特点。

1. 西汉以前,"遣"是典型的行为动词,极少见于兼语式,是典型的行为动词,与"使"可能是同义词。

2. 西汉时,兼语动词用法已占优势,基本表示"派遣",用法自由,是行为动词。

3. 西晋至唐朝之前,大体延续西汉的局面,义项虽逐渐增加,但极少用作使令动词。

4. 唐朝时,"遣"的义项和用法猛然丰富起来,作为行为动词,有多个义项;作为使令动词用例也很常见。

5. 五代以后,"遣"的本义"派遣"已不作为普通行为动词使用,PP_2 成为其强制性成分,此用法已并入使令动词范畴,但抽象"致使"用法也开始消失。

6. "遣"在唐代一度产生连词用法,但此后很快消失。

第四节 使令动词"教"的形成和发展

"教"的基本意义是"教导",作为言语动词,其宾语有两种,一是受事(教导对象),二是教导内容。二者可同时出现,此义项一直沿用至今。后来由此义项引申出"容让、致使"等,并进一步演变为被动标记。此外,"教"还可做名词,有教导者和教的内容两个基本义项。这里主要考察其从言语动词逐渐向表示抽象"致使"的使令动词的演变过程。

一 《尚书》中的"教"

《尚书》中,"教"可做言语动词,共 8 例,另有复合动词"教诲、教告、告教、诰教"各 1 例。如:

(1) 命汝典乐,教胄子,直而温,宽而栗,刚而无虐,简而无傲。(《尚书·虞书·舜典》)

(2) 又惟殷之迪诸臣惟工,乃湎于酒,勿庸杀之,姑惟教之。(《尚书·周书·酒诰》)

以上两例宾语"胄子""之"是教导的对象。

(3) 无教逸欲,有邦兢兢业业,一日二日万几。(《尚书·虞书·皋陶谟》)

(4) 惟命曰:"汝受命笃弼,丕视功载,乃汝其悉自教工。"(《尚书·周书·洛诰》)

以上两例中,宾语"逸欲""工"是教导内容。
宾语是教导内容时,可以是谓词性的。如:

(5) 士制百姓于刑之中,以教祗德。(《尚书·周书·吕刑》)

上例中"祗德"意为"敬重德行",动宾短语做"教"的宾语,也是"教"的内容。

(6) 朕教汝于棐民彝，汝乃是不蘉，乃时惟不永哉！（《尚书·周书·洛诰》）

(7) 天惟式教我用休，简畀殷命，尹尔多方。（《尚书·周书·多方》）

以上两例中，"教"带双宾语。近宾语是教导对象"汝""我"，远宾语是教导内容"于棐民彝"（辅导百姓的法则）和"用休"（使用休祥）。

"教+受事"和"曰"组成连动式，可再带祈使句做直接引语。如：

(8) 乃敢告教厥后曰："拜手稽首后矣！"（《尚书·周书·立政》）

二 《左传》中的"教"

《左传》中"教"共出现44次，绝大多数用为言语动词，共36例。其余8例用于兼语式，表示"教导"时，PP_2可断可连，用法自由；表示"致使"时，是使令动词，PP_2不可断，是强制性成分。

（一）普通言语动词（36例）

(1) 臣闻爱子，教之以义方，弗纳于邪。（《左传·隐公三年》）

(2) 宥其罪戾，赦其过失，救其灾患，赏其德刑，教其不及。（《左传·襄公二十八年》）

以上两例中，前一例宾语"之"指代受事，后一例宾语是教的内容。

(3) 君教使臣曰："必咨于周。"（《左传·襄公四年》）

上例"教+受事"和"曰"组成连动式，再带祈使句"必咨于周"做直接引语。如果去掉"曰"，将两个小句合成"君教使臣必咨于周"，就成了兼语式。

(二) 教导-行为 (4例)

(4) 子教寡人和诸戎狄，以正诸华。(《左传·襄公十一年》)
(5) 今吾子以好来辱，而谓敝邑强夺商人，是教敝邑背盟誓也，毋乃不可乎！(《左传·昭公十六年》)

以上两例中，"教"表示"教导"，是行为动词，兼语小句中的谓词"和""背"都是行为动词。

(三) 致使-行为 (4例)

(6) 若又召之，教之贰也。(《左传·僖公二十三年》)
(7) 获一邑而教民怠，将焉用邑？(《左传·昭公十五年》)

以上例子中，"教之贰"的意思是"使他三心二意"，"教民怠"的意思是"使百姓懈怠"。"教"的意义已经变化，不宜解读成"教导"，而应解读为"致使"，是使令动词用法，PP_2"贰、怠"都是状态动词，表示行为。不过，《左传》中这种用法并不多见。

使令动词"教"有时与带双宾语的普通动词"教"不易区分。如：

(8) 子之能仕，父教之忠，古之制也。(《左传·僖公二十三年》)
(9) 先大夫臧文仲教行父事君之礼，行父奉以周旋，弗敢失队。(《左传·文公十八年》)

例(8)"教之忠"为双宾结构，远宾语为"忠"。"忠"虽可做动词，表示"忠诚、效忠"，但在这里指称"忠诚的道理"，是名词。例(9)"教行父事君之礼"也是双宾结构，宾语为"事君之礼"，名词性。

将"教之贰"与"教之忠"比较可知，二者结构相似，区别在于：兼语式中"贰"是动词，指"生二心"；双宾结构中"忠"是抽象名词，即使动词进入其中，功能也要变成转指客体。不过，在面对具体例子时，并不容易处理。如：

（10）明耻教战，求杀敌也。（《左传·僖公二十二年》）

上例中"战"是"教"的内容，可以将"教战"分析为动宾结构，但把它视为"教 N 战"的省略形式，问题也不大。

有时候，兼语式和双宾式混在一起。如：

（11）与其射御，教吴乘车，教之战陈（阵），教之叛楚。（《左传·成公七年》）

"教吴乘车"和"教之战陈"是"教+ N_1 + N_2"，是双宾式；"教之叛楚"是"教+ N+ VO"，是兼语式。如果不仔细辨别，很容易混淆。

总之，《左传》中"教"的功能非常微妙，需结合具体语境分析。基本义项是"教导"，可形成动宾短语，也可用于兼语式。表抽象"致使"时，是其引申义，用例虽不多，但足以说明其已从行为动词中分化出使令动词。

三 西汉《史记》及唐之前文献中的"教"

从《史记》《太平经》《世说新语》《齐民要术》以及竺法护译经这些文献来看，动词"教"的表现很稳定，基本维持《左传》的状况。具体如表 3-6 所示。

表 3-6　西汉《史记》及唐之前文献中"教"的各项数据统计

		《尚书》	《左传》	《史记》	《太平经》	《竺译经》	《世说新语》	《齐民要术》
言语动词	教导	8	36	152	40	109	7	2
	教导-行为		4	17	29	25		4
	要求-行为				1		1	
使令动词	致使-行为		4	1				

由表 3-6 可知，西汉至唐代的五部文献中，"教"有四种用法，主要用为普通言语动词，其次用于兼语式，表示"教导-行为"。除此之外，其他用法极少。

(一) 普通言语动词

1. 带受事宾语

(1) 先生何以幸教寡人?(《史记·范雎蔡泽列传》)
(2) 今大溪道人,或默深知之,著其腹中,不肯力以教人也。(《太平经·六罪十治诀》)
(3) 自犯此罪,若教他人。(《文殊悔过经》)
(4) 令离官卒,教其家,田公田也。(《齐民要术·种谷》)

以上四例中,"教"分别带受事宾语"寡人""人""他人""其家",这种句法搭配在五种文献中都有。

2. 带言语内容做宾语

(5) 教丧礼,必以此为万民之率。(《史记·太史公自序》)
(6) 无形神人来告王者,其心日明,大神人时见教其治意。(《太平经·九天消先王灾法》)

以上两例中,"教"的宾语分别是"丧礼""治意",是教的言语内容。这种搭配只出现在《史记》和《太平经》中,其余三部文献中都没有出现。

3. 与"曰/云"组合成连动式,再带直接引语

(7) 幸而教之曰:"燕秦不两立,愿先生留意也。"(《史记·刺客列传》)
(8) 先生尝教寡人曰:"家贫则思良妻,国乱则思良相。"(《史记·魏世家》)
(9) 门下起弹,教曰:"鼠被害,尚不能忘怀;今复以鼠损人,无乃不可乎?"(《世说新语·德行》)
(10) 王蓝田拜扬州,主簿请讳,教云:"亡祖、先君,名播海内,远近所知;内讳不出于外。余无所讳。"(《世说新语·赏誉》)

以上均为连动式"教（N）曰/云"加直接引语，其中只有例（7）直接引语中包含祈使句，若变换成间接引语，此句变成兼语式，其余三例句式则只能是双宾式。这种句法搭配只出现在《史记》和《世说新语》中，其余三部文献没有出现。

4. 带双宾语

(11) 赵高故尝教胡亥书及狱律令法事，胡亥私幸之。(《史记·秦始皇本纪》)

(12) 丞相数言将军，将军何以教寡人计策？(《史记·淮阴侯列传》)

以上两例中，近宾语是受事，远宾语是言语内容。这种搭配只见于《史记》。

(二) 教导–行为

(13) 客安能教我射乎？(《史记·周本纪》)

(14) 是故教真人急出此书，慎无藏匿。(《太平经·起土出书诀》)

(15) 身自行盗教人行盗。(《舍利弗悔过经》)

(16) 过奏光以为丞，教民相与庸輓犁。(《齐民要术·种谷》)

以上各例"教"均用于兼语式，表示"教导某人做某事"。除《世说新语》外，这种搭配其余各文献都有。

《史记》中还有少数句子很像兼语式，但实为主谓式，动词短语做主语，表示评述意义的词语做谓语。如：

(17) 教儿子不谨。(《史记·张释之冯唐列传》)

(18) 非其意，教之不成。(《史记·日者列传》)

以上两例中，主谓短语"教儿子""教之"做整个句子的主语，具有评述性的"不谨""不成"是谓语。

(三) 要求-行为

"教"可以解释为"要求、叫、让",这是从"教导"义引申出来的。如:

(19) 故天教吾下,拘校正之。(《太平经·守一入室知神戒》)

(20) 公教人啖一口也,复何疑?(《世说新语·捷悟》)

这种用法只见于《太平经》和《世说新语》,各1例。

(四) 致使-行为(误导-行为)

虽可解读为"致使-行为",但用于贬义语境,可随文诠释为"误导",还不能视为真正的使令范畴。如:

(21) 今天子建诸侯,立其少,是教民逆也。(《史记·鲁周公世家》)

这种用法只见于《史记》,仅1例。

总的来说,西汉及整个中古时期,"教"的变化不大,主要还是用作言语动词,表示"教导",可带普通宾语,也可用于兼语式;"要求"、抽象"致使"都是其引申义,都用于兼语式。

四 《全唐诗》和《祖堂集》中的"教"

与中古不同的是,唐代以来的传世文献中,无论是义项还是句法搭配,"教"都变得复杂起来,基本奠定了现代汉语的基础。下表关于《全唐诗》和《祖堂集》的"教"的数据反映了其用法的复杂性。

表3-7　　《全唐诗》《祖堂集》中"教"的各项数据统计

	动词	教导-行为	要求-行为	容让-行为	容让-状态	致使-行为	致使-状态	V-教-行为	V-教-状态
《全唐诗》	173	53	108	103	37	269	180		
《祖堂集》	39	8	63	6		13	11	2	1

尽管文献内容差异很大，语体风格也大不相同，但两部文献中"教"的义项和用法都很丰富，尤其是兼语式的类型，复杂多样，除了保留以前就有的"教导-行为"及零星出现过的"致使-行为"外，还新出现了"容让-行为""容让-状态""致使-行为""致使-状态"等。下面加以介绍（唐代以来，"教"又写成"交、叫"，这里只讨论前者）。

（一）教导-行为

(1) 侍女常时教合药，亦闻私地学求仙。(王建《赠阎少保》)
(2) 垂老抱佛脚，教妻读黄经。(孟郊《读经》)
(3) 京师禅师大德教人要假坐禅，然方得道。(《祖堂集》卷2)
(4) 过得两年，院主见他孝顺，教伊念《心经》。(《祖堂集》卷6)

（二）要求-行为

"教"表示"叫、要求"，在前述文献中偶有出现，《世说新语》仅1例。但《全唐诗》中达108例，一举超过了"教导"，比其2倍还要多。如：

(5) 劝君尝绿醅，教人拾红萼。(白居易《落花》)
(6) 不掩玄关路，教人问白头。(贾岛《赠无怀禅师》)
(7) 便对老宿坐，又教弟坐。(《祖堂集》卷3)
(8) 沩山教仰山探石室，仰山去到石室。(《祖堂集》卷5)

以上各例兼语式中，"教"都是"叫唤、要求"的意思。"教导"义本身带有[+要求别人做]的义素，原先多限制在教与学的语境，当这一限制消除之后，就成了普通的"要求"。如此一来，其使用范围进一步扩大。

（三）容让-行为

(9) 打起黄莺儿，莫教枝上啼。(金昌绪《春怨》)
(10) 有客须教饮，无钱可别沽。(王绩《过酒家五首》)

(11) 闲教鹦鹉啄窗响，和娇扶起浓睡人。（崔珏《美人尝茶行》）

(12) 可怜留著临江宅，异代应教庾信居。（郑虔《过郑广文旧居》）

(13) 教我分咐阿谁得？（《祖堂集》卷8）

(14) 应须满口道，莫教带有无。（《祖堂集》卷10）

《全唐诗》中"教_{容让}"既可用"莫"修饰，也可用于一般肯定句，说明它不受限制，如前四例；《祖堂集》中，其或受"莫"修饰，或是疑问句，使用范围相对有限。

脱离具体语境来看，如果 PP_2 中有及物动词，"教"似可表示被动。如：

(15) 莫教官锦行家见，把此文章笑杀他。（织锦人《吟》）

(16) 爱惜麻衣好颜色，未教朱紫污天然。（齐己《寄梁先辈》）

上面两例中，"教"表示"容让"，也可解读为"被"："莫教官锦行家见"即"不要被官锦行家见"，"未教朱紫污天然"即"没有被朱紫玷污了天生丽质"。这种两可分析是"教"字后来发展为被动标记的动因。

有的"教"字兼语式中的 PP_2 也是被动结构。如：

(17) 莫教烛被风吹灭，六道轮回难怨天。（吕岩《寄白龙洞刘道人》）

上例中"莫教"意为"莫让"，既可理解为"被动"，也可理解为"容让"；其后 PP_2 "被风吹灭"也是个被动结构。

(四) 容让-状态

(18) 为报朱衣早邀客，莫教零落委苍苔。（徐夤《司直巡官无诸移到玫瑰花》）

(19) 今日海门南面事，莫教还似凤林关。(高骈《赴安南却寄台司》)

这种类型只出现在《全唐诗》中，《祖堂集》没有用例。可能是因为前者多描写，而后者只有叙事。这也说明这种类型主要出现于描写语境。

(五) 致使-行为

(20) 惆怅妆成君不见，空教绿绮伴文君。(李余《临邛怨》)
(21) 紫蕊丛开未到家，却教游客赏繁华。(李益《牡丹》)
(22) 一句教伊下口难。(《祖堂集》卷 8)
(23) 阿谁教你担枷带索？(《祖堂集》卷 12)

(六) 致使-状态

这种兼语式中，PP_2 是形容词或者表示状态的词语。如：

(24) 欲折尔来将赠别，莫教烟月两乡悲。(薛涛《送姚员外》)
(25) 学道须教彻骨贫，囊中只有五三文。(吕岩《绝句》)
(26) 鱼龙未变志常存，变了还教海气浑。(《祖堂集》卷 15)
(27) 不可教后人断绝去也。(《祖堂集》卷 16)

《全唐诗》中"教"还可以和别的语素组成连词，如"如教"，表示假设条件。如：

(28) 如教不为名，敢有征君志。(皮日休《七爱诗·卢征君》)
(29) 如教题君诗，若得札玉册。(皮日休《奉酬鲁望夏日四声四首·平入声》)
(30) 如教累簪组，此兴岂相关。(方干《赠镜公》)

(七) V-致使-行为

(31) 把手拽教伊入,争奈不肯入!(《祖堂集》卷10)
(32) 遂令数人教依旧路,斫山寻觅。(《祖堂集》卷15)

这种用法只见于《祖堂集》中。

(八) V-致使-状态

(33) 扶我教不起。(《祖堂集》卷18)

这种用法也只见于《祖堂集》中。

小结

"教"字兼语式和"教"字的意义发展变化有如下特点。

1. 战国以前,"教"表示"教导",是典型的言语动词。

2. 战国至唐代之前,基本义还是"教导",带受事宾语或话语内容宾语是主要用法,虽可用于兼语式,但比重不大,兼语式可断可连,用法自由,说明它还是言语动词。

3. 唐朝时,"教"的义项和用法猛然丰富起来,兼语式用例已占绝对优势,并且兼语式还可分为多种类型。

4. 《左传》《史记》中虽已零星出现了表示抽象"致使"的用法,但可能是受"使、令"临时性类推的影响,还没有真正成为使令动词,它的真正形成是在唐代,比"使、令"要晚得多。

5. 由于唐代表示"容让"的使用非常频繁,在一定条件下,"教"有了向被动标记演变的基础,此时,可能已经分化出了被动标记用法。

第五节 使令动词"命"的形成和发展

甲骨文中"命""令"不分,字形相同。《说文·口部》:"命,使也。"又《人部》:"使,令也。"又《卩部》:"令,发号也。""命、使、令"三者递训,但并不能证明它们本义相同。前面提到,"使"本是行为动词,而"令"本是言语动词。在传世文献中,"命""令"也有差异。

本节说明使令动词"命"的产生和发展。

一 《尚书》和《诗经》中的"命"

《尚书》中,"命"共 178 例,除名词(表示"命令、命运、使命")138 例外,其余均为行为动词,表示"命令、任命、赐给、教导"等,可带受事宾语,也可用于兼语式。

(一) 命令 (25 例)

1. 带受事宾语 (13 例)

(1) 分命羲仲,宅嵎夷。(《虞书·尧典》)
(2) 王命众,悉至于庭。(《商书·盘庚上》)

以上两例中,"羲仲""众"均为受事宾语,前后两个小句合起来则是兼语式。

2. 和"曰"组合成连动式再带直接引语 (2 例)

(3) 今王即命曰:"记功,宗以功作元祀。"(《周书·洛诰》)
(4) 即命曰:"有大艰于西土,西土人亦不静,越兹蠢。"(《周书·大诰》)

以上例句中"命"带类兼语小句,当然也可分析为带直接引语做宾语。

3. 命令-行为 (10 例)

(5) 王命周公后作册逸诰。(《周书·洛诰》)
(6) 太保命仲桓、南宫毛俾爰齐侯吕伋。(《周书·顾命》)

以上例句中,"命"带兼语小句。

(二) 任命 (4 例)

(7) 濬哲文明,温恭允塞,玄德升闻,乃命以位。(《虞书·舜典》)

（8）惟吕命，王享国百年。（《周书·吕刑》）

这个义项"命"不带宾语。

（三）赐给（1例）

（9）天维纯佑命。（《周书·君奭》）

（四）教导（5例）

（10）天惟式教我用休，简畀殷命，尹尔多方。（《周书·多方》）

（11）择建立卜筮人，乃命卜筮。（《周书·洪范》）

这个义项可以不带宾语，也可以用于兼语式，表述"教导-行为"，PP_2是"卜筮"。

和《尚书》有所不同，"命"在《诗经》中虽不鲜见，但动词用法极少，仅有1例用于带兼语句。如：

（12）贻我来牟，帝命率育，无此疆尔界。（《诗经·清庙之什·思文》）

总的来说，《尚书》中"命"意义比较丰富，其中表示"教导""命令"时都可用于兼语式，有了做使令动词的基础，但其句法上较为自由，既可用于兼语式，也可不用。《诗经》中"命"的表现也是如此。

二 《左传》中的"命"

《左传》中，动词"命"既可以带受事宾语，也可以带兼语小句，还是普通动词，句法上很自由。

（一）命令

1. 带受事宾语，也可以带言语对象或言语内容做宾语。共38例，其中4例是引文。如：

（1）王命诸侯，名位不同，礼亦异数，不以礼假人。(《左传·庄公十八年》)

（2）君命大事。(《左传·僖公三十二年》)

（3）蒲城之役，君命一宿，女即至。(《左传·僖公二十四年》)

以上三例中，"诸侯"是受事宾语，"大事"言语对象，"一宿"是言语内容。

有时候，受事可移到前面做主语。如：

（4）（旃）与魏锜皆命而往。(《左传·宣公十二年》)

2. 带受事宾语之后再和"曰"组成连动式，再带直接引语，计15例。如：

（5）君王命臣曰："事建如事余。"(《左传·昭公二十年》)

3. 形成"致使-行为"兼语式。共70例。如：

（6）秋，王命虢公伐曲沃而立哀侯于翼。(《左传·隐公五年》)

（7）夏，齐侯将纳公，命无受鲁货。(《左传·昭公二十六年》)

(二) 任命

带受事宾语，共5例。如：

（8）昔周辛甲之为大史也，命百官，官箴王阙。(《左传·襄公四年》)

（9）先神命之，国民信之。(《左传·昭公十三年》)

例（8）"命百官"即"任命百官"，"百官"是受事宾语；例

(9)"先神命之"即"先代神明任命他","之"也是受事宾语。

(三) 赏赐

可带双宾语,赏赐对象为近宾语,赏赐物为远宾语,共 2 例。如:

(10) 天子建德,因生以赐姓,胙之土而命之氏。(《左传·隐公八年》)

(四) 规定

所带宾语是"命"的内容,也可带双宾语,近宾语是对象,共 4 例。如:

(11) 量功命日,分财用,平板干,称畚筑,程土物,议远迩,略基趾,具餱粮,度有司,事三旬而成,不愆于素。(《左传·宣公十一年》)

(12) 三代命祀,祭不越望。(《左传·哀公六年》)

例(11)"量功命日"即"计量工程,规定日期",例(12)"命祀"即"规定祭祀"。

(五) 容让-行为

共 2 例。如:

(13) 王飨醴,命之宥。(《左传·庄公十八年》,又见《僖公二十五年》)

"命之宥"即"允许他们向自己敬酒",是"容让-行为"兼语式。

(六) 命名

1. 带对象宾语,共 7 例。如:

(14) 及生,有文在其手曰"友",遂以命之。(《左传·闵公二年》)

(15) 公与文姜、宗妇命之。(《左传·桓公六年》)

2. 用于"命之曰+名"结构,可以视为兼语式,但不是使令兼语式。共 6 例。如:

(16) 其弟以千亩之战生,命之曰成师。(《左传·桓公二年》)
(17) 楚人谓乳谷,谓虎于菟,故命之曰"斗谷于菟"。(《左传·宣公四年》)

总的来说,《左传》"命"的义项丰富,其最常用的义项是"命令",其他引申义项都不很常用。与同期的"使、令"相比,它们虽然都处在发展初期,但兼语式已成为此义项最主要的用法;兼语式类型比"使、令"少,缺少"致使–行为/状态",虚化不明显。与"使、令"一样,《左传》中"命"已引申出"容让"义,且此义项不受否定、条件等句式因素制约。

三 《史记》中的"命"

与《左传》相比,《史记》中动词"命"的义项、句法搭配没有明显变化。下面分别说明。

(一) 命令

1. 带受事宾语,或省略宾语,21 例。如:

(1) 大王命季历,明天瑞也。(《史记·三代世表》)
(2) 二公命国人,凡大木所偃,尽起而筑之。(《史记·鲁周公世家》)

2. 带受事宾语之后和"曰"组成连动式,再带直接引语,共 5 例。如:

(3) 帝舜乃命契曰:"百姓不亲,五品不训,汝为司徒而敬敷五教,五教在宽。"(《史记·殷本纪》)
(4) 昔召康公命我先君太公曰:"五侯九伯,若实征之,以夹辅周室。"(《史记·齐太公世家》)

3. 带受事宾语，再带直接引语，仅 1 例。如：

（5）命禹："女平水土，维是勉之。"（《史记·夏本纪》）

这是上一搭配省略"曰"的形式，直接引语变成间接引语之后，整个句子就成了"命令-行为"兼语式。

4. 命令-行为，共 56 例。如：

（6）朱虚侯已杀产，帝命谒者持节劳朱虚侯。（《史记·吕太后本纪》）
（7）颛顼受之，乃命南正重司天以属神，命火正黎司地以属民，使复旧常，无相侵渎。（《史记·历书》）
（8）于是分沟割燕君所至与燕，命燕君复修召公之政，纳贡于周，如成康之时。（《史记·齐太公世家》）

根据以上四种类型，可以推测："命"构成的使令兼语式应当是按上述排列的顺序逐渐形成的。

（二）命名（10 例）

（9）岁星赢缩，以其舍命国。（《史记·天官书》）
（10）及生有文在其掌曰"虞"，遂以命之。（《史记·郑世家》）

以上带对象宾语。

（三）命名为（84 例）

常用于"命 N 曰+名称"兼语式，但不是使令兼语式，与使令动词无关。如：

（11）十七年，内史腾攻韩，得韩王安，尽纳其地，以其地为郡，命曰颍川。（《史记·秦始皇本纪》）
（12）神君所言，上使人受书其言，命之曰"画法"。（《史记·孝武本纪》）

总的来说,《史记》中"命"字兼语式类型并没有多少变化,只是"命令-行为"的比重相对于《左传》略有增加,其他方面没有明显变化。

四 东汉《太平经》至唐代《全唐诗》中的"命"

与"使、令"的数量不断增长相比,东汉以来,动词"命"始终没有多少变化。表3-8反映了东汉至唐代的基本情况。

表3-8   "命"在五种文献中的各项数据统计

	《太平经》	《竺译经》	《世说新语》	《齐民要术》	《全唐诗》
命令/任命	4	2	2		22
命令-行为	8	3	21	18①	15
任命					1
任命-为			1		
致使-状态	1				

(一) 命令

(1) 夫人命帝王,但常思与善人为治,何惜爱哉?(《太平经·上善臣子弟子为君父师得仙方诀》)

(2) 袁虎、伏滔同在桓公府,桓公每游燕,辄命袁、伏。(《世说新语·轻诋》)

(3) 后游集,恒命之。(《世说新语·识鉴》)

(4) 母顾命曰:"尔还勿来,无得母子并命俱死。"(《鹿母经》卷1)

(5) 且复命酒樽,独酌陶永夕。(李白《春归终南山松龛旧隐》)

(6) 兴来命旨酒,临罢阅仙书。(张九龄《南山下旧居闲放》)

以上六例中,前三例"命"的宾语都是受事,这种情况只见于《太平经》和《世说新语》;例(4)"命"和"曰"组合成连动式,再带直

---

① 《齐民要术》中,"命令-行为"兼语式有11例见于《杂说》。据柳士镇(1989)和汪维辉(2002)考证,《杂说》部分为后人伪作。故真正属于《齐民要术》的只有7例。

接引语,这种用法只见于竺法护译经;最后两例"命"的宾语是客体对象——酒樽、酒,这种现象只见于《全唐诗》。《齐民要术》中,上述用法均不见。

(二) 命令-行为

(7) 夫天命帝王治,故觉德君。(《太平经·万二千国始火始气诀》)

(8) 国王闻之,命使作技。(《生经》卷3)

(9) 乐闻,故命驾为剖析之。(《世说新语·文学》)

(10) 命农计耦耕事,修耒耜,具田器。(《齐民要术·耕田》)

(11) 命风驱日月,缩地走山川。(韦渠牟《杂歌谣辞·步虚词》)

(12) 命驾邀渔火,通家引凤雏。(张说《与赵冬曦尹懋子均登南楼》)

以上六例均为"命令-行为"兼语式,表述"命令某人做某事",这种用法以上五种文献均有,但严格来说,例(8)中 V_1 实际并不是"命",而是并列式复合词"命使"。竺法护译经中没有"命"用于"命令-行为"兼语式的用例。

(三) 任命

(13) 汉皇封子弟,周室命诸侯。(储光羲《登商丘》)

上例中,"命"表示"任命","命诸侯"和"封子弟"对应,都是带受事宾语。这种用法只见于《全唐诗》。

(四) 任命-为

(14) 气甚奋,命朱辟为副,策马于万众中,莫有抗者,遂致冲还,三军叹服。(《世说新语·豪爽》)

上例中,"命"表示"任命","命朱辟为副"的意思是"任命朱辟为副职",是"任命-为"兼语式。这种用法只见于《世说新语》。

综合(三)(四)来看,"命"的"任命"义可能仅用于叙述官方事件,后世基本消失。

(五) 致使-状态

表示"致使"的"命"带兼语式,兼语式中的 PP_2 表示状态。仅 1 例。如:

(15) 天命此人不可久活。(《太平经·写书不用徒自苦诫》)

上例"命"表示"致使",PP_2 是形容词"活",整个兼语式表述"致使-状态"。但综观"命"字从先秦到唐代的发展来看,仅《太平经》有此一例,很可能是"令"之误。

总的来说,从西汉《史记》到南朝《齐民要术》,除了"命令"义项均有出现,并可用于"命+受事宾语"和"命令-行为"两种句法形式之外,"命"字基本没有发展出新的义项和句法形式。不过,拿《世说新语》《齐民要术》《左传》等文献对比可以看出,"命"越来越倾向于使用"命令-行为"兼语式,在逐渐向兼语动词发展。

五 《祖堂集》中的"命"

《祖堂集》中动词"命"共出现 29 次,均表示"命令",其中 28 例用于兼语式;只有 1 例带受事宾语。

(一) 行为动词

(1) 王乃命师,师则赴命。(《祖堂集》卷2)

(二) "命令-行为"

用于兼语式,表示"命令-行为"。如:

(2) 遂命阿难同往鸡足。(《祖堂集》卷1)
(3) 尔时尊者则与出家,而命贤圣受具足戒。(《祖堂集》卷

1)

(4) 十五日未曙,遽命侍者撞无常锺,胁席而终(《祖堂集》卷17)

从两种用法的数量对比中可以看出,"命"大体只用于兼语式,而普通言语动词用法基本消失,可以说,它已成为具有"使役"义且只用于兼语式的单位——使令动词。

小结

"命"字意义和"命"字兼语式发展变化有如下特点。

1. 甲骨卜辞中,"命""令"同形,没有分化。

2. 在早期传世文献中,"命""令"分化,虽然二者基本义都是"命令",但"令"基本不用于兼语式,而"命"很早就有此用法,用法自由。

3. 南北朝时,"命"的义项几无变化,但兼语式用法逐渐增加,不过仅限于"命令-行为",兼语式的类型不丰富。

4. 五代《祖堂集》中,"命"单独带受事宾语的用法趋于淘汰,仅剩下兼语式用法,发展成使令动词,但其基本意义不变。这种用法保持到现代汉语中。

第六节 使令动词"致"的形成和发展

"致"历来是汉语的常用词,且意义丰富,《汉语大词典》共收29个义项,其中动词17项。归纳起来,主要有两部分,一部分以动作起点为视点,与"送出"相关,包括"送达、使达到、献纳、给予、表达、转告、回报"等义项;另一部分以动作终点为视点,与"到"相关,包括"归还、召集、获得、积累、招引、招致、导致"等义项。其余还有"施加"等动词义项不便于归纳。《汉语大词典》还有连词一项,认为"致"是连词,意思是"以至,以至于"。其例证为关汉卿《窦娥冤》第四折:"只为一妇含冤,致令三年不雨。"实际上,此例中的"致令"为一个词,表示"致使",并列式使令动词。表示"致使"且单用的"致"作为使令动词中古就已形成,而"致令"并列连用也很早就有。下面,我们对使令动词"致"的产生、发展过程进行描述。

一 《尚书》中的"致"

《尚书》中"致"共9例，均为行为动词，表示"施行""致告、表达"等意义。如：

(1) 尔尚辅予一人，致天之罚，予其大赉汝！（《尚书·商书·汤誓》）
(2) 我有周佑命，将天明威，致王罚，敕殷命终于帝。（《尚书·周书·多士》）
(3) 凡尔众，其惟致告：自今至于后日，各恭尔事。（《尚书·商书·盘庚》）

例（1）、例（2）的"致"均表示"施行"，《尚书》绝大多数"致"为"施行"义；例（3）"致""告"连用，表示"致告、表达"。总的来说，《尚书》中的"致"都是行为动词，不是使令动词，还不构成兼语式。

二 《左传》中的"致"

《左传》中，"致"共94例，全部用为行为动词，意义比《尚书》有所增加，除了表述"施行、致告、表达"之外，还可以表述"送诣、给献、交给、返还、达到、使达到"等含义。如：

(1) 凡我同盟，小国有罪，大国致讨。（《左传·襄公十一年》）
(2) 遂致其君命。（《左传·宣公十五年》）

以上两例中，"致"分别表示"施行、致告、表达"，这些义项已见于《尚书》。

(3) 冬，齐仲年来聘，致夫人也。（《左传·桓公三年》）
(4) 尽具其帑，与其器用财贿，亲帅扞之，送致诸竟。（《左

传·文公六年》）

（5）声盛致志，鼓儳可也。（《左传·僖公二十二年》）

（6）（寡君）使下臣致诸执事以为瑞节，要结好命。（《左传·文公十二年》）

（7）王思旧勋而赐之路，复命而致之君。（《左传·昭公四年》）

（8）成公乃惧，告罪，且请焉，乃反，而致其邑。（《左传·成公十三年》）

（9）文子致众而问焉。（《左传·哀公二十六年》）

以上例子中，例（3）—例（9）"致"分别表示"送""达到""使达到""献给""交给""返还""招集"，这些义项《尚书》中尚未出现。需要注意的是例（7）"致"带双宾语，"之"指代物，一般指物的宾语处在远宾语位置，但由于"之"是旧信息，故被放在近宾语位置，"君"指人，处在远宾语位置。

必须指出，"致使"组合《左传》中就出现了，但与后世用法迥异。如：

（10）公冶致使而退，及舍而后闻取卞。（《左传·襄公二十九年》）

（11）卫侯固请见之，不获命，以其良马见，为未致使故也。（《左传·昭公二十年》）

例（10）中"使"是名词，"使命"之意；"致使"意思是"表达使命"；例（11）的"致"是"施行"，"使"是"使者的礼仪"，"致使"是"施行使者的礼仪"。

总的来说，相较于《尚书》，"致"在《左传》中产生了一些新义，但未改变其行为动词性质，没有兼语式的用法。

三 《史记》中的"致"

《史记》中"致"是普通行为动词，还不是使令动词，共有 223 例。一方面继承了先秦以来的义项，另有一些不见于《尚书》《史记》的义项，如"招引、招致"① 和"造成、导致"等。

（一）旧有义项

《史记》"致"继承先秦的义项有"施行、献给、达到、使达到、表达、召集"等。如：

(1) 尔尚及予一人致天之罚，予其大理女。（《史记·殷本纪》）致：施行。

(2) 薄衣食，致孝于鬼神。（《史记·夏本纪》）致：献给。

(3) 君王能与共分天下，今可立致也。（《史记·项羽本纪》）致：达到。

(4) 以决九川致四海，浚畎浍致之川。（《史记·夏本纪》）致：使达到。

(5) 解扬绐许之，卒致晋君言。（《史记·晋世家》）致：表达。

(6) 义渠君致群臣而谋。（《史记·张仪列传》）致：召集。

（二）新生义项

1. 招引、招致

(7) 于是禹乃兴九招之乐，致异物，凤皇来翔。（《史记·五帝本纪》）

(8) 能致二子则生，不能将死。（《史记·楚世家》）

以上两例中，"致"均表示"招引、招致"。

《史记》中还出现了复合词"招致"，达12例。如：

(9) 招致宾客游士，欲以并天下。（《史记·秦始皇本纪》）

(10) 今上即位，招致儒术之士，令共定仪，十余年不就。（《史

---

① 不过，表示"招致"的"致"在《易》中就有了，并且似乎还可构成兼语式，2例。如：九三，需于泥，致寇至。（《上经》）| 六三，负且乘，致寇至，贞吝。（《下经》）仔细分析这些例子可以发现，即便语料没问题，也不能说明《易》中的"致"就已经是使令动词了，因为"致"仍表示"招致"。

记·礼书》）

2. 造成、导致

此义项与"招引、招致"相近，均有"出现新情况、新结果"的意思，但用法不同："招引、招致"往往搭配名词，"造成、导致"往往搭配状态动词或形容词。不过二者密切相关，古汉语中，形容词常常无标记转指名词，在具体语境中，要区分二者并不那么容易。这种例子还不多，我们在《史记》中只找到3例。如：

(11) 国有常法，更立则乱，言之则致诛。（《史记·楚世家》）

(12) 以为此天下之中，交易有无之路通，为生可以致富矣。（《史记·越王勾践世家》）

(13) 使吏捕案汤左田信等，曰汤且欲奏请，信辄先知之，居物致富，与汤分之，及他奸事。（《史记·酷吏列传》）

以上三例中，"诛"和"富"分别为动词和形容词，充当"致"的宾语，形成"致+$V_单/A_单$"。这种搭配的出现，很可能与"致"后来演变成使令动词密切相关。

《史记》中有少量"致"字句很像兼语式。如：

(14) 戮力本业，耕织致粟帛多者复其身。（《史记·商君列传》）

(15) 帝太戊闻而卜之使御，吉，遂致使御而妻之。（《史记·秦本纪》）

例（14）中"致粟帛多者复其身"不是"致使粟、帛多的人恢复其自由身"，而是"贡献粟和帛多的人，就恢复他们的自由身"，这是简单的主谓句，不是兼语式。例（15）的"致使御"是"招来并让他驾车"，"致"与"使御"是连动结构。

由此可知，《史记》中的"致"是行为动词，不是使令动词。

四 《太平经》中的"致"

《太平经》中共有动词"致"242 例，其中 2 例通"至"，绝大多数是行为动词，由于书中主要讲述道教教义，义项有所减少，大多表示"送、给"或"招致、招来"，带受事宾语，共 201 例。相比于《史记》的一个显著变化是，此书中也出现了 39 例用于兼语式。下面只介绍兼语式用法。

（一）致使-行为（12 例）

表示"致使-行为"的"致"，其意义来源于"招致、招来"，很多情况下可以解读为"致使"，所构成的兼语式可解读为"致使-行为"。"招致、招来"和"致使"词义相近，且都很抽象，从"招致、招来"到"致使"变化，主要表现在搭配上：前者一般搭配名词，或简单动词或形容词，而后一个义项通常搭配小句，或动词短语。如：

（1）夫市亦五方流聚而相贾利，致盗贼狡猾之属皆起于市，以水主坎。（《太平经·天谶支干相配法》）

（2）是故古者为治，神者致真神为治，鬼者致鬼为治，物者致物为治，虫者治（王明认为"治"为"致"之误）虫为治，何畏（俞理明认为"畏"当作"谓"）也？（《太平经·洞极上平气无虫重复字诀》）

以上两例"致"均表示"致使"，带兼语小句，整个兼语式表示"致使-行为"，有些也可解读为"招致某人/物做出某种行为"，如例（1）。

（二）致使-状态（26 例）

当 PP_2 为形容词时，兼语式表述"致使-状态"。如：

（3）若昼大兴长则致夜短，夜兴长则致昼短。（《太平经·事死不得过生法》）

（4）故致灾变纷纷，畜积非一，不可卒除，为害甚甚。（《太平经·使能无争讼法》）

以上各例中"致"均表示"致使"，兼语小句中的谓词"短""纷纷"均为形容词，表示状态。

根据以上情况可知，《太平经》"致"的词义和句法都发生了变化：从"招致、招来"变成了"致使"，从搭配简单名词、动词或形容词变成了搭配小句，意义和形式两方面的变化导致其构式化已经达成，形成了新的"形式-意义"配对，形成了使令动词。不过，跟"使""令"等相比，其使用频率要低得多。从动宾短语变成兼语式，是因宾语的复杂化而引起结构的重新分析。

在使令动词"致"已经产生的情况下，"致+$V_单/A_单$"或许可做两种分析，一是分析为动宾结构，二是将 $V_单/A_单$ 分析为兼语式的 PP_2。如：

(5) 天道法，孤阳无双，致枯，令天不时雨。(《太平经·分别贫富法》)

(6) 夫天道，当兴阳也而衰阴，则致顺。(《太平经·事死不得过生法》)

上面两例中"枯""顺"都是单音节，"致枯""致顺"跟《史记》中"致诛""致富"一样，均为"致+$V_单/A_单$"。从这个角度来说，"致枯""致顺"可分析为动宾结构，"枯""顺"为"致"的宾语。不过，由于《太平经》中已经有了"致"字兼语式，原来的动宾结构受"使/令+$V_单/A_单$"省略型兼语式的类推影响，或许也可视为省略式兼语式。

此外，"致"还可以与"令"组成复合词"令致""致令"，详见下一章。

五 竺法护译经中的"致"

竺法护译经中，"致"共出现169例，另有7例存疑。由于佛经内容既有人物故事，又有佛理，义项比较多，可以做普通动词，也可以做使令动词。作为普通动词，可表示"招致、导致、达到、使达到、回报、表达、获得"等意义。作为使令动词，"致"可表述"致使-行为"和"致使-状态"。下面只举例说明使令动词用法。

(一) 致使-行为

(1) 乌师致鹰将来。(《生经》卷5)

(2) 当感致魔令到于斯。(《普曜经》卷 5)

(3) 假使方便欲致之去。(《生经》卷 5)

以上各例中，前三例是完整的兼语式，表述"致使-行为"。这种形式在 19 部译经中共有 10 例。

(二) 致使-状态

(4) 自致得佛。(《生经》卷 1，卷 3，卷 4，卷 5)

上例省略了兼语，"得"是"得到"，状态动词，是"致使-状态"。又有"使致"1 例，"孚致"等复合使令动词，参见第四章。

从竺法护译经所反映的情况来看，西晋时期，使令动词"致"基本维持了东汉《太平经》的面貌，用例还不很多。

六 《世说新语》中的"致"

《世说新语》中，"致"共出现 55 次，但用作使令动词的比重仍不大，仅 3 例。如：

(一) 致使-行为

(1) 气甚奋，命朱辟为副，策马于万众中，莫有抗者，遂致冲还，三军叹服。(《世说新语·豪爽》)

(2) 非出天子，能致天子问耳。(《世说新语·术解》)

(二) 致使-状态

(3) 西山朝来，致有爽气。(《世说新语·简傲》)

七 《齐民要术》中的"致"

《齐民要术》中，"致"共出现 23 次，其中行为动词共 8 例，使令动词 14 例。使令动词用法首次超过了行为动词。根据频率变化似可推测，使令动词"致"大概在北魏时期发展成熟。

（一）致使-状态（9例）

(1) 以一斛二斗甲子日镇宅，大吉，致财千万。（《齐民要术·种桑、柘》）

(2) 其于地畔种者，致雀损谷。（《齐民要术·种榆、白杨》）

以上两例均为完全式兼语式。

(3) 夜不燃火，必致冻死。（《齐民要术·养羊》）

上例为省略兼语的兼语式。

"致+谓词"，我们不把它视为动宾结构，理由如下：①"致"既然在东汉时已经从这种结构中发展成为使令动词，现在若再把它视为行为动词，从情理上讲不通；②《齐民要术》中的"使""令"大量见于这种结构，它们具有平行性关系；③单音节谓词可以被双音节谓词替换，如例（3）"致冻死"可替换为"致死"。基于这三点理由，可以认为以上例子中的"致"均为使令动词。

（二）VO-致使-状态（5例）

跟《齐民要术》中的"V（O）-使-A""V（O）-令-A"平行，"V（O）-致-A"表述的也是"VO-致使-状态"，即"某种行为发生，致使某物呈现某状态"。如：

(4) 其瓣则作烛致明。（《齐民要术·种瓠》）

(5) 知而不种，坐致泯灭，悲夫！人君者，安可不督课之哉？（《齐民要术·种芋》）

此外，《齐民要术》中还有复合使令动词"致令"，参见第四章。

总的来说，使令动词"致"在《齐民要术》中已经比较成熟，数量已经超过了行为动词。不过，用法比较单一，只表述"致使-状态"或"VO-致使-状态"。

八 《全唐诗》中的"致"

《全唐诗》中,"致"用得比较多,除 10 例存疑之外,有名词、形容词 65 例,主要用作行为动词 362 例,其次是使令动词。下面只简要说明使令动词。

（一）致使-行为（13 例）

《全唐诗》中,表示"致使-行为"的兼语式一般为完全式,兼语未省略。如：

(1) 本来薄俗轻文字,却致中原动鼓鼙。（司空图《丁未岁归王官谷》）
(2) 能令音信通千里,解致龙蛇运八行。（佚名《笔精诗》）

（二）致使-状态（62 例）

表述"致使-状态"的兼语式主要是完全式,53 例,省略式 9 例。如：

(3) 何必操白刃,始致海内平。（王建《赠王侍御》）
(4) 所以致之然。（李贺《公无出门》）

以上为完全式。

(5) 一丸致斃花丛里。（庄南杰《乐府杂曲·鼓吹曲辞·黄雀行》）
(6) 所愧为人父,无食致夭折。（杜甫《自京赴奉先县咏怀五百字》）

以上为省略式。

《全唐诗》中还有复合使令动词"致使""致令""致得""致令遣",参见第四章。

九 《祖堂集》中的"致"

《祖堂集》中,"致"共出现 10 次,带名词宾语的"致"有两个义项，一是表示"招致某结果"，二是表示"献纳"；带兼语小句的"致"表示"致使"。

(一) 导致某种结果（5例）

(1) 人多致患，常疾于我。(《祖堂集》卷2)
(2) 若非德至行圆，孰能致感如此也？(《祖堂集》卷20)

(二) 献纳（2例）

(3) 米乃致疑。(《祖堂集》卷19)
(4) 师重致言谢，拟欲师承。(《祖堂集》卷16)

(三) 致使-行为（1例）

(5) 三教且致老君什摩时生？(《祖堂集》卷8)

《祖堂集》中有复合使令动词"致使"，也表示"致使-状态"。如：

(6) 致使玄关固闭，识锁难开，疑网笼牢，智刀方剪。(《祖堂集》卷9)

总的来说，《祖堂集》中"致"的使用渐趋衰落，而使令动词"致"也趋萎缩。

小结

下面，我们把"致"在上述各种文献中的使用情况统计如下（见表3-9）。

表3-9　　　　"致"在九种文献中的各项数据统计

	《尚书》	《左传》	《史记》	《太平经》	《竺译经》	《世说新语》	《齐民要术》	《全唐诗》	《祖堂集》
行为动词	9	94	223	201	138	52	8	362	7

续表

		《尚书》	《左传》	《史记》	《太平经》	《竺译经》	《世说新语》	《齐民要术》	《全唐诗》	《祖堂集》
使令动词	致使-行为				12	14	2		13	1
	致使-状态				26	8	1	9	62	
	V-致-状态							5		
	小计	9	94	223	239	160	55	22	437	8

从上古到近代,"致"由行为动词演变成使令动词,有如下特点。

1. "致"在上古《尚书》《左传》至西汉时均只做行为动词。
2. 东汉时成为使令动词,但不占优势,西晋至南朝仍是如此。
3. 北朝《齐民要术》中,使令动词"致"受"使""令"的影响,在与其他行为动词用法的竞争中取得优势。
4. 唐代《全唐诗》中,使令动词"致"跟其他使令动词"使""令""教""遣"等形成百花齐放的局面。
5. 到五代《祖堂集》中,"致"的动词用法包括使令动词用法走向衰落。

第七节 使令动词"让"的形成和发展

"让"是现代汉语里比较特殊的词语,它可表示:①指使、命令,如"谁让你来的";②容许、听任、容让,如"让我仔细想想","要是让事态发展下去,后果会不堪设想";③纯粹致使,如"那场事故让他伤心了好久";④被动,如"行李让雨给淋了"。前三种意义一般概括为"使役"(蒋绍愚,1994;江蓝生,2000),用于兼语式;第四种是被动义,用于被动句。这种使役兼被动的特点早已成学界共识。但是,把兼语式中三种意义的"让"均概括为"使役"并不合理,本书试图严格区分,将"指使、命令"称为"使役",将"准许、容许、任由"称为"容让",将纯粹致使称为"使令",引述时,仍保留引文术语。"让"的各种意义是如何产生的?

最早从发展的角度研究"让"使役兼被动的是太田辰夫(1958、1987)。他指出,"让"的"使役"义是从"谦让、劝诱"义的动词发展来的,并以《大宋宣和遗事》《水浒传》《金瓶梅》等文献的例子来说明，大概他认为"让"的使役用法宋元才开始出现。他还指出，"让"表示被动，是因为"有意义上难以区分的场合"，"使役和被动的区分不在于客观事物本身，而是基于主观判断"。他认为"让"的被动用法整个清代都没有用例，属于现代汉语所特有。这些论述指出了"让"的使役义的来源和发展方向：行为动词（谦让、劝诱）→使役动词→被动标记。事实上，虽然"让"的"谦让"义是"使役"义的前身，但"劝诱"义并非如此；并且，"让"演变的详细过程和演变线索，太田辰夫也语焉不详。尽管他把"让"称为使令动词，但是并未对导致其演变的句法环境进行细致说明。另外，"让"带兼语的用法实际上要早于宋代，而被动用法的出现年代也有待进一步考证。

太田辰夫的著作被译介到中国以后，引起了很多学者对"让"及相关词语演变的关注。蒋绍愚（1994、2002、2011）、江蓝生（2000）和朴乡兰（2011）讨论了跟"让"相近的"教、给"等词语产生被动义的语用条件和句法环境。蒋绍愚认为两种情况下"教"与"被"语法意义相同："'教'前面的名词不出现"，或者根本说不清是什么使得受使者发出某一动作，并且"教"后的动词是可以表示被动的及物动词，另外，表示禁止的使役句也容易转为被动句，"因为这种使役句的主语往往是无法补出的"。江蓝生认为省略主语的"教+兼语+VP"结构中"教"在表示某一情况已实现或者表示禁止（未实现）时就转而表示被动；她进一步指出，使役句转化为被动句的三个条件：①主语为受事；②使役动词后的情况是已实现的或祈使句结构；③谓语动词是及物的。朴乡兰认为"教/叫"字句发展为被动句，不是受事前移的结果，而是反身致使句通过重新分析发展而成。冯春田（2000）以语义演变为线索考察了"让"及与之意义相近的系列词语，认为这些词语原来都是行为动词，后来经历从具体使役到抽象使役的演变，有些词语甚至成为被动标记。木村英树（2005）则讨论了北京话中"给"字句由"使役"扩展为被动句的语义动因。石毓智（2005）首次将"使役"分为"使役"和"容让"，他认为表示被动的"让"并不是从"使役"而是从"容让"演变来的。张丽丽（2005、2006a、2006b、2006c）讨论了"让"及与之意义相当的词语从"使役"到"致使、被动、条件"的多重虚化现象，她认为这些词语所处句式的发展虽有早有晚、有快有慢，但都经历相似的演变过程，一致呈现从使役到致使、从有意致使到无意致使，以及从一般致使到描述性致使的演变倾向。她还指出，这三方面的演变都由泛化（generalization）机制引发，包括词汇意义的泛化，主语类型的泛化，有关宾语指涉的泛化。刘文正（2008、2009、2011）讨论了"使""令"等从行为动词演变为使令动词的历程：普通行为→致使-行为→致使-情状，直到"致使-情状"阶段出现，"使、令"才成为成熟的使令动词。

以上研究正确地指出了"让"类词语语义演变的句法环境，逐步揭示了这些词语被动义的来源，但对于"让"如何产生使役义的认识还很模糊。"让"的语义演变有其特殊性，"普通行为→使役→被动"的演变模式与"让"演变的实际情况并不一致。另外，"让"的使役、被动用法的出现时代仍需进一步考证。下文我们将针对这些问题进行说明。

一　先秦："让"的语义内涵及句法形式

"让"不见于甲骨文，《甲骨文字典》《金文字典》均未收。《说文》："让，相责让，从言襄声。"按："相责让"即"责备、责问"。此义《左传》中很常见。如：

(1) 夏，楚子合诸侯于沈鹿。黄随不会，使薳章让黄。（《左传·桓公八年》）

(2) 楚子使薳章让于邓，邓人弗受。（《左传·桓公九年》）

(3) 寺人披请见，公使让之，且辞焉。（《左传·僖公二十四年》）

(4) 公至，使让大叔文子曰："……"（《左传·襄公二十六年》）

《左传》一书中这种意义和用法的"让"共11例，约占全书"让"的1/4，并且后代文言文献一直沿用。如：

(5) 无可复让，此乃天自然之法也。（《太平经·分别贫富法》）

(6) 多有过失，屡为上所让，忧惧，乃与劭共为巫蛊。（《南史·刘劭传》）

(7) 师闭关高枕，聪排闼而入，让之曰："佛法大事，靖退小

节……汝有力荷担如来大法者,今何时而欲安眠哉?"(《五灯会元》卷11)

(8) 朱坚卧不起,洪始去。次夕复然。明日,洪让之。(蒲松龄《聊斋志异·恒娘》)

"责让"往往是一方责怪对方不该做或要求对方别做不合理的事,相应地,己方一般也不会做于己有利的事,这就是"谦让、推辞"。但要说此义源自"责让",似有困难,因为这种意义的用例出现得更早,《尚书》就有2例。如:

(9) 允恭克让。(《尚书·尧典》)孔颖达疏引郑玄曰:"推贤尚善曰让。"
(10) 舜让于德,弗嗣。(《尚书·舜典》)

既然己方一般不会做于己有利的某事,那么可能就会主动地做些于他人有利的事,把好处主动地让给别人,就是"让给、给予"。这种例子《尚书》有8例,先秦其他文献也多见。如:

(11) 禹拜稽首,让于稷、契暨皋陶。(《尚书·舜典》)
(12) 推贤让能,庶官乃和,不和政庞。(《尚书·周官》)
(13) 特相会,往来称地,让事也。(《左传·桓公二年》)
(14) 尧以天下让舜。(《吕氏春秋·行论》)高诱注:"让,犹予也。"

由"谦让、推辞"还可引申为"避开、退让"。这种用法从先秦延续到现代。如:

(15) 威王问:"敌众我寡,敌强我弱,用之奈何?"孙子曰:"命曰让威。"(银雀山汉墓竹简《孙膑兵法》)
(16) 我忍耐着又向旁边让了让。(魏巍《东方》)

有时候,到底是"推辞"还是"避开",很难说得清。如:

(17) 知死不可让，愿勿爱兮。(《楚辞·九章》)

从文献来看，先秦"让"字除上述几种常用义之外，还有"举手与心平""款待"等意义，只是不很常用。总的来说，先秦以来，"让"意义一直很丰富，《汉语大词典》将"责备、责问、问责"义置于第一义项，估计是视之为本义。这一做法值得商榷，因为文献资料无法证明这一点，也不符合语义引申的方向。

尽管含义丰富，但先秦"让"只有"责备"这一义项隐含［+致使］义素，其他义项均无此特点，也就是说除表示"责备"之外的义项都不可能用于"致使某人做某事"或"致使某人怎么样"两种使令兼语式，只能用于 SV（O）结构。这与先秦的"使"和"令"很不相同："使""令"具有强烈的"使役、致使"义，可用于使令兼语式。表示"责备"的"让"虽包含一定程度的"使役、致使"义，但"责备"是事后进行的，被责备的对象先期施为才会受到"责备"，"责备"不可能发生在先，而"使、令"行为是事前进行的。因此，表示"责备"的"让"也不可能用于兼语式。

相应地，"让"后也很难出现谓词性成分。我们检遍"十三经"、诸子文献，仅发现几例：

(18) 管氏之世祀也宜哉！让不忘其上。(《左传·僖公十二年》)

(19) 东郭书让登，犁弥从之。(《左传·定公九年》)

(20) 侯氏与之让升。侯氏先升，授几。(《仪礼·觐礼》)

(21) 主人与客让登，主人先登，客从之，拾级聚足，连步以上。(《礼记·曲礼》)

"让不忘其上"意为"谦让而不忘其上"，是连谓结构；"让登"意为"为登而谦让"，"登"是"让"的对象内容，已经转指为名词性成分，"让登"实际上是动宾结构，而不是兼语式。"让升"也是如此。

二 西汉："让"的"让与"义使令动词的形成

西汉时，"让"后的成分发生了变化，出现了带双宾语、小句宾语以及兼语式的例子，这些句型《史记》中都已出现。前者如：

(22) 孝文帝立，以为太尉勃亲以兵诛吕氏，功多；陈平欲让勃尊位，乃谢病……平曰："……愿以右丞相让勃。"（《史记·陈丞相世家》）

上例"尊位"即后面所说的"右丞相"，是"让"的直接宾语，"勃"是间接宾语。"让"仍是"让与"的意思。

《史记》中"让"带小句宾语的例子很容易被误认为兼语式。如：

(23) 因让佗自立为帝，曾无一介之使报者。（《史记·南越列传》）

小句"佗自立为帝"是"让"的宾语，意为"因佗自立为帝却不向孝文帝禀报而责备"。

《史记》中"让"带兼语式的例子。如：

(24) 昭王病甚……让其弟公子申为王，不可；又让次弟公子结，亦不可；乃又让次弟公子闾，五让，乃后许为王。（《史记·楚世家》）

上例"让其弟公子申为王"是兼语式，表述两个事件：一是"让出"事件——昭王向其弟公子申让出王位；二是"接受"事件——公子申接受王位为王。整个句子是"让出事件+接受事件"（可简称为"容与-行为"）组成的兼语式，其中"其弟公子申"既是"让"的对象宾语又是"为"的施事主语，在整个句法结构中充当兼语。冯春田（2000：640）认为，"让"带兼语式"大约始于元代"，石毓智（2005：308）则认为"'让'的兼语用法是非常晚起的事情"。例（24）表明这些说法均有问题①。"让"带兼语式，是语用变化的结果：与"让"相关的两个事件前后相承，后一小句承前句宾语而省略主语，并与前一小句黏合，形成

---

① 石毓智（2005：308）说："我们遍查了宋以前的两种代表当时口语的文献《世说新语》和《敦煌变文集》，'让'要么不带宾语，要么只带名词宾语，无一例用于兼语的。"

兼语式。尽管句法环境有了变化，但"让"的意义并无变化，不外乎"让与、让出"或"责备"。需要注意的是，例（24）"让"的施事虽有主动性，但对兼语并没强制性，充当兼语的人可接受，也可不接受，表示"不接受"的小句就很难附在"让"字之后组成兼语式。我们注意到，文献中表述"不接受"的句子比"接受"更普遍一些，因此，通常情况下，表述"让与"的"让"以不用于兼语式为常。《史记》仅两例，另一例是：

（25）三十年，桓公病，太子兹甫让其庶兄目夷为嗣。（《史记·宋微子世家》）

还需注意的是，跟带兼语式的"使""令"相比，"让"有其特殊性。试比较：

（26）使人往于唐。（《合》5544）
（27）小臣令众黍。（《合》12）

上面两例中，使令动词"使""令"包含义素[+强制影响]，使令主体对兼语"人""众"有操控性，使令行为通常不容"人""众"违背，事件"使"与"往"以及"令"与"黍"各有直接因果关系。这种兼语式表述的是"致使+行为"，而"让"字兼语式表述的"让与+行为"。两种兼语式的逻辑语义有区别："使""令"具有强制性，通常会预设充分的影响，有使令行为通常有使令结果，前者是后者的充分条件；但让与行为通常并不预设必然结果，前者只是后者的必要条件。可表述如下（见表3-10）。

表3-10　　　　　　A 表示使令事件，B 表示使令结果

致使 +	行为 +	致使——行为 +
致使 +	行为 −	致使——行为 −
致使 −	行为 +	致使——行为 +
致使 −	行为 −	致使——行为 +

表 3-11　　　　　　　A 表示让与事件，B 表示让与结果

让与 +	行为 +	让与——行为 +
让与 +	行为 -	让与——行为 +
让与 -	行为 +	让与——行为 -
让与 -	行为 -	让与——行为 +

比较上面两表可知，"让"跟"使、令"的逻辑语义是有明显区别的。

学界对于这一区别的认识是逐渐加深的。王力（1958、1989）只讨论过"使""令""让"等动词带兼语式的大致年代，并未考察语义变化。太田辰夫（1958、1987）注意到词义的变迁，但他关于演变途径的论述尚有缺失——没有注意到兼语式中的"让"在很长一段时期并不包含表示"使役"，只表示"让与"。冯春田（2000）认为"让"的变化过程是：从普通行为动词演变为具体"致使"，再演变为抽象"致使"；张丽丽（2005）认为"使、令、教（交）、叫、让"这五个动词所处句式的发展都经历了相似的演变过程，一致呈现三种演变倾向：从使役到致使，从有意致使到无意致使，以及从一般致使到描述性致使。冯氏和张氏也没能区分"使役"和"让与"，更没把"使役"跟"让"字后来产生的"容让"义区分开来。此外，李佐丰（1994）、徐丹（2003）、刘文正（2008、2009、2011）均讨论过与"让"语义相近的使令动词"使""令"的语义变化和发展线索，均未关注"让"的特殊性。石毓智（2005：311）首先注意到这种区别，他把兼语式中的第一动词的语义特征明确分为"使令"和"容让"两种。不过，他关注的是"让"字被动义的产生，而没有注意其使令义的产生，并且他也未注意到，在"让"的"容让"义产生之前，还有"让与"义。"让与"既不同于"使役"，因为它不具备强制性，通常并不预设结果影响，也不同于"容让"，它比"容让"多了一层主动性和自愿性。张丽丽（2006c）考察过"让"的使令义出现时代，她认为"现代汉语表有意致使都用'让'字句，这是民国以后才形成的致使结构"，过晚。

三　六朝："让与"义使令动词的稳固及"容让"义使令动词的萌芽

西汉以后很长一段时间，"让"带兼语式的用例仍不多见，且往往可

做多种分析。如：

(28) 时王即见，寻起迎逆，让之在床，则便就坐。(《生经》卷1)

从语义来看，"之"既是"让"的受事，又是"在床"的施事，"让之在床"很像兼语式。但古汉语人称代词"之"不能做主语，只能做宾语。因此，视之为兼语式则很勉强。

(29) 其家有机让比丘坐。即坐，小待复起。(《摩诃僧祇律》卷9)

上例"让比丘坐"有两种分析法，一是"让给比丘座位"，"让"带双宾语；二是"让比丘坐下"，"让"带兼语小句。下文"即坐"也有两种分析，既可理解为"就坐"，也可理解为"就坐下"。这种歧义无法给上文准确诠释。

(30) 同法者憍慢瞋恨。不起恭敬，不让其座。(《菩萨戒本》卷1，又见《菩萨地持经》卷5)
(31) 且为设床座，任彼之所安。作此要言已，各各正基(其)坐。如来渐次至，不觉违要言。有请让其坐，有为摄衣钵。(《佛所行赞》卷1)
(32) 彼比丘不共语，不让坐。(《鼻奈耶》卷4)

上面三例中，例(30)的"让其座"是VO结构，例(31)"让其坐"可做两种分析：一是视"坐"为"座"的通假字，则"让其坐"是VO结构；二是视"坐"为动词，则"让其坐"为兼语式。例(32)"让坐"可视为"让其坐"的省略，同样可做两种分析。

(33) 而此诸贤今日不共我语，不让我坐。(《鼻奈耶》卷4)

从上下文来看，"不让我坐"与"不共我语"对举，而"语"是动词,故"坐"视为动词,则整个结构是兼语式,"让"是"让与"的意思。

(34) 其弟乃至不让兄食,而作是言。(《杂宝藏经》卷2)

上例中,"食"可视为动词,"不让兄食"则为否定兼语式,"让"应该理解为"准许、容让",而非"让与"。我们猜想,"让与"发展成"容让",是在否定句中进行的。不过还需要进一步证实。"食"也可视为名词,表示"食物","让兄食"是双宾结构。

另外,我们还检索了隋代佛经,没有发现"让"可带兼语式的例子。总的来说,中古表示"让与"的"让"带兼语式还不多见,并且大多可做重新分析;出现的语境则是"让……坐""让……食"。这一时期个别例子可理解为"准许、容让",说明"让"的容让型兼语式已经萌芽,也说明"让与"型兼语式已经稳定。表示"容让"的"让"也不含"强制性致使"义,所带兼语式不可能分析为致使型兼语式,也不可能是使令动词。

四 唐宋:使令动词"让"的形成

唐代以降,"让"带兼语式的例子渐渐增多,兼语小句中的谓词渐渐丰富,"让"的语义也更为丰富。《全唐诗》中可找到"让"带兼语小句的例子8个。如:

(35) 鸲鹆未知狂客醉,鹧鸪先让美人歌。(无名氏《韶州韶阳楼夜宴》)
(36) 甘茅非予匹,宫槐让我先。(徐铉《和门下殷侍郎新茶二十韵》)
(37) 借问荀家兄弟内,八龙头角让谁先。(齐己《山中寄凝密大师兄弟》)

以上三例均为"让与"兼语式,"让"都是"让与"的意思。

(38) 想同金镜澈,宁让玉壶清。(无名氏《日暮山河清》)

(39) 竹内催浙沥,花雨让飘飘。(杨巨源《春雪题兴善寺广宣上人竹院》)

以上两例是"容让"兼语式,"让"表示"容让"。例(39)中的"让"与"催"相对,似乎有"主观致使"义。

(40) 山泉共鹿饮,林果让僧尝。时复收新药,随云过石梁。(朱庆余《山居》)

上例的"让"可做两种分析:第一种是"容让、任由",整句话是容让兼语式,句意为"任由僧尝林果",这样分析最符合常理;第二种是"被",整个句子是被动句,意为"林果被僧尝"。此例之所以可分析为容让兼被动,除了"让"本身的原因之外,受事提前做话题的因素不可忽视。蒋绍愚(1994)曾讨论过"让"类词语被动义产生的条件之一是受事做主语,这是很有见地的。还需说明的是,既然此例可分析为容让和被动,就说明"让"的被动义并非源自"使役、致使"义,而是源自"容让"义。

(41) 韫珠澄积润,让璧动浮光。(骆宾王《在江南赠宋五之问》)

上例表述的是"韫珠澄积润,致使璧动浮光","让"表示纯客观致使,是使令动词。

(42) 首让诸军无敢近,功归部曲不争先。(王建《寄贺田侍中东平功成》)

上例是使役兼语式,"让"明显表示"使役、迫使",具有很强的使役性,其后的兼语小句是否定句,整个结构表示"禁止",这与上面各例有显著区别。

以上八例涉及五种类型:"让与"型,如例(35)、例(36)、例(37);"容让、任由"型,如例(38)、例(39)、例(40)的第一种分析;"纯客观致使"型,如例(41);使役型,如例(42);被动句型,如例(40)的第二种分析。上文已述,"让与"型产生于西汉,"容让"型产生于东汉至隋,其余三种都在唐代诗歌中才出现。虽然《全唐诗》所收集的诗歌年代不一,但相对于汉语史来说,这种时间差别可以忽略。有理由认为后三种类型都是由"容让"型发展而来,而不是直接来自行为动词,也不是直接源自"让与"型。所以,"普通行为动词→使役使令动词→被动标记"并不是"让"的演变模式。演变过程如下:

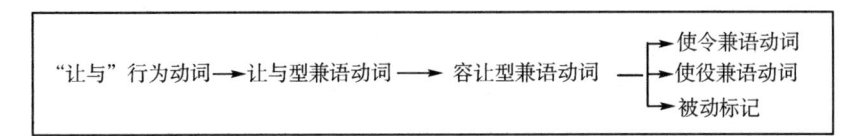

```
                                          ┌→使令兼语动词
"让与"行为动词 → 让与型兼语动词 → 容让型兼语动词 ─┼→使役兼语动词
                                          └→被动标记
```

此外,《全唐诗》中处于句首的"让"有向假设连词虚化的倾向。如:

(43) 让当游艺依仁日,便到攀辕卧辙秋。(薛逢《越王楼送高梓州入朝》)

宋代,"让"带兼语式变化不大,《全宋词》中可找到4例。如:

(44) 陈人束阁,让他来者居上。(刘克庄《念奴娇》)
(45) 细看来,只怕蕊仙不肯,让梅花俊。(黄孝迈《水龙吟》)
(46) 自是百花留不住,让教先发放春归。(无名氏《捣练子·八梅》)
(47) 龟畴凤柙,腾实飞英,岱畎让功成。(无名氏《十二时》)

以上四例,例(44)的"让"可理解表示"纯粹致使"的使令动词,其余三例似乎都应理解为"容让"。南宋《朱子语类》及成书于宋元期间的《大宋宣和遗事》也可找到数例。如:

(48) 子由让其坐，且云："待某入着衣服。"(《朱子语类·本朝四》)

(49) 且不如让渠如此说，且存取大意，得三纲、五常不至废坠足矣。(《朱子语类·朱子一》)

(50) 只恁地做人自得，让与他们自理会。(《朱子语类·朱子十八》)

(51) 让你在高处，他只要在卑下处，全不与你争。(《朱子语类·老氏》)

(52) 那佳人让客先行。(《大宋宣和遗事·亨集》)

(53) 吴加亮和那几个弟兄，共推让宋江做强人首领。

例（48）、例（50）、例（51）、例（52）的"让"表示"容让"，例（49）、例（53）的"让"是表示"纯粹致使"的使令动词。

可以看到，唐宋阶段，"让"已经发展成为表示"让与""容让""使役""纯粹致使"的使令动词，不过例句仍然不丰富，作为普通行为动词的用例还要占多数。但到明代，"让"作为使令动词的用例已经超过普通行为动词。《金瓶梅》中，"让"共出现207次，其中20个见于复合词，70个用如普通行为动词，117个带"让与""容让""使役""致使"等类型的兼语式，其中"使役"和"致使"型占绝大多数。这表明"让"在明代已成为较典型的使令动词。另外，唐诗中"让"有重新分析为被动标记的可能性，但由于诗歌语言具有跳跃性，缺乏语境提示，还不足以证明它已成为被动标记。我们考察了《金瓶梅》《红楼梦》中的所有"让"字，发现如果脱离语境，有的句子也可分析为被动句。如：

(54) 正面设四张桌席，让月娘坐了首位。(《金瓶梅》第41回)

(55) 因他父亲一心想作神仙，把官倒让他袭了。(《红楼梦》第2回)

(56) 独有宝钗……心里想道："所以千红万紫终让梅花为魁，殊不知并非为梅花开的早，竟是'洁白清香'四字是不可及的了。"(《红楼梦》第110回)

如果不看上下文，例（54）"让月娘坐了首位"可以理解为"被月娘坐了首位"，例（55）"把官倒让他袭了"可以理解为"把官倒被他袭了"；例（56）"千红万紫终让梅花为魁"可以理解为"千红万紫终被梅花为魁"。但若置于具体语境，这些句子中的"让"更宜析为"容让"。如"让月娘坐了首位"更宜理解为"（乔大户娘子）让月娘坐了首位"，因为后文补述了其他人的座位安排。单就"让"字前后的名词性成分来看，前面有"四张桌席"，后面是"月娘"，"月娘"之后还有动词"坐"。在这个局部中，很容易使人只注意到"四张桌席"与"月娘"之间的"坐"的关系（施受关系）；而"让"的行为主体"乔大户娘子"与这两个名词距离较远，很难让人关注到。这样，"让"就有了被理解为被动标记的可能。例（55）的情况与例（54）是一样的。即使放到上下文中，例（56）"千红万紫终让梅花为魁"既可理解为"千红万紫终让与梅花为魁"，又可理解为被动。这种两可分析的原因，太田辰夫（1958、1987：228）把它归纳为"使役和被动的区分不在于客观事物本身，而是基于主观判断"。这种分析是很有道理的。如果主观上把"千红万紫"视为主动者，那么它就是主动句；如果把"梅花"视为主动者，那么就是被动句。看来，"让"表示主动还是被动，既与紧跟在它前面的名词有关，又跟人的主观判断有关。

以上例句都只有重新分析的可能，"让"还不能算典型的被动标记。太田辰夫（1958、1987）、蒋绍愚（1994）、江蓝生（2000）都认为在清代还没有被动用法，石毓智（2005）更是认为，"'让'的被动用法见于上世纪40年代老舍的小说中"。口语中的"让"在什么时候成了被动标记，目前还无法证明。至于它在唐宋以后是怎样由"容让"义的使令动词发展成被动标记，诸家已有过充分讨论，此不赘述。

五 "让"的"使役""使令"义的产生原因

上文已述，"让"先后出现"让与"行为动词用法（先秦）、让与型使令动词用法（西汉）、容让型使令动词用法（中古），然后在唐代成为使役、使令动词，同时也有了重新分析为被动标记的可能。它由普通行为动词发展为使令动词，与其他使令动词的形成［如"教（叫）"］等具有相似性，但是，具体过程却不一样。试比较：

"让"的演变：行为动词→让与型使令动词→容让型使令动词→使

役、使令动词

"教"的演变：行为动词→使役、使令动词→使令动词（蒋绍愚，1994）。

"让"与"教"的不一致表现在：第一，演变方向不同；第二，"教"成为使役、使令动词有先后之分，而"让"的两种意义和用法同时出现。如何对此进行解释？

我们猜想，"让"发展为使令动词，很可能是受了"教"的影响。"教"在东汉已发展成为使令动词（刘文正，2009），唐代出现被动用法（太田辰夫，1958；蒋绍愚，1994）。实际上，在被动用法出现之前，"教"还可表示"容让"。如：

(57) 自不盗取，不教人取。(《正法念处经》卷27)
(58) 自不杀羊祀祠天神，亦不教他杀羊祠天。(《菩萨善戒经》卷4)
(59) 能得不杀，不教人杀。(《杂阿含经》卷37)

以上三例选自六朝佛经，"教"都可理解为"容让"，当然，前两例"教"的"容让"义还不够典型，还可分析为"教导"，但第三例则是非常典型的"容让"义。也就是说，"教"还经历了表示"容让"的阶段。"教"的详细演变过程应当修正为：

行为动词→使役、使令动词→使令动词→容让使令动词→被动标记

"教"产生被动义以后，由于它原有的意义并未消失，同时具有使役、使令、容让和被动等意义，形成集多种意义于一身的局面。比较"让"与"教"的演变过程可以看到，"让"的"容让使令动词→使役、使令动词"的发展线索与"教"的"使役使令动词→使令动词→容让使令动词"正好相反。综观汉语其他使令动词，有些与"教"的演变一致，如"给"，但没有一个与"让"的发展一致。我们认为，"让"之所以产生"使役""使令"义，是受了"教"的类推的影响。这种类推可图示如下：

下图的类推模式是：

```
教：使役、使令 ➔ 容让
让：    ？    ➔ 容让
```

$$Ax \to Ay \quad : ? \to By \qquad ? = Bx$$

这种类推不同于常规的类推，常规类推的模式是：

$$Ax \to Ay \quad : Bx \to ? \qquad ? = By$$

学界把上图所反映的类推称为"逆向类推"。这种逆向类推并不是汉语中唯一的表现，梅祖麟（1998：15-30）、吴福祥（2005：20-32）对什么是逆向类推、汉语中逆向类推的表现有过详细的说明。我们认为，如果没有"教"的逆向类推的影响，"让"就只会从容让型使令动词发展出被动标记的用法，在演变过程中，其"意愿性"不断减弱，除"让"之外的其他使令动词在演变过程中"意愿性"正是不断减弱的。通常情况下，"让"不会产生"使役"和"使令"义，因为如果要产生此义，就必须增强其"意愿性"。正是因为"教"既有"使役""使令"义，又有"容让"义，影响到具有"容让"义而不具有"使役""使令"义的"让"，使其"意愿性"得到增强，从而逆向类推出"使役""使令"义。另外，从时代来看，"教"在东汉时发展为使令动词，六朝时成为容让使令动词，唐朝产生被动用法，而"让"成为容让使令动词不久，即出现使役、使令用法，并具备重新分析为被动的可能，这在时间上也正可衔接。因此，认为"让"的使役、使令动词用法是受"教"影响的产物，完全讲得通。

第八节 使令动词"请"的形成和发展

"请"见于伪古文尚书，但不见于《尚书》，也不见于《周易》，战国早期可能才出现，或者是具有地域特色的词。《说文》："请，谒也。"《尔雅·释诂》："请，告也。"李守奎（2012）："'请'的本义依《说文》所说，是拜谒，这是汉代'请'的常用义。汉律春季朝见叫作'朝'，秋天朝见叫作'请'，后引申为拜谒长者的通称……拜谒义的较早用例见于

《墨子·号令》：'豪杰之外，多交诸侯者，常请之。'拜谒的目的常常是有所请求，所以就引申出'请'的另外一个常用义'请求'。《论语·八佾》：'仅封人请见。'这一意义一直沿袭到今。"李守奎的说法是对的，"请"引申出言语动词"请求"义之后，这一义项一直沿用至今。不过，其早期用法非常复杂，下面我们来简要说明。

一 《左传》中的"请"

《左传》中，"请"共 557 例，其句法特征有五：一是表示"拜谒"，一般不带宾语；二是带指人名词宾语，除了表示"拜谒"之外，还有"请求"等；三是带指物名词宾语，表示请求对方给予的物品或命令；四是后面跟动词短语；五是后面跟小句。后面两种都可以表示两种意义："请求对方允许做某事"或"请求某人做某事"。下面分别加以说明。

（一）不带宾语

（1）唯我郑国之有请谒焉。(《左传·隐公十一年》)
（2）吾助子请。(《左传·僖公五年》)

例（1）"请谒"连用，表示拜谒，不带宾语；例（2）"请"表示请求，"吾助子请"表示"我帮助您申请"。两个"请"字均不带宾语。

（二）请+O$_人$

这种结构中的言语动词"请"的基本义素是"请求"，但"请求"不足以概括其词义，因为它还含有其他义素，这可以从"请+O$_人$"的复杂语义配置中看到。如：

（3）单伯如齐，请子叔姬，齐人执之。（《左传·文公十四年》)

上例"请子叔姬"是"为子叔姬请求"，即"请求（送回）子叔姬"。

（4）公如齐，高固使齐侯止公，请叔姬焉。（《左传·宣公五年》)

上例"请子叔姬"意思是"向叔姬请求",即"请求(娶)叔姬为他的妻子"。

(5) 狄人归季隗于晋而请其二子。(《左传·僖公二十四年》)

"请其二子"的意思是"请求(留下)他的两个儿子"。

(6) 请东人之能与夫二三有司言者,吾与之先。(《左传·文公十三年》)

上例"请"的宾语是"东人之能与夫二三有司言者",整个小句的意思是"请(派)一位东边人而能够跟魏地几位官员说话的"。

表示军队、国家的名词也可以理解为广义的人,也属于这一类。如:

(7) 请师于邾。(《左传·隐公元年》)

"请"的宾语"师"表示军队。"请师于邾"表示"向邾国请军队",即请邾国(派遣)军队。

(8) 王使伯服、游孙伯如郑请滑。(《左传·僖公二十四年》)

"请"的宾语"滑"表示滑国,"请滑"意思是"为滑国请求",即"请求(不要攻打)滑国"。

综观以上各例,"请+O$_人$"并不表示"请求或邀请某人",宾语都不是被请者,而是某种事件中的人。这种组合中蕴含着某种事件,在翻译时往往需要补充一个动词,如"送回、留下、派遣、不要攻打"等。可见,《左传》中的"请"不是"请求",其中还蕴含着一种行为和事件。现代汉语中,"请"的这种用法消失。

(三) 请+O$_物$

(9) 及庄公即位,为之请制。(《左传·隐公元年》)
(10) 内史过往,闻虢公请命。(《左传·庄公三十二年》)

(11) 请隧，弗许。(《左传·僖公二十五年》)
(12) 敢请假道以请罪于虢。(《左传·僖公二年》)

以上各例中，"请"的宾语"制""命""隧""罪"都是事物，这些动宾短语都应翻译成"为宾语而请求"。现代汉语中，这种用法消失。

综合（二）（三）两种动宾短语来看，"请"带名词宾语往往都隐含着某种事件，整个短语表示"为了某事件而请求"。

（四）请+VP

事件往往概念化为动词，因此，"请"后的成分更多地表现为动词。这种用法在《左传》中占绝大多数。"请+VP"可以表达两种意思：一是请求对方允许说话人做某事，翻译成现代汉语是嵌套的使令兼语式；二是请求对方做某事，翻译成现代汉语是使令兼语式。无论是哪一种分析，都是兼语式。

1. 请求对方做某事

(13) 请杀我乎！(《左传·桓公十六年》)
(14) 请无扞采樵者以诱之。(《左传·桓公十二年》)
(15) 伐郑，请无与围郑。(《左传·僖公三十年》)

以上三例中，"请"后面的"杀我""无（勿）扞采樵者""无（勿）与围郑"都是动词短语。动词之后的动词性成分有两种可能的分析，一是认为其转指，分析为宾语，二是认为某保持动词性，分析为兼语小句（省略了兼语）。"请"字之后的这些成分都应当是兼语小句。这一点从例（14）和例（15）中可以看到，"无扞采樵者""无与围郑"都是祈使小句，保留着动词的特征。

2. 请求对方允许某人做某事

(16) 欲与大叔，臣请事之。(《左传·隐公元年》)
(17) 若弗与，则请除之，无生民心。(《左传·隐公元年》)

以上两例中，"请"后面的"事之""除之"也保留着动词的特征，"请事之""请除之"都是省略了兼语的兼语式。不过，与上一小类相比，还蕴含着"对方允许"的含义。翻译成现代汉语,是嵌套的兼语式。

(五)用于完整兼语式

与(三)(四)对应,"请"字兼语式也有两种意义,一种是"请求某人做某事"(请求-行为),另一种是"请求您允许某人做某事"[请求(-你允许)-行为],"你允许"意义是蕴含的,这种用法在《左传》中还不很普遍,只有十多例,前者略多于后者。

1. 请求-行为

(18) 请子奉之,以主社稷,寡人虽死,亦无悔焉。(《左传·隐公三年》)

(19) 请君释憾于宋,敝邑为道。(《左传·隐公五年》)

以上两例"请"字兼语式分别表示"请求你辅佐他""请您对宋国发泄您的遗憾(攻打宋国)",都可概括为"请求某人做某事"。

2. 请求(-你允许)-行为

(20) 我请昆弟仕焉。(《左传·僖公二十四年》)

(21) 苟请高氏有后,请致邑。(《左传·襄公二十九年》)

上面两例的意思分别是"我请求让我的兄弟去邢国做官""请求你允许高氏有后代","请"都含有"你允许"的意思。

总的来看,《左传》中的"请+VP"都是兼语式,以省略兼语为常,有两种语义类型。因此,"请"字一进入这种结构就成了使令动词,只是其所含的"致使"意义较弱。PP$_2$是兼语的强制性成分,兼语和PP$_2$中间不能添加停顿而使兼语式分裂成"请求某人做某事",因为《左传》中没有"请求某人"这样的说法。

二 《史记》中的"请"

《史记》中,"请"共出现731次,没有出现新的搭配,但"请+O$_人$"的语义关系有所变化,有的应解读为"请示+请示对象",有的应解读为"邀请+受邀对象",是不是还有其他变化?其他类型的变化则主要体现在量的方面。比较明显的是:《史记》中"请"后出现指人宾语的例子大大增多，指物宾语的例子相对萎缩；"请"后带动词性词语时表示"请求某人做某事"的用例也大为增加，表示"请求允许说话人做某事"的用例相对减少；兼语式的比重也有所增加。

（一）不带宾语

（1）臣请具刻诏书刻石，因明白矣。臣昧死请。（《史记·秦始皇本纪》）
（2）群臣皆伏固请。（《史记·孝文本纪》）

（二）请+O$_人$

与《左传》不同的是，《史记》中"请"带指人的受事宾语的例子大大增加，并且有很多宾语是交际时的听话人。我们一共找到 90 例。如：

（3）汉遣陆贾说项王，请太公，项王弗听。（《史记·项羽本纪》）

上例"请太公"即请求放回太公，这是承自《左传》的用法，VO 中还隐含一个事件。

（4）是后或力政，强乘弱，兴师不请天子。（《史记·诸侯年表》）请：请示。
（5）仪私於靳尚，靳尚为请怀王曰："……"（《史记·楚世家》）请：请示。

这是一种新用法，虽然 VO 中还预设着一个事件，但 O 已经指具体的被请之人，这种"请"应解读为"请示"。

（6）吴王阖庐请伍子胥、孙武曰："始子之言郢未可入，今果如何？"（《史记·吴太伯世家》）
（7）田乞请诸大夫曰："常之母有鱼菽之祭，幸来会饮。"（《史记·齐太公世家》）

这也是一种新用法，O 指具体的被请之人，这种"请"应解读为"邀请"。这是现代汉语中常见的基本用法之一。

（三）请+O$_物$

与《左传》相比，《史记》中这种搭配频率大大下降。我们一共找到 67 例，总量不及"请+O$_人$"，从比例来看，呈萎缩趋势。如：

（8）不如以地资公子郄，为请太子。（《史记·周本纪》）请太子：请求立为太子。太子是职位，不是指人。

（9）臣有母，请君食赐臣母。（《史记·郑世家》）

这是承自《左传》的用法，VO 中还隐含着一个事件。

（四）请+VP

《史记》中，"请"后跟动词短语的例子仍然占绝对优势，"请求某人做某事"的用例似乎多于"请求对方允许某人做某事"，这也是与《左传》不同的地方。

1. 请求某人做某事

（10）郦山徒多，请赦之，授兵以击之。（《史记·秦始皇本纪》）

（11）高祖欲去，沛父兄固请留高祖。（《史记·高祖本纪》）

2. 请求对方允许某人做某事

（12）少子胡亥爱慕请从，上许之。（《史记·秦始皇本纪》）

（13）臣请具刻诏书刻石，因明白矣。（《史记·秦始皇本纪》）

"请问"是这种结构中的一种常见形式。在《史记》中共有 5 例。如：

（14）请问余及死乎？（《史记·鲁周公世家》）

（15）请问亲魏奈何？（《史记·范睢蔡泽列传》）

（五）请+兼语式（29例）

1. 请求某人做某事

（16）卜请其鏊而藏之，乃吉。（《史记·周本纪》）
（17）子纠兄弟，弗忍诛，请鲁自杀之。（《史记·齐太公世家》）

2. 请求对方允许某人做某事

兼语式中的"请"一般表示"请求"，仅4例表示"请求允许"。如：

（18）颍阴侯灌何为将军，属太尉，请灌孟为校尉。（《史记·魏其武安侯列传》）

总的来说，从《左传》到《史记》，"请"的句法搭配没有明显变化，但同形搭配的意义变化微妙，增加了"请示""邀请"等义项；"请"后表示人的比重增加，表示物的比重减少；兼语式中表示"请求"的"请"的比重增加，表示"请求对方允许"的比重减少。这种变化似乎预示着："请"后的名词逐渐简化为指人名词，并且逐渐具体化为被请的对象，也逐渐和表示"请求某人做某事"的兼语式中兼语趋同。"邀请（某人）"义项的出现，也预示着"请求某人做某事"兼语式有可分裂为两个小句的可能。

三 《太平经》中"请"的使用情况

《太平经》中，"请"共出现104次，有三种搭配：①不带宾语；②带指人的名词宾语；③带动词短语，但没有兼语式。

（一）不带宾语（2例）

（1）行，六子努力请，真人学为小通，但未大睹天道意耳，加精勿懈。（《太平经·国不可胜数诀》）
（2）神家求请，满三不下，病不得愈，何为复请。（《太平经·病归天有费诀》）

(二) 请+O_人（2例）

(3) 使乐人居王乡，不得居王乡者，令乐人众人，亦向王（俞理明：此疑脱"乡"）请之，亦以其音，亦以其数。（《太平经·某诀》）

(4) 事邪神之家自言，我神正神者教其语，邪神精物，何时敢至天君之前，而求请人乎？（《太平经·病归天有费诀》）

严格来说，只有例（3）才是"请"带指人宾语，例（4）带宾语"人"的不是动词"请"，而是"求请"。以上二例中的宾语都是被请的对象，"请+O_人"并不蕴含另一个事件，翻译时不必翻译成"请某人（做某事）"或"请人（为某人做某事）"。与《左传》《史记》相比，这是《太平经》中的"请+O_人"最大的一个变化。这一用法延续到现代汉语中。

(三) 请+VP（25例）

(5) 此人年未满，期未至，请至期教其所报谢（《太平经·大功益年书出岁月戒》）

(6) 请遣使神取召上之，先化形容。（《太平经·善仁人自贵年在寿曹诀》）

如果"请"字前有较长的状语，状语和谓词之间可以停顿。如：

(7) 请于无知之处，思惟所言。（《太平经·大功益年书出岁月戒》）

《太平经》中除"请问"之外，"请+VP"均表示"请（你）做某事"，没有出现"请你允许某人做某事"的用例。这是《太平经》中的"请+VP"最大的一个变化，此外，由于书中主要是对话，兼语一般指交际对方而省略，没有出现完全兼语式。

（四）请问（75例）

《太平经》中表示"请你允许某人做某事"的只有"请问"一种形式，意思是"请允许我问"，占全书"请"字句的2/3以上，这种组合可能已凝固为词。如：

(8) 请问此书文，其凡大要，都为何等事生？（《太平经·试文书大信法》）

(9) 日益愚暗蒙不闿生谨再拜，请问一事。（《太平经·件古文名书诀》）

"请问"组合一直沿用至现代汉语之中，是现代汉语的礼貌用语，"请"仅表示礼貌态度。这在《太平经》中就已有表现。如：

(10) 真人："唯唯，请得尊天重地，敬上爱下，顺用四时五行可为（可为，所为），不敢为非也。"（《太平经·致善除邪令人受道戒》）

上例中，"请"字并不表示"请求"，仅表示礼貌态度。

总的来说，与《左传》《史记》相比，《太平经》的"请"的意义和用法有了多方面的变化。有些变化可能是语用表现，如兼语完全不出现；有的变化是语义句法的变化，如$O_人$只表示被请对象，"请+VP"基本不表示"请允许某人做某事"。此外，书中也没有出现"请+$O_物$"，应当也是语义句法变化的结果。

四 竺法护译经中的"请"

竺法护的19部译经中，除"谘请、请求、呼请、劝请、请问"等复合词12例之外，"请"共出现49次，可分为以下四类。

（一）不带宾语（2例）

(1) 长跪白请。（《柰女祇域因缘经》）
(2) 柰女向已前请。（《柰女祇域因缘经》）

(二) 请+O$_人$ (21例)

(3) 奋斯光明，遥请文殊。(《文殊师利净律经》)
(4) 于时梵志，请诸同学，五百之众。(《生经》卷1)

以上两例中的"请+O$_人$"与《太平经》一样，宾语都是被请的对象。

(三) 请+O$_物$ (3例)

"请+O$_物$"只见于"请命"，不见于其他组合。"请命"在此阶段应当已经成为复合词并一直沿用到现代汉语之中。

(5) 长跪请命。(《生经》卷3)
(6) 请命求哀于佛，令说经法。(《普曜经》卷7)

当然，当"命"加修饰成分时，可以移至句首。如：

(7) 宿命不请。(《生经》卷4)

(四) 请+VP

1. 请求某人做某事 (19例)

(8) 已无怨望，请召三界。(《文殊悔过经》)
(9) 诣于佛寺请受圣众。(《鹿母经》卷2)

2. 请求对方允许某人做某事 (1例)

(10) 请复闻一愿之事。(《奈女祇域因缘经》)

上例中，字面意思是"请你允许我再听某事"，而实际要表达的是"请你再说一说某事"，这与前一种类型是一致的。这种"请"可能已经成为一种表达礼貌语气的手段。此外，竺法护译经中还有"请问"3例。

（五）兼语式（3例）

(11) 王请梵志饭食。(《柰女祇域因缘经》)
(12) 紫金宝脚床，请仁坐此榻。(《普曜经》卷2)

总的来看，西晋竺法护译经中"请"的用法虽然比东汉《太平经》稍微复杂，但没有改变发展趋势：$O_人$只表示被请对象，原有的"请+$O_物$"逐渐凝固成词，不产生新的组合，"请+VP"基本不表示"请求对方允许某人做某事"，兼语式已经简化。

五 《全唐诗》中的"请"

《全唐诗》中，除标题之外，诗歌正文中"请"共出现420次，包括复合词"邀请、求请、请托、请诣、请告"等10例。其基本意义仍然是"请求"，可带名词宾语、动词宾语，还可构成兼语式。

（一）不带宾语（34例）

(1) 既迫王公屡请，方乃俯遂群心。(武则天《唐武氏享先庙乐章》)
(2) 绸缪阃外书，慷慨幕中请。(高适《同吕员外酬田著作幕门军西宿盘山秋夜作》)

（二）请+$O_人$（66例）

(3) 假山鬼兮请东皇，托灵均兮邀帝子。(司空曙《迎神》)
(4) 少君引我升玉坛，礼空遥请真仙官。(刘禹锡《八月十五日夜桃源玩月》)

与《太平经》和西晋竺法护的译经一样，这种"请"的宾语都是被请对象。

（三）请+$O_物$（60例）

《全唐诗》中，"请+$O_物$"的组合形式非常多，$O_物$主要有以下语义类型（括号内数字为用例数）：

战争类：命（1）缨（16）金枪（1）刃（1）旌旗（1）和（3）
诗歌类：诗（1）诗赋（1）歌（1）曲（1）玉笙（1）
服饰类：衣（1）衣裳（1）霓裳（1）
语言类：离辞（1）此语（1）
俸禄类：钱（4）俸钱（1）禄俸（1）俸禄（1）庶禄（1）俸缗（1）薄俸（1）
餐宴类：肉（1）银钥（1）金匙（1）
佛道类：玄（1）丹砂（1）佛力（1）业（1）
恩、罪类：罪（1）恩（1）恩泽（1）
其他：盟（1）假（3）开关（1）三千（1）半分（1）

可以看到，"请"的宾语涉及战争、官场、生活诸多方面。为何中古消失的"请+O$_物$"在此唐诗中大量出现？我们猜想，原因在于诗歌的字数限制，使得作者只能将事件隐含在"请+O$_物$"之中。如：

(5) 请缨不系越，且向燕然山。（李白《登邯郸洪波台置酒观发兵》）
(6) 临刑与酒杯未覆，雏家白官先请肉。（刘禹锡《城西行》）
(7) 兴来从请曲，意堕即飞觥。（刘禹锡《历阳书事七十韵》）
(8) 春设殿前多队舞，朋头各自请衣裳。（王建《宫词》）

（四）请+VP

《全唐诗》中，"请"后带动词短语的共有149例。"请"有两种意义，一种是"请求对方做某事"，另一种是"请求对方允许某人做某事"。

1. 请求对方做某事（121例）

(9) 嫖姚方虎视，不觉请添兵。（李约《相和歌辞·从军行三首》）
(10) 菊花应未满，请待诗人开。（许敬宗《拟江令于长安归扬州九日赋》）

2. 请求对方允许某人做某事（28例）

（11）请留盘石上，垂钓将已矣。（王维《青溪》）
（12）主人有酒欢今夕，请奏鸣琴广陵客。（李颀《琴歌》）
（13）请携天子剑，斫下旄头星。（聂夷中《胡无人行》）
（14）表请回军掩尘骨，莫教兵士哭龙荒。（王昌龄《从军行》）

"请求对方允许某人做某事"这种类型在中古几近消失，《全唐诗》中虽然不及前一种类型的1/3，但也不少。出现的原因可能是，很多诗歌往往是在友人相会时写的，用这种句式更能体现作者礼貌的态度和情调，使诗歌更有内涵，其特点与"请问"相似。

（五）完整兼语式

1. 请求对方做某事（106例）

（15）与君歌一曲，请君为我侧耳听。（李白《将进酒》）
（16）二十三弦何太哀，请公勿渡立徘徊。（温庭筠《拂舞词》）

2. 请求对方允许某人做某事（1例）

（17）倾酒请予歌，忽蒙张翁呵。（卢伦《与张擢对酌》）

上例的意思是"请让我唱歌"，这种类型在《全唐诗》中仅有1例。

（六）特殊兼语式（4例）

这种"请"字兼语式的特殊之处在于：兼语不是人，而是物，但这些句式可视为"请某人做某事"的变体：即省去施事，将PP_2中的宾语移位至兼语位置。如：

（18）何事夷门请诗送，梁王文字上声名。（刘禹锡《和令狐相公送赵常盈炼师与中贵人同拜岳及天台投龙毕却赴京》）
（19）渤海归人将集去，梨园弟子请词来。（刘禹锡《酬杨司业

巨源见寄》）

（七）"请+VP"与其他兼语式的并列使用

《全唐诗》中，兼语式并列使用现象也不罕见，如例（14）"请+VP"和"教+VP"对举。再如：

（20）令弟草中来，苍然请论事。（杜甫《送从弟亚赴安西判官》）
（21）已令拂拭光凌乱，请公放笔为直干。（韦偃画《戏为双松图歌》）
（22）请君诵此意，令彼惑者听。（元结《登殊亭作》）

总的来看，《全唐诗》中"请"的用法似乎有返古表现，主要表现在"请+$O_物$"和"请+VP"（"请求对方允许某人做某事"）的大量使用。不过，如果联系到格律诗句字数对句式的限制，这就不足为奇了。此外，《全唐诗》中完整兼语式的大量使用，也表明"请+兼语+VP"逐渐成为其主要用法。

六 《祖堂集》中的"请"

《祖堂集》中，不计复合词"请益、参请、祈请、邀请、诏请"等，"请"共出现248次。可分为以下类型。

（一）请+$O_人$（37例）

（1）则往请之，彼既受已，遂有民主名焉。（《祖堂集》卷1）
（2）镇州大王请赵州，共师斋次。（《祖堂集》卷19）

（二）请+$O_物$（3例）

（3）白饭请些子。（《祖堂集》卷12）
（4）大蜀皇帝响其德高，敕书请诏。（《祖堂集》卷19）

（三）请+O_人+O_物（3 例）

(5) 请师法号。(《祖堂集》卷 6)
(6) 请和尚安名。(《祖堂集》卷 6)

带双宾语是前述文献中所没有的现象。

（四）请+VP（70 例）

(7) 再三请传持，不可不受。(《祖堂集》卷 2)
(8) 请为示之。(《祖堂集》卷 3)

以上各例均表示"请求做某事"，这种用法在《祖堂集》中占 90%以上，共有 64 例，即便"请问"也是如此。如：

(9) 有疑请问。(《祖堂集》卷 8)

上例中，"请问"是"请你问"的意思，而不是"请你允许我问"。当然，"请求对方允许某人做某事"也有 6 例，都是对话中的礼貌用语。如：

(10) 不蹑前踪，更请一问。(《祖堂集》卷 6)
(11) 头陀若在此间过夏，某甲则陪随二头陀，便请代语。(《祖堂集》卷 6)

（五）完整兼语式（137 例）

(12) 婆舍斯多不会佛法，请王试之。(《祖堂集》卷 2)
(13) 弟子身患风疾，请和尚为弟子忏悔。(《祖堂集》卷 2)
(14) 某甲不识文字，请兄与吾念看，我闻愿生佛会。(《祖堂集》卷 2)

这种类型在《祖堂集》中超过一半，说明完整兼语式已成了"请"的主要用法。

根据以上分析可知，"请"在唐五代时期变成了典型的使令动词。

总的来看，《祖堂集》中"请"的用法与《全唐诗》有较大区别，但与中古时的几种文献，如《太平经》和竺法护的译经基本相同，这也证实了《全唐诗》的特殊现象是受诗歌语言影响。"请"自中古以来就已经基本丢失了"请+$O_物$"组合，"请+VP"和完整兼语式也基本只用来表示"请求某人做某事"，"请求对方允许某人做某事"用法虽偶尔可见，但都是礼貌用语。

小结

下面，我们把"请"在上述各种文献中的使用情况统计如下（见表3-12）。

表3-12　"请"在七种文献中的各项数据统计

		《尚书》	《左传》	《史记》	《太平经》	《竺译经》	《全唐诗》	《祖堂集》
不带宾语		0	61	52	2	2	34	0
请+$O_人$			62	90	2	21	66	37
请+$O_物$			55	67	0	3	60	3
请+$O_人$+$O_物$			0	0	0	0	0	3
请+VP	请求做某事		96	193	25	19	121	64
	请求你允许某人做某事		266	300	75	1	28	6
完整兼语式	请求做某事		11	25	0	3	106	137
	请求你允许某人做某事		6	4	0	0	4	0
小计		0	557	731	104	160	437	8

从上古到近代，使令动词"请"的形成和发展有如下特点。

1. 从"拜谒"引申出"请求"义项之后，其意义虽有诸多细微变化，但其核心义素［+请求］始终未丢失。不管是做带名词宾语的普通言语动词，还是带动词短语或者用于完整兼语式，它都保留着这一核心义素。

2. 从上古《左传》至近代《祖堂集》，"请"都兼有普通言语动词和使令动词两个义项，作为使令动词，与之搭配的PP_2都只能是行为动词，所以它始终没有虚化为抽象"致使"。

3. "请"常用于对话语境,受礼貌原则影响,常用来表述礼貌态度。

4. "请"带动词短语或者用于兼语式,最初可以表述两种内容:一种是"请求某人做某事",另一种是"请求对方允许某人做某事"。随着时间推移,后一语义类型渐渐消失,只见于某些应用礼貌语的凝固形式。

5.《左传》中"请"带 $O_人$ 时,不表示"请求、邀请",这一情况到《史记》发生了变化,$O_人$ 逐渐变成被请对象,向"请某人做某事"和"请求对方允许某人做某事"中的"某人"("某人"既可以指听、说双方的任一者,又可以指听、说双方之外的第三者)逐渐趋同。在变化之前,兼语式是不可分解的,变化之后,兼语式开始具备了赵元任(1979)所说的可分解性。

第九节　其他使令动词的形成和发展

除了上述"使、令、遣、教、命、致、让、请"之外,汉语史上还出现过其他一些使令动词,如"俾、敕、劝、唤"等。下面简要说明。

一　俾

"俾"用作使令动词主要见于先秦,后世通语不用,但存于吴方言。

(一)《尚书》中的"俾"

《尚书》中,"俾"12 例,有三个义项,一是"使用",行为动词;二是"顺从",行为动词;三是"致使",使令动词。

1. 行为动词

a. 使用、任用(2 例)

(1) 天齐于民,俾我一日,非终惟终,在人。(《尚书·吕刑》)

上例中,"俾"表示"任用","俾我一日"意为"暂时任用我们"。[①]

b. 顺从、跟从(2 例)

---

① 译文和释词均录自周秉均《尚书译注》,岳麓书社 2001 年版。

(2) 承汝俾汝惟喜康共，非汝有咎比于罚。（《尚书·盘庚中》）

上例中，"俾"表示"顺从"，"俾汝惟喜康共"的意思是"顺从你们喜欢安乐和稳定的心愿"。

2. 使令动词

a. 致使-行为（5例）

(3) 下民其咨，有能俾乂？（《尚书·尧典》）
(4) 俾暴虐于百姓，以奸宄于商邑。（《尚书·牧誓》）

例（3）中，"有能俾乂"可解读为"有没有能够派去治理（洪水的人）"，但将"俾"解读为抽象"致使"也是讲得通的，此例体现了其由行为动词向使令动词的变化。例（4）中，"俾暴虐"的意思是"使他们残害老百姓"，俾：致使。这几个兼语式都可以解读为"致使-行为"。

b. 致使-状态（3例）

这种用例只出现在《秦誓》中，属于春秋时期才出现的用法。如：

(5) 惟截截善谝言，俾君子易辞，我皇多有之！（《尚书·秦誓》）
(6) 人之彦圣，而违之，俾不达。（《尚书·秦誓》）
(7) 责人斯无难，惟受责俾如流，是惟艰哉！（《尚书·秦誓》）

以上三例中，"俾君子易辞""俾不达""俾如流"的意思分别为"使君子容易疑惑""使他不顺利""使它如流水一样地顺畅"。

总的来看，《尚书》中"俾"已经主要用来表述抽象"致使"义，已成为使令动词。

(二)《左传》中的"俾"

《左传》中"俾"共10例，另有3例出自引文，不能视为《左传》语料。用例虽然远远少于"使""令""命"等，但其虚化程度却是最高的。句法方面，"俾"只能用于兼语式，不能用于其他结构；从兼语小句的谓词来看，只有 1 例是普通行为动词，其余各例中的 PP$_2$ 都表示状态。

从这些来看，可以推断，"俾"只表示纯粹的"致使"义，而不包含"行为"义，语法化程度相当高。如：

1. 致使-行为（1 例）

（8）敢尽布之执事，俾执事实图利之！（《左传·成公十三年》）

2. 致使-状态（9 例）

（9）穆公不忘旧德，俾我惠公用能奉祀于晋。（《左传·成公十三年》）

（10）哿矣能言，巧言如流，俾躬处休。（《左传·昭公八年》）

以上两种类型中，例（8）"俾"表示抽象"致使"，"图利"是行为动词，"俾执事实图利之"表述"致使-行为"；后两例中的"用能奉祀""处休"都表示状态，所以"俾"都表示抽象"致使"。

与《尚书》相比，《左传》中的"俾"失去了行为动词用法，用于兼语式时，更多地表述"致使-状态"，可见"俾"的虚化程度高于前者，可以说，至战国早期，"俾"已经成为典型的使令动词。

（三）《史记》中的"俾"

《史记》中"俾"共 8 例，多见于引言或典故，只有两例是西汉语料。如：

（11）作春秋一艺，将袭旧六为七，摅之无穷，俾万世得激清流，扬微波，蜚英声，腾茂实。（《史记·司马相如列传》）

（12）义之不图，俾君子息。（《史记·三王世家》）

以上两例均表述"致使-状态"，"俾"是抽象"致使"。例（11）为司马相如赋中的句子，只有例（12）勉强可视为《史记》语料，是司马迁的仿古用语。可以说，至西汉时，受"使、令"的兴起的影响，"俾"

在通语中基本消失，只保留在个别方言之中。

（四）《全唐诗》中的"俾"

西汉以后，《太平经》、竺法护的19部译经、《世说新语》《齐民要术》等文献中，"俾"字都没有出现，但是在《全唐诗》中，共有36例，除1例用为行为动词外，其余各例都是使令动词，表述"致使-行为"或"致使-状态"。如：

(13) 昭昭有唐，天俾万国。(贺知章《唐禅首乐章·太和》)
(14) 圣主乃东眷，俾贤拯元元。(韦应物《登高望洛城作》)
(15) 阴阳迭用事，乃俾夜作晨。(刘禹锡《有僧言罗浮事，因为诗以写之》)

以上三例中，例（13）"俾"是行为动词，后面两例是使令动词，分别用于"致使-行为"和"致使-状态"兼语式。总体来看，《全唐诗》中用得比较少，李白、杜甫、白居易所作的口语化程度高的诗歌均未使用。我们猜想，《全唐诗》中出现"俾"，一方面是因为部分诗人仿古以求雅，另一方面是使用方言词。

（五）《祖堂集》中的"俾"

《祖堂集》中"俾"有3例，均带兼语小句。如：

(16) 俾冠禅俟于东土，往钦哉。(《祖堂集》卷17)
(17) 若得东人可目击者，畎渠道中，俾慧水丕胃于海隅，为德非浅。(《祖堂集》卷17)

上面两例中，兼语式分别表示"致使-行为"和"致使-状态"。

使令动词"俾"产生于战国之前，但使用频率不高，这与当时使令范畴使用频率不高有密切关系。战国以后其他使令动词逐渐兴起，又被后起的使令动词取代。但《全唐诗》《祖堂集》中又有使用，估计与吴方言有很大关系。现代吴语中，仍然有表示纯粹致使的"俾"，很可能来源于上古的"俾"。不过也有学者认为现代吴方言中的"俾"是由"把"演变而来。具体情况有待进一步研究。

二 敕

(一)《尚书》中的"敕"(5例)

《尚书》中,"敕"是言语动词,"教导、告诫"的意思,与"教"意义相同。只带言语内容做宾语。如:

(1) 天叙有典,敕我五典五惇哉!(《虞书·皋陶谟》)
(2) 敕天之命,惟时惟几。(《夏书·益稷》)

我们从《左传》没有找到用例。先秦文献中,"敕"的使用不是很多。

(二)《史记》中的"敕"(2例)

《史记》中,"敕"仍是言语动词,表示告诫。如:

(3) 余每读虞书,至於君臣相敕,维是几安。(《史记·乐书》)
(4) 哀公立十年卒,湣公子敕立,是为出公。(《史记·陈杞世家》)

(三)《太平经》中的"敕"

《太平经》中,单用的"敕"共有88例,主要用作言语动词,宾语可以是受事、言语内容。此外,"敕"也可以构成兼语式。

1. 言语动词(76例)

(5) 为天除咎,以敕至德,以兴王者。(《太平经·案书明刑德法》)
(6) 故敕之以书文。(《太平经·使能无争讼法》)

以上各例"敕"表示"教导",可以替换为"教"。例(5)中"敕"所带的宾语"至德"是言语内容,例(6)"敕"的宾语"之"指代言语对象。

"敕"与"教"意义大体相当,但下例中二者同见于兼语句时,"教"用作使令动词,而"敕"用作普通言语动词,似乎表明二者有差别。如:

(7) 故教吾敕真人,以书付上德之君。(《太平经·万二千国始火始气诀》)

2. 教导-行为(12例)

(8) 故比比敕真人传吾书。(《太平经·四行本末诀》)
(9) 其老弱妇女有善言者,且敕主者赐之。(《太平经·作来善宅法》)

受连用成分的影响,"敕"的意义似乎变成了"命令"。连用的使令动词只用于"教导/命令-行为",作为使令动词的典型性不高,并不表示抽象"致使"。如:

(10) 而今天师都开太平学之路,悉敕使人为道德要文,不得蔽匿。(《太平经·妒道不传处士助化诀》)
(11) 令敕天官神给姓名,勿令空乏。(《太平经·大功益年书出岁月戒》)

刘文正(2015)认为,"和'教'相比,'敕'作为使令动词的程度不如'教',一则因为其用作行为动词的比例要远高于使令动词,二则因为它只能用于致使某种事件发生,不能用于致使某种情状出现,'教导'的语义痕迹还较浓"。

(四) 竺法护译经中的"敕"

竺法护的19部译经中,除复合词"诫敕、敕教、促敕、敕使令、告敕、敕使、命敕"等11例之外,"敕"共出现53次。

1. 言语动词(38例)

表示"告诫、命令"。如:

（12）圣王即敕诸臣下。(《生经》卷 4)
（13）皆敕众兵勿有遗漏。(《普曜经》卷 3)

2. 命令-行为（15 例）

（14）王闻踊跃，即敕严驾。(《普曜经》卷 2)
（15）敕婢持弃着巷中。(《柰女祇域因缘经》)

可与使令动词"令"嵌套使用。如：

（16）即敕外人令捕。(《生经》卷 5)

"敕"可和其他使令动词连用。如：

（17）欢悦入启白，王敕使令前。(《普曜经》卷 2)

(五)《世说新语》中的"敕"

1. 言语动词（5 例）

表示"告诫、命令"，带受事宾语，还可再带直接引语。如：

（18）峻密敕左右。(《世说新语·规箴》)
（19）因敕儿孙："勿复学书。"(《世说新语·巧艺》)

上例中，"敕"带受事"儿孙"做宾语，其后又有直接引语。

（20）敕世子毗曰："夫学之所益者浅，体之所安者深。"(《世说新语·赏誉》)

2. 命令-行为（7 例）

（21）敕雄复君臣之好。(《世说新语·方正》)
（22）敕船官悉录锯木屑。(《世说新语·政事》)

《世说新语》中，"敕"的使用频率不高，在中古阶段已成为使令动词，但同时也保留了言语动词的用法。

（六）《全唐诗》中的"敕"

1. 言语动词（37例）

（23）敕厨倍常羞，杯盘颇狼藉。（杜甫《郑典设自施州归》）
（24）仙官敕六丁，雷电下取将。（韩愈《调张籍》）

2. 命令-行为（4例）

（25）须臾觅得又连催，特敕街中许然烛。（元稹《连昌宫词》）
（26）敕设熏炉出，蛮辞咒节开。（王建《送郑权尚书南海》）

"敕"与"使"形成复合使令动词。如：

（27）剑外春天远，巴西敕使稀。（杜甫《巴西闻收宫阙，送班司马入京》）

可以看到，《全唐诗》中"敕"的使令动词用法已萎缩，渐趋消失。

（七）《祖堂集》中的"敕"

《祖堂集》中，"敕"共出现62次，其中名词1例，言语动词48例，使令动词9例，复合使令动词"敕令"4例。使令动词均表示"命令、派遣-行为"。如：

（28）王乃敕诸力士积诸香薪，欲焚维之。（《祖堂集》卷1）
（29）至德二年，肃宗敕徙荆州，住开元寺。（《祖堂集》卷3）

综观先秦到近代，"敕"的使用频率远不如其他使令动词，且其演化程度不高，始终具有"教导、命令"等行为特征，没有演化出抽象"致使"义。

三 劝

上古和中古文献中,"劝"可以带谓词性宾语,如"劝学""劝耕"等。但很少用于兼语式。这种情况到唐代发生了变化。下面简要说明。

(一)《尚书》中的"劝"(11例)

《尚书》中,"劝"均为言语动词,有"劝勉、教导"的意思。如:

(1) 在昔上帝割申劝宁王之德,其集大命于厥躬?(《尚书·周书·君奭》)
(2) 尔尚明时朕言,用敬保元子钊弘济于艰难,柔远能迩,安劝小大庶邦。(《尚书·周书·顾命》)

例(1)中,"劝"的宾语"宁王之德"是言语内容;例(2)中,"劝"的宾语"小大庶邦"是受事。

(二)《左传》中的"劝"

1. 言语动词(24例)

言语动词"劝"既可以带受事宾语,也可以带言语内容做宾语,各占一半。如:

(3) 犹将十世宥之,以劝能者。(《左传·襄公二十一年》)
(4) 古之治民者,劝赏而畏刑,恤民不倦。(《左传·襄公二十六年》)

例(3)的宾语"能者"是受事,例(4)的宾语"赏"是言语内容。"赏"本是动词,这里转指客体。但有些动词是否发生转指,并不明确。如:

(5) 郑人劝战,弗敢从也。(《左传·宣公十二年》)
(6) 子其劝行!(《左传·襄公二十八年》)

例(5)和例(6)中"劝"的宾语"战""行"似乎并不宜于分析为转指。在这种动词宾语前面出现施事的情况下,就可以分析为使令动词了。

2. 劝导-行为（6例）

从形式上看，虽已成为兼语动词，构成兼语式，但意义没有变化，还不是使令动词。如：

（7）二子见诸侯之师而劝之济，济泾而次。（《左传·襄公十四年》）

（8）处则劝人为祸，行则数日而反。（《左传·昭公二十九年》）

《左传》中，"劝"带受事宾语及用于兼语式，意义并没有变化，在句法上可能是自由的，所以还是言语动词，而不是使令动词。

(三)《史记》中的"劝"

《史记》中，"劝"共出现49次，用法与《左传》一样丰富，不同的是，兼语式的例子大大增多。

1. 言语动词（19例）

言语动词"劝"既可以带受事宾语，共有10例；也可以带言语内容做宾语，共有9例。如：

（9）群公尽惧，唯太公强之劝武王，武王于是遂行。（《史记·齐太公世家》）

（10）及诸校尉畏亡将军而诛之，莫相劝归。（《史记·匈奴列传》）

例（9）的宾语"武王"是受事，例（10）的宾语"归"是"劝"的言语内容。

2. 劝导-行为（30例）

（11）子不如劝秦王伐齐。（《史记·孟尝君列传》）

（12）朕素服避正殿，将军其劝士大夫击反虏。（《史记·吴王濞列传》）

(四)《世说新语》中的"劝"

《太平经》中"劝"只出现 2 次,都用作言语动词,难以说明问题。《世说新语》中"劝"共出现 17 次,不包括复合词"劝勉"和引语"劝学"。

1. 言语动词(9 例)

(13) 顾孟著尝以酒劝周伯仁。(《世说新语·方正》)
(14) 因举酒劝之曰:"故自佳!故自佳!"(《世说新语·言语》)
(15) 劝尔一杯酒。(《世说新语·雅量》)

以上三例中,"劝"分别带受事宾语、受事宾语及直接引语、双宾语。全书中,带受事宾语 3 例;带受事宾语及直接引语,2 例;带双宾语 4 例,其中近宾语指人,远宾语指物——酒,这是前面考察的文献中不存在的现象。如:

2. 劝导-行为(8 例)

(16) 州府文武及百姓劝淮举兵。(《世说新语·方正》)
(17) 骠骑劝之令仕。(《世说新语·栖逸》)

总体来看,《世说新语》中,两种类型大体相当。

(五)《全唐诗》中的"劝"

《全唐诗》中,"劝"作为言语动词,可以表示:①"奖勉";②"劝导";③"规劝、谏诤";④"祝福、祝愿"等。作为兼语动词,主要用于"劝导-行为",偶尔有 PP_2 是形容词,但也暗含事件。

1. 言语动词(273 例)

(18) 文翁劝学人应恋,魏绛和戎戎自休。(薛能《送崔学士赴东川》)
(19) 惆怅银杯来处重,不曾盛酒劝闲人。(白居易《独酌忆微之》)
(20) 向来暎当时,岂独劝后世。(杜甫《八哀诗·赠秘书监江

夏李公邕》）

（21）春衣试稚子，寿酒劝衰翁。（刘长卿《岁日作》）

以上四例"劝"均带受事宾语，分别表示"奖勉""劝导""规诤""祝福"。

2. 劝导-行为（234例）

（22）厌听秋猿催下泪，喜闻春鸟劝提壶。（白居易《早春闻提壶鸟，因题邻家》）

（23）劝人莫折怜芳早，把烛频看畏晓催。（李绅《滁阳春日怀果园闲宴》）

《全唐诗》中，"劝"用于"劝导-行为"且PP_2为动词有230例，只有4例PP_2为表示状态的词语，如：

（24）劝君酒杯满，听我狂歌词。（白居易《狂歌词》）
（25）君今劝我醉，劝醉意如何。（元稹《酬乐天劝醉》）

总的来说，"劝"除了在西汉时用于"劝导-行为"兼语式明显多于普通言语动词之外，其余各时代两种类型相差不大，这种状态至今如此，通常情况下，兼语和PP_2之间可以停顿，且从来没有失去其词汇意义。因此，它始终未成为使令动词。

四 唤

（一）竺法护译经中的"唤"

"唤"上古难觅，可靠的例子见于汉代。王褒《洞箫赋》："哮呷呟唤，跻踬连绝，淈殄沌兮。"其中的"唤"是"呼叫、呼喊"的意思，与"呼"同义。西晋竺法护的19部译经中共出现15次，大多用为言语动词，只有个别文献中可以带宾语。

1. 唤+NP

（1）唤祇域问言。（《柰女祇域因缘经》）

上例中"祇域"是"唤"的受事宾语。

2. 唤+VP

"唤"之后还可以出现动词,可以视为"唤"的言语内容宾语,也可以分析为省略兼语的兼语式。如:

(2) 敕守门人唤入。(《奈女祇域因缘经》)

还有"唤""令"连用,共带宾语。如:

(3) 唤令众人,则可收执。(《生经》卷2)

(二)《宋书》《南齐书》中的"唤"

两部史书均著于南朝,其中"唤"共有19例,主要带受事宾语,用于兼语式的例子总共5例,表述"呼叫-行为"。如:

(3) 诞见符至,大怒,唤饶入。(《宋书》卷七十九)
(4) 臣累遣书信唤法亮渡。(《南齐书》卷四十)

(三)《北齐书》中的"唤"

《北齐书》著于唐朝,其中"唤"共有18例,其中用于兼语式的有10例。兼语式有两种类型,一种表示"叫/要求-行为",即"叫某人做某事",另一种表示"称-作",即"把……叫作……"前者是主要形式。如:

(5) 太后大怒,唤后出。(《北齐书》卷九)
(6) 我初不唤君食,亦不共君语。(《北齐书》卷二十三)
(7) 帝怒曰:"谁是尔叔?敢唤我作叔!"(《北齐书》卷十一)

(四)《全唐诗》中的"唤"

不过,《全唐诗》中"唤"共出现233次,用于兼语式的只有37例。表示"叫/要求-行为"的兼语式是主体。如:

（8）唤人呈楚舞，借客试吴钩。（郑锡《杂曲歌辞·邯郸少年行》）

（9）上阳柳色唤春归，临渭桃花拂水飞。（张说《奉和圣制初入秦川路寒食应制》）

（10）里中无老少，唤作癫儿郎。（元稹《遣兴》）

（五）《祖堂集》中的"唤"

《祖堂集》中，"唤"有135例，带兼语小句84例。也包括"叫/要求-行为"26例，"称-作"58例，但后者有"唤作"连用48例，显然已凝固成词。如：

1. 叫/要求-行为

（11）师唤主事具陈前事。（《祖堂集》卷4）
（12）庄主唤侍者对客。（《祖堂集》卷4）

2. 称-作

（13）汝唤什摩作这个？（《祖堂集》卷6）
（14）取即且从，赞梨且唤什摩作老僧头？（《祖堂集》卷8）

3. 唤作

（15）三七是十，唤作二一，岂非弄贫道？（《祖堂集》卷3）
（16）此唤作什摩人？（《祖堂集》卷6）

从上面各种情况来看，不管是哪种形式，"唤"的基本意义不变，均为"叫、呼唤"之意，所以，它还是可用于兼语式的言语动词，至少不够典型。

五 其他

除了以上述及的词语，汉语史上还出现了其他一些兼语动词，如"着、要"，又如"催、促、谓"等。冯春田（2000）指出，"着"可用于兼语式，始于中古，"要"用于兼语式，大约始于唐代。刘文正（2015）指出，"催、促"用于兼语式，已见于《太平经》。不过，这些词语都没有虚化为抽象"致使"，在不在兼语式，词义没有明显差别，所以还不是使令动词，至少不是典型的使令动词。

至于"谓"用如兼语动词，相当于"使/令"（命令），很早就有用例。如：《诗·小雅·出车》："自天子所，谓我来矣。"马瑞辰《诗经传笺通释》："《广雅》：'谓，使也。'谓我来，即使我来也。"高亨《诗经今注》："谓，犹命，口头命令。"马氏、高氏所述是正确的。除了《诗经》，《左传》中亦有此用法。如：

（1）谓陈人无动，将讨于少西氏。（《左传·宣公十一年》）
（2）公若从，谓曹氏勿与，鲁将逐之。（《左传·昭公二十五年》）
（3）子明谓桐门右师出，曰："……"（《左传·定公九年》）

以上三例中，"谓陈人无动"意思是"命令陈国人不要惊慌"，"谓曹氏勿与"意思是"要曹氏不要答应亲事"，"谓桐六右师出"意思是"子明要乐大心出国（迎接）"，"谓"均表示"命令、要求"。

这种用法汉代沿用。如：

（4）越王谓范蠡杀吴王，蠡曰："臣不敢杀主。"（袁康《越绝书·请籴内传》）

不过，汉代以后，"谓"的这种用法已经很难找到用例了。

本章总结

以上我们主要选取了《尚书》《诗经》《左传》《史记》《太平经》，竺法护的19部译经，《世说新语》《齐民要术》《全唐诗》《祖堂集》作为代表，考察了上古至中古"使、令、遣、教、命、致、让、请、俾、敕、劝、唤、谓"等使令动词的形成和发展。通过考察可知，使令动词在形成和发展过程中有如下特点。

一 使令动词的来源

使令动词的前身都是普通动词,绝大多数是使役义言语动词,如"令、教、命、让、请、敕、劝、唤"等,其他词语如"使、遣、致"等表示动作行为,也与言语相关。

二 使令范畴形成的基础

具有使役义,是使令动词形成的基础;还需要有特殊句法结构——兼语式,以及特殊的语用条件——PP_2是焦点信息,V_1只表明施、受之间的致使关系。

使令范畴是个动态平衡的系统。唐代以前"使、令"长期处在核心位置,此后,其核心地位受到冲击,到现代汉语中,虽然还比较常见,但在口语中的核心地位已让给"教(叫)、让"。有的词语接近核心,但由于使用频率较低,始终未能成为核心,如"致"。有的词语一度接近核心,但最终未能成功,如"请、遣"等。有的词语由于使用范围有限,语义变化不彻底,一直处于边缘,如"命、敕、劝、唤、谓"等。

三 使令范畴的形成和发展时代

使令范畴的形成经历了多个阶段。从以上分析中可以看到,这种范畴的源头或为具有"使役"义的行为动词或言语动词,然后用于兼语式,依次表述"派遣/命令/教导-行为","容让-行为"和"容让-状态","致使-行为","致使状态"广泛应用,最终变为典型的使令动词。只有泛化为上位概念——抽象"致使"时,因这种意义不足以传递一个完整的信息单位,需要一个强制性成分(PP_2)附于其后,它才变成使令范畴。具体来说是:

具有"使役"义的行为动词或言语动词:未变阶段;
用于兼语式,依次表述"派遣/命令/教导-行为":始变阶段;
"容让-行为"和"容让-状态":中间阶段;
"致使-行为":形成阶段;
"致使状态"广泛应用:成熟阶段。

《左传》中,"使""俾"等已有抽象"致使",这个时候使令范畴已经形成,但广泛应用是在东汉。东汉才是使令范畴的成熟阶段,使令范畴成熟以后，又进一步发展壮大，唐代以后趋于稳定。

不同的使令动词形成的时代不同。如：

"俾"在战国以前就已形成，但其使用频率不高，当时的语义、句法条件也无须广泛使用，未完全成熟就被后起者替代，只存于某些方言之中；

"使、令"在战国早期成为使令动词，东汉发展成熟；

"致"在东汉成为使令动词，但使用频率一直低于普通动词用法；

"遣、教、让"在唐代才成为使令动词，但"遣"很快就被淘汰，后二者一直沿用至现代汉语，并成为常用使令动词；

"请"在战国早期成为句法上较典型的使令动词（PP_2是强制成分），但语义没有明显变化，随着其在做普通动词时的意义逐渐与兼语式中的意义趋同，使PP_2的强制性减弱，反而使其典型性降低（可从中分裂为两个小句）；

"命、请、敕、劝、唤"等可用于兼语式，具有使役意义，但意义始终没有丢失，始终没有演变成典型的使令动词。

四 发展路径比较

使令动词发展的基本路径是：

行为动词→行为$_1$-行为$_2$→容让-行为 →致使-行为 →致使-状态
第一阶段　第二阶段　　　第三阶段　　第四阶段　　第五阶段

"使、令、遣、教"四者均经历了五个阶段。"俾"也是如此，但只保留在方言中。

但"命、请、谓、敕、劝、唤"并没有经历完整的过程，只从第一阶段走到第二阶段，就没有再沿着这条路径演变下去。

动词的词义有差异，演变方向和路径也不一致。以上11个词语最初都含有"使役"义，所以演变方向相同，但"致、让"不包含"使役"义，其演变方向就有差异。"让"的演变路径是：

行为动词 → 容让-行为 → 命令-行为 → 致使-行为 → 致使-状态

使令动词"让"的形成，受到了"教"的逆向类推作用。我们还注意到，"使、令、遣"等词在演变过程中都曾有过"容让"义，但多与否定、条件相关，并未像"让"一样最终演变为被动标记。"教""让"最终演变为被动标记，是因为它们有稳定的"容让"义，导致它们最终有此演变。

使令动词"致"的演变路径是：

行为动词 → 结果状态动词 → 带谓词宾语 → 容让-行为 → 致使-状态

五　PP$_2$的地位变化

从行为动词发展为使令动词，PP$_2$逐渐成为被强制成分，否则，句子不成立，表示"致使-状态"的兼语式无不如此。但在抽象"致使"义产生之前，PP$_2$所受到的强制并不很强烈，可以独立成小句（当然，能否独立成小句，还要看有没有韵律的约束）。但从文献所展示的情况来看，"请"字兼语式是例外。最初，"请"字兼语式表述"请求（你允许）某人做某事"，其中的PP$_2$——"做某事"是强制性成分，但随着"请O$_人$"与兼语式中"请"字意义的趋同，PP$_2$的受强制性减弱，在不受韵律或其他因素约束的情况下，可以独立成句。

第四章

复合使令动词的形成和发展

中古以降,汉语词汇复音化大大加强。刘文正(2015)指出,《太平经》的复音动词占动词总量的 64.2%,这个比例甚至高于现代汉语,造成这种现象的原因是"东汉时复合动词还不稳定,同一意义可能会产生比现代汉语更多的复合形式"。与此相应,复合使令动词从东汉开始出现,但大多没有留存至今,其兴衰在一定程度上反映了汉语词汇复音化的历史进程。

第一节 《太平经》中的复合使令动词

前文已述,使令范畴在东汉已经发展成熟,单音节的"使、令"等使用频繁。与此同时,《太平经》中还出现了很多复合使令动词,如:令使、遣令、使遣、令敕、敕令、敕使、使令、教使、令致、致令等。

一 令使

《太平经》中,"令使"只表述抽象"致使",共有 62 例,频率甚至高于很多单音使令动词,但《汉语大词典》未收。有三种用法:

（一）致使-行为（12 例）

(1) 凡书文各自有家属,令使凡人各出其材,围而共说之。（《太平经·校文邪正法》）

(2) 欲报父母之怨,令使火行,多灾怪变,生不祥祆害奸猾。（《太平经·断金兵法》）

以上两例中，"令使"均表示"致使"，前面往往有事件小句，PP$_2$均为行为动词。其整体意义是：

致使者做某事或处在某种状态，"令使"致使对象做某事。

（二）致使-状态（42例）

（3）天地主生，人反乱其阴阳，故令使人无后也。（《太平经·移行试验类相应占诀》）

（4）今唯天师更开示之，令使大觉悟，深知其意，不敢复犯也。（《太平经·六罪十治诀》）

上面两例中，"令使"也表示"致使"，前面是事件小句，PP$_2$通常为状态成分，如存现动词、感知心理动词等。兼语式整体意义是：

致使者做某事或处在某种状态，"令使"致使对象处于某种状态。

（三）条件引入成分（10例）

用于复句的第一小句之首，引出一个虚拟条件，其后是相应的结果。这样，"令使"就有了解读为条件连词的可能。如：

（5）令使土地有不化生者，故州取其一女，以通其气也。（《太平经·一男二女法》）

（6）令使凶，当断其年，不可令久。（《太平经·不孝不可久生诫》）

不过，《太平经》中这种"令使"还只有1/6，还不能说它已完全变成了连词。

二 "使令"

义同"令使"，表述"致使-行为"。如：

（1）今天师独使令火行正神道，何也？（《太平经·火气正神道诀》）

此外，《太平经》中还有"令欲使"1例。如：

(2) 故令欲使其疾死亡，于其死不复恨之也。(《太平经·努力为善法》)

俞理明（2002）："令欲使，欲使。"甚是。"欲"是心理动词，"想要、希望"之意，"令""使"是使令动词。三者异质连用，"欲"介于其中，不合情理。"令欲使"当为"欲令使"之误。

三　遣令（1例）、使遣（1例）、遣使（2例）

均用于"派遣-行为"，还只是兼语动词，并非真正的使令动词。如：

(1) 但宜清洁，天遣令狩，不宜数见。(《太平经·有德人禄命诀》)
(2) 使遣下如天君教。(《太平经·有功天君敕进诀》)
(3) 请遣使神取召上之，先化形容。(《太平经·善仁人自贵年在寿曹诀》)

四　令敕（3例）、敕令（1例）、敕使（3例）、教使（1例）、敕教使（1例）

"敕、教"都有"教导、命令"义，与"令/使"组合也有此义。

(1) 令敕天官神给姓名，勿令空乏。(《太平经·大功益年书出岁月戒》)
(2) 先敕令勿犯神书。(《太平经·大功益年书出岁月戒》)
(3) 故敕使其拘校之者，乃天使吾下言也。(《太平经·拘校三古文法》)
(4) 君宜善开导其下，为作明令示敕，教使民各居其处而上书，悉道其所闻善恶。(《太平经·三合相通诀》)
(5) 敕教使道不明。(《太平经·乐生得天心法》)

以上例（1）—例（4）兼语式是"命令-行为"，兼语动词还有"命令"义，算不上使令动词，但例（5）表示"致使-状态"，是使令动词。

五 令致（1例）、致令（1例）

二者均表示"导致、致使"。如：

(1) 致令天时运转，乐王者乃长游而无事。(《太平经·急学真法》)

(2) 六日"无动乐衰休之气"，令致多衰病人。(《太平经·某诀》)

以上两例，"致令"表述"致使-行为"，"令致"表述"致使-状态"。

上述词语，"令使"为常见，其余用例均不多。绝大多数可表示抽象"致使"，少数词语尚保留行为动词义，但同词根的其他复合词可表示抽象"致使"。

第二节 中古其他文献中的复合使令动词

在前述19部竺法护译经、《世说新语》《齐民要术》等三种文献中，具有"使役"义的复合兼语动词为数不少，除已见于《太平经》的"令使、使令、教使、致令"等之外，又新出现了"呼使、使呼、使致、命使、教令、唤令、告令、敕使令、遣使令"等。总的特点是：数量不少，频率不高。

一 已见于《太平经》的复合使令动词

令使（2例）：只见于《齐民要术》，表示"致使-状态"。如：

(1) 日三过以炊帚刷治之，绝令使净。(《齐民要术·造神曲并酒》)

使令（2例）：只见于竺法护译经，可表示"致使-行为"和"致使-状态"。如：

(2) 使令耕种如前。(《生经》卷1)
(3) 至使令我不能发心所遣遗也。(《生经》卷5)

教使（1例）：只见于竺法护译经，表示"致使-状态"。如：

(4) 教使行毒不从言者，觉知魔不堕五阴。(《生经》卷4)

另外，还有"敕使"亦见于《太平经》，但在竺法护译经中只做行为动词，表示"教导"。此不赘述。

致令（1例）：只见于《齐民要术》，表述"致使-状态"。如：

(5) 相连必致令裹。(《齐民要术·作、奥、糟、苞》)

总的来看，《太平经》中的复合使令动词，上述三种文献中只出现了4个，且使用频率很低。

二　新见复合使令动词

（一）呼使（1例）、使呼（1例）：只见于竺法护译经，表示"命令-行为"。如：

(1) 遥遣人呼使来归。(《生经》卷5)
(2) 而遣人使呼之来还。(《生经》卷5)

（二）命使（2例）：可见于竺法护译经和《世说新语》，表示"容让-行为"。如：

(3) 国王闻之，命使作技。(《生经》卷3)
(4) 尝夜至丞相许戏，二人欢极，丞相便命使入己帐眠。(《世说新语·雅量》)

（三）使致（2例）：只见于竺法护译经，表示"致使-状态"。如：

(5) 遂使致是痴惑日甚。(《生经》卷4)

（四）教令（2例）：只见于竺法护译经，表示"致使-行为"。如：

(6) 其顺行者教令越法。(《文殊悔过经》)

（五）唤令（1例）：只见于竺法护译经，表示"要求-行为"。如：

(7) 唤令众人则可收执。(《生经》卷2)

（六）告令（1例）：只见于竺法护译经，表示"命令-行为"，相告并命令。如：

(8) 年朽不数现，王告令就坐。(《普曜经》卷2)

（七）命敕（1例）：只见于竺法护译经，表示"命令-行为"。如：

(9) 王即命敕国中诸上手医。(《奈女祇域因缘经》)

（八）敕使令（1例）：只见于竺法护译经，表示"命令-行为"。如：

(10) 欢悦入启白，王敕使令前。(《普曜经》卷2)

（九）遣使令（1例）、孚致（1例）：只见于竺法护译经，表示"命令-行为"。如：

(11) 佛遣使令行，孚致消息来。(《普曜经》卷8)

总的来看，东汉以后，中古文献中又出现了不少新的复合使令动词，但使用频率仍然不高，大多只有一两例。

第三节 《全唐诗》《祖堂集》中的复合使令动词

中古产生的复合使令动词基本没有沿用至唐代，但此阶段也出现了很多新的复合使令动词。随着"遣、教"的广泛使用,出现了很多以此为基础构造的复合使令动词。下面分"遣"类、"教"类和"其他"分别讨论。

一 "遣"类

(一) 遣教（1 例）：致使-状态，PP_2是形容词。如：

(1) 尽放农桑无一事,遣教知有太平年。（罗邺《河湟》）

(二) 从遣（6 例）：容让-行为/状态。如：

(2) 秋来莫射南飞雁,从遣乘春更北飞。（李益《送客还幽州》）
(3) 高逸诗情无别怨,春游从遣落花繁。（皎然《送如献上人游长安》）

(三) 驱遣（4 例）："差遣-行为"或"致使-行为"。如：

(4) 驱遣赤牛耕宇宙,分张玉粒种山川。（吕岩《七言》）
(5) 眼恶藏蜂在,心粗逐物殚。近来脂腻足,驱遣不妨难。（罗隐《鹰》）

(四) 致令遣（1 例）：致使-状态，PP_2是指示代词。如：

(6) 借问何因缘,致令遣如此。（拾得《诗》）

(五) 发遣（3 例）：派遣-行为。如：

(7) 发遣将军欲去时,略无情挠只贪棋。（孙元晏《晋·谢公赌墅》）
(8) 东家西家斫树枝,发遣野鹊巢何枝。（顾况《柳宜城鹊巢歌》）

（六）诏遣（4例）："派遣-行为"或"致使-状态"。如：

（9）玉衔花马蹋香街，诏遣追欢绮席开。（韩偓《锡宴日作》）
（10）轩辕诏遣中分作十二。（李贺《苦篁调啸引》）

二 "教"类

(一) 教令（1例）：教导-行为。如：

（1）教令参谒礼数全，头头要处相称掣。（李涉《却归巴陵途中走笔寄唐知言》）

(二) 劝教（1例）：教导-行为。如：

（2）惟有门人怜钝拙，劝教沈醉洛阳春。（李绅《七年初到洛阳》）

(三) 催教（1例）：致使-行为。如：

（3）诗名占得风流在，酒兴催教运祚亡。（徐振《雷塘》）

(四) 纵教（2例）："容让-行为"或"容让-状态"。如：

（4）朱绂纵教金印换，青云未胜白头闲。（司空图《新节》）
（5）怪石纵教遍，幽庭一任盘。（文丙《藓花》）

(五) 从教（16例）：同"纵教"。如：

（6）从教当路长，兼恣入檐斜。（元稹《感石榴二十韵》）
（7）从教水溅罗裙湿，还道朝来行雨归。（裴虔馀《柳枝词咏篙水溅妓衣》）

（六）任教（2例）：容让-行为/状态。2例。如：

(8) 白发任教双鬓改，黄金难买一生闲。(牟融《游报本寺》)
(9) 从遣鸟喧心不动，任教香醉境常冥。(皎然《同李著作纵题尘外上人院》)

（七）放教（5例）：容让-行为/状态。如：

(10) 谁把金刀为删掠，放教明月入窗来。(成彦雄《柳枝辞九首》)
(11) 莫把一名专懊恼，放教双眼绝冤仇。(杜荀鹤《献钱塘县罗著作判官》)

（八）许教（5例）：容让-行为。如：

(12) 许教门馆久踟蹰，仲叔怀恩对玉壶。（方干《别殷明府》）
(13) 谁料羽毛方出谷，许教齐和九皋鸣。(孟球《和主司王起》)

（九）忍教（18例）："容让-行为"或"容让-状态"。如：

(14) 未有进身处，忍教抛薜萝。(姚合《山中寄友人》)
(15) 何事玉皇消息晚，忍教憔悴向人间。(李九龄《上清辞五首》)

（十）惹教（1例）：致使-行为。如：

(16) 无端和泪拭燕脂，惹教双翅垂。(张泌《胡蝶儿》)

（十一）免教（12例）：免，避免，表述"避免致使-行为"，共7例；也可表述"避免致使-状态"，共5例。

1. 避免致使-行为。如：

(17) 免教争叫噪，沸渭桃花前。(元稹《春鸠》)
(18) 愿向明朝荐幽滞，免教号泣触登庸。(黄滔《投翰长赵侍郎》)

2. 避免致使-状态。如：

(19) 摆脱尘机上钓船，免教荣辱有流年。(欧阳炯《渔父歌二首》)
(20) 何似知机早回首，免教流血满长江。(佚名《南唐江州风坠诗》)

三 其他

(一) 致令（1 例）：容让-行为。如：

(1) 致令委金石，谁顾蠢蠕群（柳宗元《咏史》）

(二) 任听（1 例）容让-行为。如：

(2) 乱雪从教舞，回风任听吹。(徐凝《春寒》)

(三) 劝谏（1 例）：容让-行为。如：

(3) 刘妻劝谏夫休醉，王侄分疏叔不痴。(白居易《家酿新熟每尝辄醉妻侄等劝令少饮因成长句以谕之》)

(四) 致使（4 例）：《全唐诗》中共 3 例，《祖堂集》中 1 例，可表述"致使-行为/状态"。存于现代汉语，语义没有变化。如：

(4) 为留猛士守未央，致使岐雍防西羌。(杜甫《忆昔二首》)

(5) 意彼刑法，设以化人；致使无之，而化益纯。（元结《至理》）

(6) 便有张三李四，胡来汉去，四姓杂居，各亲其亲，相参是非互起，致使玄关固闭，识锁难开。（《祖堂集》卷9）

"致使"一词虽不见于前面所述文献，但实际上早已有之。如：

(7) 为国大臣，不能止戈除暴，致使凶贼兵刃向官，去欲何之！（《后汉书》卷56）

(8) 然援诚称龙伯高之美，言杜季良之恶，致使事彻时主，季良以败。（《三国志·魏书》卷27，裴松之注）

以上两例分别表述"致使-行为"和"致使-状态"。

（五）敕令（3例）：命令-行为，已见于《太平经》，但不见于上面所考察的中古其他文献和《全唐诗》，在《祖堂集》中又有用例。如：

(9) 天宝三年，敕令中使杨光庭往司空山采春藤。（《祖堂集》卷3）

(10) 帝乃闻之，敕令中使却往传诏取禅师。（《祖堂集》卷3）

（六）劝令（1例）：劝导-行为，仅见于《祖堂集》。如：

(11) 与之置馔，劝令出家。（《祖堂集》卷4）

附：使令动词+"得"：使得、令得、致得、教得

使得：是现代汉语中的常用使令动词，表示抽象"致使"，"得"已虚化，仅有陪衬作用，其后必须有宾语小句（吕叔湘，1980）。"使+得"最初有两种意义，一种是使令动词"使"和状态动词"得"组合，表示"［+致使+［得到+某物］］"，"得"带名词性宾语；另一种是"得"带谓词性词语，通常表述未然事件，其中"得"是助词，表示"能够"，修饰后面的行为动词，整个兼语式表示［+致使+［能够+行为］］。当出现"使+得+NP+VP"时，"使得"凝固成词，被现代汉语继承。

"使得"已见于《太平经》,共有 38 例,除两例存疑之外,都是短语,而不是词。如:

(12) 使得苏息之间深厚,非辞所报。(《太平经·大功益年书出岁月戒》)

(13) 当复上为天之吏,案行民间,调和风雨,使得安政,以此书示后生焉。(《太平经·不忘诫长得福诀》)

以上两例"使"和"得"之间实际上省略了兼语,应该分析为:

[[使+(兼语)] + [得+[PP_2]]] 或 [[使+(兼语)] + [得+[NP2]]]

这跟现代汉语的"使得"有一些区别,试比较:

(14) 你这样做无非就是要使得大家都不高兴。

现代汉语的"使得"句应该分析为:

[[使+得] + [兼语 + [PP_2]]]

通过比较可知,现代汉语中的"使得"相当于"使","得"不再表实义,《太平经》中的"使得"表示"致使能够";现代汉语中的"使得"之后的 VP 有主语,而《太平经》中的"使得"之后紧跟动词、形容词。因此,此时"使得"尚未成词。

"使得"也见于竺法护译经,只有 7 例,且用法没有变化。如:

(15) 皆使得入一切诸乘诸菩萨门所生之地。(《文殊悔过经》)

(16) 将示水草使得生活。(《鹿母经》卷2)

"令得"可见于竺法护译经,共有 26 例,语义和结构关系同"使

得",是使令动词"令"和助动词"得"的组合,表述"致使-行为"或"致使-状态"。如:

(17) 皆令得脱于泥犁薛荔。(《舍利弗悔过经》)
(18) 作此令得无怨。(《生经》卷1)

致得(4例):可见于《全唐诗》,表示抽象"致使",表述"致使-状态"。如:

(19) 致得仙禽无去意,花间舞罢洞中栖。(姚合《崔少卿鹤》)
(20) 何必走马夸弓矢,然后致得人心争。(邵谒《少年行》)
(21) 倚墙当户自横陈,致得贫家似不贫。(陆龟蒙《蔷薇》)

教得(27例):可见于《全唐诗》,表示抽象"致使",表述"致使-状态"。如:

(22) 清弦脆管纤纤手,教得霓裳一曲成。(和微之《霓裳羽衣歌》)
(23) 像教得重兴,因师说大乘。(刘得仁《送智玄首座归蜀中旧山》)

以上"使得、令得"都是短语,没有凝固成词,无 NP,如果要补上,可补在"使/令"和"得"之间;但是"致得、教得"均已凝固为词,NP 插在"得"和 PP_2 之间。我们猜想,"使得、令得"在唐代也已凝固成词,只是没出现在我们所考察的文献之中。

我们以表格形式将上述各文献中出现的复合使令动词列表如下(见表4-1)。

表4-1　　　复合使令动词在中古近代六种文献的使用以及《汉语大词典》的收录情况

	《太》	《竺》	《世》	《齐》	《全》	《祖》	《词典》		《太》	《竺》	《世》	《齐》	《全》	《祖》	《词典》
令使	+		+			−		使令	+	+					+

续表

	《太》	《竺》	《世》	《齐》	《全》	《祖》	《词典》		《太》	《竺》	《世》	《齐》	《全》	《祖》	《词典》
令欲使	+						-	遣令	+						+
使遣	+						+	遣使	+						VO
令敕	+						-	敕令	+					+	+
敕使	+	?					N	教使	+	+					
敕教使	+						-	令致	+			+			-
致令	+			+	+		-	命使		+	+				VO
使呼		+					-	呼使	+						-
使致		+					-	劝令	+						-
告令		+					+	命敕							
敕使令		+						遣使令	+						
遣教					+			从遣						+	
发遣					+	+		驱遣						+	+
诏遣					+		-	致令遣						+	-
教令					+		+	劝教						+	+
催教					+		-	纵教						+	-
从教					+		+	放教						+	+
任教					+		+	许教						+	+
忍教					+			惹教						+	
免教					+		-	致使						+	+
任听					+	+								+	

表（4-1）体现了如下几个特征。

1. 复合使令动词一般为双音节，三音节连用得非常少。

2. 中古构成复合使令动词能力较强的词根主要是"使、令"，唐代除"使、令"外，主要是"教、遣"，这可能跟词根在特定时代的活跃度相关。

3. 复合使令动词寿命一般不长，延续性弱，使用频率比较低。

4. 由于使用频率低，很多词语可能是昙花一现，《汉语大词典》未予收录，有的词语虽被收录，但所释义项并非上述文献中所用义项。

从上面的举例说明中还可以看到，中古尤其是唐代以来的复合使令动词除常用来表示抽象"致使"外，很多词语还常用以表示"容让"。

第五章

上古、中古、近代的"V令XP"

使令兼语式可形式化为"NP+V+兼语+XP"。其中V通常是"使、令、叫、让"等表示使令义的词语；XP是函项，可取值为VP或AP（下同），既可以是行为动词，也可以是形容词（包括认知心理动词、存现动词等及其他表示状态的成分，下文凡言形容词均统摄这些成分）。兼语式的意义是"主体派遣/命令/准许/容让客体做某事，或致使客体呈现某状态"。它产生于上古，成熟于中古初期，沿用至现代（刘文正，2009）。在长期的发展过程中，兼语式出现过一些变体，其中一个是"（NP_1）+ V_1+（NP_2）+V_2+（NP_3）+XP_3"，V_2之前没有句法停顿。其中V_1通常是及物行为动词；V_2上古至中古通常用"使/令"，近代汉语用"教（交）"；XP_3可以是动词，也可以是形容词；NP_1通常是V_1的施事，也是V_2的致使者，NP_2通常是V_1的受事，也是V_2的受使者，NP_3是兼语，与NP_2同指，也是XP_3的施事或当事，NP_2不会与NP_3同时出现。由于各NP均可承前或蒙后省，在不区分"使""令""教"的情况下，可统称为"V令XP"。X取值为动词时，可表示为"V令VP"；X取值为形容词时，可表示为"V令AP"。魏培泉（1998）称之为"（NP_1）+V_1+（NP_2）+使（令）+（NP_3）+V_2"（丁式），赵长才（2000）称"V_1+（NP）+使（令）+（NP）+V_2"，古屋昭弘（2005）称"Vt+令+Vi"。这些名称或不简练，或未体现XP的多义性，所以本文以"V令XP"称之。该格式萌芽于上古，中古用例较多，近代零星可见，现代汉语不再使用。

吕叔湘（1942）从句法和功能两方面最早对该结构式做过考察。他指出"在不很古雅的文言里常常采用'……之使……'的句法，这个'使'字后面也省去一个'之'字。例如'浚之使深''磨之使平''蒸之使熟''焙之使干'"。他认为它跟"动词之后用'而'字接上那个形容词（这个形容词也就当动词用）（其）功能一样（推而广之；扩而充之；斫而小之）"。近年来，这种结构式又受到学界关注。魏培泉（1998）指出，"V 令 XP"应为紧缩复句，分句 1 是 V，分句 2 是 "令 XP"，其中"使/令"语义颇近于"致使"，但也有一些不足以用"致使"义来涵盖的情况。他指出战国已出现该结构式，中古经常使用，近代一般用"交（教）"替换"使/令"（唐用"交"，宋用"教"）。赵长才（2000）认为 V 是"令 XP"的方式，二者是连动关系。他指出该结构式出现于秦汉以后。赵文"产生于秦汉以后"的说法显然有误，因为此前魏文已举了先秦例证。此外，刘承慧（1999）、古屋昭弘（2005）均对《齐民要术》中的"V 令 XP"做过具体考察。这些成果大体是在讨论动补式的产生时附带论及"V 令 XP"结构式的，牛顺心（2004）则以之为专题讨论对象。她认为此结构式是在翻译佛经的过程中受梵语的影响而产生的，是语言接触的产物。刘文正（2009、2015）对牛文"语言接触说"提出了质疑，但未展开论述。

总的来说，以上成果对"V 令 XP"自身特点、成因及它与其他结构式的关系都有所描述，但均未全面考察"V 令 XP"的产生和发展史，有必要进一步研究。本文拟寻找该结构式的早期例证，描述其句法语义特征和类型，分析其内部层次及各要素的关系，然后对其发展状况进行考察，最后分析其产生和发展演变的原因。

第一节 上古汉语的"V 令 XP"

一 上古例证分析

根据初步考察可知，"V 令 XP"见于战国中期，如：

(1) 不如小决使道。（《左传·襄公三十一年》）

上例录自杨伯峻《春秋左传注》（中华书局 1990 年第 2 版），"小决使道"正是本文所讨论的"V 令 XP"结构，V 是行为动词"决"，XP 是形容词"道（导）"，具体来说是"V 令 AP"。"小决使道"形成四字格，符合当时语言的韵律特征，不宜分裂为"小决，使道"。同一版本

中,还可找到如下例子:

(2) 与裨谌乘以适野,使谋可否;而告冯简子使断之。(《左传·襄公三十一年》)

(3) 事成,乃授子大叔使行之,以应对宾客。(《左传·襄公三十一年》)

例(2)"告冯简子使断之",例(3)"授子大叔使行之"似乎也是"V 令 XP",但凝固度并不高,均可从中停顿,前后组合为承接关系复句。对于例(2),陈成国《春秋左传校注》(岳麓书社,2006:778)正是如此处理。根据语境,陈氏的做法不无道理。原文中例(3)与例(2)连在一起,可能也应从中点断。不过,杨氏和陈氏的两个版本均未如此处理。即便杨氏标点无误,例(2)、例(3)也不够典型。

战国其他语料如《国语》(上海古籍出版社1978年版)中也可找到3例,如:

(4) 是故为川决之使导,为民者宣之使言。(《国语·周语》)
(5) 若资东阳之盗使杀之,其可乎?(《国语·楚语上》)

例(4)"决之使导"与《左传》"小决使道"意同,也是"V 令 AP",大概是战国习语;"宣之使言"和例(5)的"资使杀"是"V 令 VP"。

马王堆出土的《五十二病方》大体也可视为先秦语料,"V 令 XP"有11例,如:

(6) 即封涂厚二寸,燔令泥。(马王堆汉墓帛书《五十二病方》)
(7) 治之,熬盐令黄。(马王堆汉墓帛书《五十二病方》)
(8) 取女子月事布,渍,灸之令温。(马王堆汉墓帛书《五十二病方》)

以上三例均为"V 令 AP"。与《左传》《国语》不同的是,《五十二病方》中所有"V令XP"的X均为形容词,无一例为动词。

二 "V令XP"的语义特征

"V令XP"中X的取值不同,结构式所表达的意义也不同。具体表现在所含事件数量和类型的不同。"V令VP"包含三个事件,可从时间线条上切分而自然感知。事件$_1$是施事实施某种行为;事件$_2$是此施事对客体实施影响性行为——"派遣、命令、准许"或"容让";事件$_2$导致客体实施事件$_3$。结构式义是:由于事件$_1$的影响,主体派遣/命令/准许/容让客体实施事件$_3$。事件$_1$是事件$_2$的因,事件$_2$又是事件$_3$的因。事件$_1$和事件$_2$之间有事理上的因果联系,事件$_2$和事件$_3$之间是必然的因果联系。就紧密度来说,必然因果联系比事理因果联系更为紧密。整个结构式可表示如下:

A. 行为事件$_1$→派遣/命令/准许/容让事件$_2$→行为事件$_3$

　　资/宣(之)　　　　使/令　　　　杀/言

结构式中,"令(使)"词汇意义较强,事件内容具体,是魏培泉(1998)所说的"不能用致使涵盖"的情况,但他未进一步分析。我们认为,"不能用致使涵盖的情况"正是"V令VP"。因为VP表示具体事件,而不是状态或抽象结果。只有当"令"不表示具体事件时,才可用"致使"概括。

"V令AP"只包含两个可自然感知的事件,且时间上没有先后关系。事件$_1$是施事针对客体实施某一行为,这一行为必然影响到客体,而"V令VP"中的事件$_1$并不一定是针对客体B实施的;事件$_2$是施事致使客体呈现某种状态或受影响。结构式的意义是,由于事件$_1$的影响,主体致使客体处于某种状态。这两个事件不是普通的事理联系,而是关联度更强的必然因果联系。可表示如下:

B. 行为事件$_1$+致使事件$_2$("+"表示同时关系)

　　决/热　　　使/令+导/黄

这种结构式中,"令"不再表示"命令、派遣、准许、容让"等义,而只能解读为纯粹的"致使",只表示主客体之间的致使关系,在很大程度上失去了动词性。也只有和AP组合到一起时,"令+AP"才能表述完整的抽象"致使"事件,并且伴随着事件$_1$一起发生。由此可知,"令"是否解读为纯粹致使,与XP关系密切。当XP是行为动词时,"令"还有词汇意义。当 XP 是表示结果、状态的形容词时，"令"就已虚化为纯粹的致使义。魏培泉（1998）虽然看到了"V 令 XP"中"令"的多义性，但未能说明形成多义性的原因。

近年来，事件语义学的研究成果区分内部事件和外部事件：内部事件专指位移或状态改变（影响），外部事件则指导致内部事件发生的致使动因或施事（Tenny & Pustejovsky，2000；史文磊，2014）。在我们看来，施事不是外部事件，而只是事件的参与者，是活动主体；外部事件蕴含施事。如"我看书"是外部事件，蕴含［+施事：我；+客体：书；+行为：看］等事件要素。内部事件除［位移/状态］之外，也蕴含施事或当事，如"我笑了"蕴含［施事：我；行为：笑］；"衣衫破了"蕴含［当事：衣衫；状态：破］。

运用事件语义学来分析，"V 令 VP"和"V 令 AP"的区别更明显。"V 令 VP"包括：

C. 行为事件$_1$　　→　派遣/命令/准许/容让事件$_2$→ 行为事件$_3$
外部事件+内部事件 → 外部事件+内部事件　→ 外（内）部事件
[施$_i$+行为+影响+客$_j$] [施$_i$+行为+影响+客$_j$] [施$_j$+行为（+客）]
资/宣　　　　　　　使/令　　　　　　　　杀/言

"V 令 AP"包括：

D. 行为事件$_1$　　　　　　　　+　　　　　致使事件$_2$
[施事$_i$+行为+影响+客体$_j$]　[施事$_i$+致使+客体$_j$] + [客体$_j$+状态]
外部事件+内部事件　　　+　　　外部事件　　+ 内部事件
决/热　　　　　　　　　　　　　使/令　　　　导/黄

根据以上分析可知，"V 令 VP"比"V 令 AP"要复杂得多，可以包含三个外部事件和三个内部事件，而"V 令 AP"只包含两个外部事件和两个内部事件，并且，两个外部事件的外延相同，即"令（使）"所表示的外部事件实际上与 V 所表示的外部事件同一。

三 "V 令 VP"和"V 令 AP"的关系

语法化理论认为，发生语法化的项总是由实到虚，从语法化程度较低的阶段逐步走向较高的阶段。"V 令 VP"中的"令"比"V 令 AP"的语义要实在得多，是否可由此反向推理："V 令 AP"是从"V 令 VP"语法化而来的？答案是否定的。刘文正（2008、2009a、2009b、2012、

2015）指出,"使令"兼语式经历了从"致使-行为"向"致使-情状"的演变,"使、令"经历了从表示"派遣/命令/准许/容让"到抽象"致使"义的变化。"使""令"的演变是在普通兼语式中进行的,并不涉及"V令XP"。先秦时期,尽管"使、令"已有仅表示"致使"的例子,但绝大多数表示"派遣/命令/准许";东汉时期,"使、令"的"命令、派遣"义基本消失,绝大多数只表示纯粹的"致使"义。既然"使令"兼语式在先秦时期还没有完成语法化,"V令VP"缺乏向"V令AP"语法化的内在动力;先秦时期"V令XP"的使用频率都不高,缺乏语法化的外在动力。此外,有些"V令XP"凝固度也不高,甚至可断为两个小句,更没有语法化的迹象。因此,"V令AP"不是从"V令VP"演变来的。二者同现于先秦,不能用语法化来解释,而是另有推动因素。

我们用图表把《左传》《国语》《五十二病方》中的"V令XP"的状况说明如下（见表5-1）。

表 5-1　　　　　　　上古"V令XP"使用情况一览

	使令兼语句	V令VP	比例%	V令AP	比例%
《左》	1000余	2	0.2	1	0.1
《国》	400余	2	0.5	1	0.25
《五十二》	71	0	0	11	15

由表5-1大体可推知。

1. 早期"V令XP"同时出现两种类型,但用例不多。尽管用例不是很多,但"V令XP"至迟在战国中期已出现,牛顺心的"东汉说"、赵长才的"秦汉说"都不可信。魏培泉的"战国说"才是正确的。

2. 出现环境似乎也有差异:史书"V令AP"极少,而医书较多。

第二节　中古汉语的"V令VP"和"V令AP"

中古阶段,"V令XP"大大增多,出现范围有所扩大,除史书、医书之外,道藏、汉译佛经、文学著作和农书均有使用,但并非两种格式在这些文献中都很常见。下面分两类介绍。

一　V 令 VP

中古初期,"V 令 VP"仍不多见,东汉《汉书》中,"V 令 VP"共有 27 例,如:

(1) 诏使赋平乐馆,善之。(《汉书·贾邹枚路传》)
(2) 非上所诏令召,而数万众会上乏绝者数矣。(《汉书·萧何曹参传》)
(3) 哀帝初,平当使领河堤,奏言:"善为川者,决之使道;善为民者,宣之使言。"(《汉书·沟洫志》)
(4) 今行上策,徙冀州之民当水冲者,决黎阳遮害亭,放河使北入海。(《汉书·沟洫志》)
(5) 信欲止,蒯通说信令击齐。(《汉书·韩彭英卢吴传》)

例(1)和例(2)是"诏使/诏令 VP","诏、钦"似乎是动词性状语,并且在《汉书》的 27 例"V 令 VP"中,"诏令 VP"占了 24 例,"诏使、诏令"词化倾向很强;例(3)"宣之使言"是上古习语;只有例(4)"放使入"、例(5)"说令击"才是普通"V 令 VP"。所以,《汉书》中"V 令 VP"还是不多见的。

稍晚的《太平经》也只有 2 例,如:

(6) 见邪神所为,则召令上之。(《太平经·病归天有费诀》)
(7) 郡县闻之,取召使为有职之吏。(《太平经·为父母不易诀》)

医书《伤寒杂病论》(白云阁藏本,中原农民出版社 2013 年版)成于东汉末年,原书早已亡佚,今天流传的版本中可能掺杂了一些后代语言特征。其中也找不到"V 令 VP"结构式。从这三种文献反映的情况来看,"V 令 VP"在中古初期仍不多见。

西晋高僧竺法护翻译了大量佛经,我们随机抽取了《太子墓魄经》《鹿母经》《生经》《普曜经》《佛升忉利天为母说法经》《文殊悔过经》《佛五百弟子自说本起经》进行考察,从中找到"V 令 VP"10 例,如:

(8) 遮蠚虎賁，扶避使过。(《太子墓魄经》)
(9) 便前解弶，放之令去。(《太子墓魄经》)
(10) 群臣奉诏，即给衣粮，逐使出境。(《生经》卷1)
(11) 使之令坐。(《生经》卷3)
(12) 屡数率励我，劝导令出家。 (《佛五百弟子自说本起经》)

以上例子中的"V 令 VP"大多四字一句，只有例（12）是五字句，但前后两个五字句，也很对称。佛经语言一般四字一句，可据此形式特征把这些结构式判定为"V 令 VP"，并且不能随便从中分断为两个小句。

牛顺心（2004）将类似于下面形式的句子也视为"V 令 VP"，如：

(13) 救诸下劣，使住彼岸，无生老病死。(《普曜经》卷4)
(14) 吾当化之，令不违教。(《生经》卷4)

以上例子只是"V，令 VP"，牛文的处理仅着眼于语义关系，未考虑句法关系。

刘宋时期《世说新语》是叙事文学著作，语言简练。其篇幅简短，远不如《太平经》和竺法护译经，但可从中找到"V 令 VP"9 例，如：

(15) 我将三千兵，㮣脚令上！(《世说新语·豪爽》)
(16) （帝）遂付廷尉令收，因欲杀之。(《世说新语·方正》)
(17) 母王夫人在壁后听之，再遣信令还，而太傅留之。(《世说新语·文学》)
(18) 何骠骑弟以高情避世，而骠骑劝之令仕。(《世说新语·栖逸》)

北魏《齐民要术》是农书，语言也很简练，"V 令 VP"只有 2 例，如：

(19) 善谓饥时与恶刍，饱时与善刍，引之令食。(《齐民要术·养牛、马、驴、骡》)

(20) 其贪伏不起者，须五六日一与食，起之令洗浴。(《齐民要术·养鹅、鸭》)

综合来看，中古时期的"V令VP"较之上古有所增长，但主要出现在汉译佛经和极为简练的叙事文学著作中。其他文献虽偶可见，但用例不多。并且似乎还受音节限制，一般要用极为简练的四字格，如"槃脚令上""放之令去""置使飞去""引之令食"等。可以说，从上古到中古，"V令VP"增速缓慢。

二 V令AP

《汉书》有"V令AP" 7例，但均为"V使（之）然"，AP是形容词性代词"然"，如：

(1) 涿郡铁官铸铁，铁销，皆飞上去，此火为变使之然也。(《汉书·五行志》)
(2) 此非独王也，亦其俗薄，臣下渐靡使然。(《汉书·淮南衡山济北王传》)

严格来说，这种格式与普通形容词充当AP的"V令AP"有区别："然"似乎更为简练。

《太平经》中，"V令AP"也仅有1例：

(3) 乃善人骨肉肢节，各保令完全。(《太平经·为父母不易诀》)

与《太平经》相比，《伤寒杂病论》是另一番景象。"V令AP"有25例，如：

(4) 更上微火煮令沸，少少温服之。(《伤寒杂病论·调胃承气汤方》)
(5) 水浸，炙令黄。(《伤寒杂病论·栀子厚朴枳实汤方》)
(6) 烧针令其汗，针处被寒，核起而赤者，必发奔豚。(《伤寒

杂病论·桂枝去芍药加牡蛎龙骨救逆汤方》）

(7) 右三味，以水七升，煮米令熟。（《伤寒杂病论·桃花汤方》）

(8) 纳蜜二升，煎令水气尽。（《伤寒杂病论·大乌头煎方》）

西晋竺法护译经中，"V 令 AP"也可找到 20 例，择要列举如下：

(9) 八千玉女，香汁洒地，扫道令净。（《普曜经》卷 5）
(10) 消灭四颠倒，疗除使无余。（《普曜经》卷 7）
(11) 转令兴隆。（《生经》卷 4）
(12) 四者愿王饮药，当一仰令尽。（《佛说奈女祇域因缘经》）

竺法护译经中，还有个别 V 由使令动词充当的"V 令 AP"因适应四字一句的特点被迫断为两句的情况，如：

(13) 即令象子，使活如故。（《生经》卷 3）

可能有人不赞成这样分析。刘文正（2008、2009a、2009b、2012、2015）指出，表示纯粹致使义的"令"在东汉时已经发展成熟。这种"令"字必须用于兼语式。由此可推知上例两个小句当连读为一个兼语句，其中 V_1 是"令"；兼语是"象子"；兼语小句的谓语是"使活如故"，也是兼语式，嵌套在一起后也成了"V 令 AP"。但因要适应佛经语言的特点，被迫从兼语后断开。

《世说新语》中"V 令 AP"只有 2 例，如：

(14) 养令翮成，置使飞去。（《世说新语·言语》）
(15) 晏乃画地令方，自处其中。（《世说新语·夙慧》）

《齐民要术》中"V 令 AP"特别多，达 308 例，如：

(16) 滤乳讫，以先成甜酪为酵——大率熟乳一升，用酪半

匙——着杓中，以匙痛搅令散，泻着熟乳中，仍以杓搅使均调。（《齐民要术·养羊》）

（17）取羖羊脂，和盐煎使熟，烧铁令微赤，着脂烙之。（《齐民要术·养羊》）

（18）净扫刷曲令净。（《齐民要术·造神曲并酒》）

（19）下之，摊令冷，以曲末和之，极令调均。（《齐民要术·笨曲并酒》）

综合来看，较之上古，中古时期"V 令 AP"有较大增长。我们用表格将以上文献中的"V 令 XP"说明如下（见表5-2）。

表5-2　　　　中古"V 令 XP"使用情况一览

	使令兼语句	V 令 VP	比例%	V 令 AP	比例%
《汉书》	3000余	27	0.9	7	0.23
《太平经》	1000余	2	0.2	1	0.1
《伤寒杂病论》	90余	0	0	25	28
《竺法护译经》	803	10	1.2	20	2.4
《世说新语》	183	9	4.9	2	1.1
《齐民要术》	813	2	0.2	308	37.9

由表（5-2）可知。

1. 中古阶段"V 令 XP"有所增长，但只有"V 令 AP"增长较大，而"V 令 VP"增长并不明显。（《汉书》的"V 令 VP"包括词化倾向很强的"诏令、诏使"24例）

2. 出现环境似乎也有差异：道藏《太平经》、历史著作《汉书》两种形式的例证都不多；简练的叙事文学《世说新语》"V 令 AP"也非常少，而"V 令 VP"较多；科技著作《伤寒杂病论》《齐民要术》"V 令 VP"非常少，而"V 令 AP"非常多；汉译佛经中两种形式都有一些，但并不是很多。总的来说，"V 令 VP"主要出现在汉译佛经和简练的叙事性文学著作，其他文献用得不多，说明它并没有明显发展。"V 令 AP"主要出现在科技文献和汉译佛经，其他文献也用得不多，说明它也没有明显发展。既然两种格式都只出现在一些特殊类型的文献之中，就说明它们受到了限制，也说明它们没有语法化的基础。

第三节　近代汉语的"V 令 XP"

唐代以后，普通文献没有大批使用"V 令 XP"的现象。这一现象早由魏培泉（1998）等学者指出，这里无须赘述。需要指出的是，唐代有的"V 令 AP"似乎有了变化，如：

(1) 地脉尚能缩得短，人年岂不展教长。（《全唐诗·吕岩〈七言〉》）

上例中，"缩得短"中的"得"显然是表示可能的结构助词，而"展教长"中的"教"与之对偶，似乎也应分析为结构助词。但是，这样分析的例子在唐代极少见。一般情况下，"令（教）"都应解读为"致使"，如：

(2) 愁应暮雨留教住，春被残莺唤遣归。（白居易《闲居春尽》）
(3) 把手拽教伊入，争奈不肯入！（《祖堂集》卷 10）
(4) 扶我教不起。（《祖堂集》卷 18）

唐代以后，"V 令 XP"只是零星使用，频率相当低，更没有语法化的基础和动力。我们认为，将"令（教）"理解为结构助词仅仅是一种随文释义现象，通常情况下，只能表示"致使、使得"。

第四节　"V 令 XP"的成因

"V 令 XP"是怎样产生的？牛顺心（2004）提出"语言接触"说，认为它是在佛经翻译过程中因梵语影响而产生的。但是佛教在汉代才开始传入中国，佛经翻译从东汉才开始。如果"V 令 XP"在佛经影响下才出现，那么在佛经翻译之前就不可能存在。而该结构式先秦早已产生，怎么可能是受佛教翻译的影响而产生的呢？当然，还有一种可能，这些文献打上了后世烙印。不过马王堆汉墓帛书在佛经翻译之前就已埋入地底，不可能受梵语影响。可见,"语言接触"说是不可接受的。既然不是受外来语影响而产生的,那就只能是汉语自身发展的结果。我们认为,"V令XP"的形成除了需要特定的语义句法基础之外,还受到语用、韵律、语体等因素制约。

一 语义句法基础

两个分句V和"令XP"要黏合为一个句子,要有因果联系,语义须紧密相承。根据第二节的分析可知,"V令VP"中V和"令"有事理上的因果联系;而"V令AP"中V与"令AP"更有直接因果联系,V是状态AP的直接原因。在其他条件都相同的情况下,"V令AP"的形成比"V令VP"更容易。首先,从认知上来看,关系更密切的成分更容易结合。"V令AP"中的两个事件之间的直接因果联系,比"V令VP"中V与"令"之间的事理因果联系更为密切。其次,更易切分的成分更容易分离。"V"和"令"两个事件具有先后关系,在时间上可以切分,具有较明显的分离性;"V""令AP"中的两个事件是同时进行的,在时间上不能切分。这一差异体现在句法上:很多情况下"V令VP"切分为"V,令VP"也无不可,而很多情况下"V令AP"不能切分为"V,令AP"。最后,信息量的多少也影响到两个小句的结合。"V令VP"蕴含三个事件,而"V令AP"只蕴含两个事件,并且两个事件的外延相同。这就使得"V令AP"比"V令VP"更容易形成。所以,有些"V令VP"可分可合,在处理具体材料时会有争议,而"V令AP"一般就不会有断句争议。语义上的差异决定了它们的句法特征。

形成"V令XP"的句法要求相当简单。一是要求事件1的施事与"令"的致使者指称相同;二是要求"令"的主语必须承前省略,以便两个小句可直接黏合;三是要求各动词的修饰语和连带成分尽可能少,如果修饰语和连带成分出现太多,两个小句是不太可能直接黏合在一起的。前面各例均符合这些语义句法要求。

二 语用因素

如果把具备语义句法基础的两个句子直接黏合,就成了"V令XP";反之,在"V令XP"中间插入停顿,就成了两个句子。两种做法都符合语法。进行书面写作时,有时拿不定主意,究竟是分是合?这种情况下,需要将语用因素考虑进来。一般来说，V 和 XP 的主语上文已出现或根据上文可推知，不再是焦点。要将两句合为一句，兼语式的主语必须省略。如"宣之使言"中，"使"的施事主语即"宣"的主语，因不是焦点，被省略。通常情况下，听者（读者）需要弄清楚句子主语是什么。但主语省略时，读者心理上会有一个预设，预设它们的主语就是前面提到的事物。听者无须停下来思考主语究竟是什么。这样，两句话就自然并合到一起。可见，"V 令 XP"是取消两个句子间的停顿而形成的。

三　韵律因素

停顿取消与否受制于韵律。可以看到，绝大多数"V 令 XP"属于四字格。这是汉民族乐于接受的一种固定结构。汉语成语绝大多数都是四字格正反映了这种情况。如果超过四音节，往往就会在中间停顿一下。对于"V，令 XP"来说，如果超过四音节，V 之后的停顿就很难取消，即使取消，其可接受性也不会高。所以对于《左传》中的"而告冯简子使断之"，杨伯峻和陈成国意见不同。吕叔湘（1942）列举的"浚之使深、磨之使平、蒸之使熟、焙之使干"都是典型的"V 令 XP"，是这种结构式的核心类型。这说明，如果 V 与兼语式正好构成四音节，就有黏合在一起成为"V 令 XP"的趋势。佛经语言四字一句，如果内容符合字数要求，正好用"V 令 XP"；反之，则分为两个分句，甚至可能割裂兼语式，如"即令象子，使活如故"，正是如此。

四　语体因素

前文已述，"V 令 VP"和"V 令 AP"都是取消了其间的停顿而成。取消停顿，两句并为一句，从表达的效果上来说，正符合简洁的特点。简洁，也正是这种结构式的要求。我们先看"V 令 VP"在这方面的特点。"V 令 VP"表述的是三个可自然感知的事件，主要出现在叙事性语境。叙事性文献一般是散句，句式参差不齐，对语言没有特别严格的要求。因此，一般情况下，"V 令 VP"很少出现在不太讲究简洁的叙事文学著作之中。但由于《世说新语》是用简短笔墨讲述历史故事，所以这种结构式使用较多，而其他文学作品相对少见。可见，"V 令 VP"受限于语体。

再看"V 令 AP"。这种结构式在医书《五十二病方》和农书《齐民要术》中很常见。医书内容多为制作某种药物达到某种状态，或者是服用某种药物或通过某种治疗活动达到某种效果，有使用"V令AP"的语义基础。从语体上看，医书是科技文献，语言也要求简洁，不重藻饰。成分不多，V和"令AP"容易黏合到一起。取消V和"令AP"之间的停顿，正好满足了科技语体的要求。《齐民要术》是一部农业科技著作，介绍农业生产工艺流程，大多涉及某一行为活动带来某种效果，行为和结果语义上紧密相承。农业科技著作使用的也是追求简洁的科技语体。正因为追求简洁，四字格的"V+之+令+A"中的"之"字也可省略，如"燔令泥""曝令干""摊令匀"等，这种形式科技文献中比较多。

魏培泉（1998）指出汉代以来的训诂文献中也可找到很多用例。训诂就是用当时简洁的通语释古语、方言、外来语。古书注解中的"V令XP"也是与简洁相应的，如：

（1）谓饰墙使白之蜃也。（郑玄注《周礼·地官掌蜃》"共白盛之蜃"）

（2）写器令空。（杜预注《左传·昭公四年》"牛弗进，则置虚命彻"）

注解既要通俗易懂，又要行文简洁。使用的也是追求简洁的科技语体。训诂著作中大量使用这种结构式，也就不足为奇了。需要说明的是，训诂文献中绝大多数是"V令AP"，"V令VP"较少见。

小结

总之，"V令XP"萌芽于上古，中古某些文献特别常见。它是汉语自身演变的结果，是在语用中取消动词谓语句和兼语式之间的停顿而产生的，受制于多种因素。有人认为汉语动结式是"V令XP"省略"令"而形成。从我们的考察来看，这种结构式形成之后，从上古到中古并没有多少变化。既然它没有明显变化，又怎么会向动结式演变呢？这种结构式可能对动结式的形成起过推波助澜的作用，但其作用很有限，不能随意夸大。近代汉语中这种结构式渐渐消失，与它受制于多种因素相关，也与近代其他结构式的广泛运用，以及具有连词特性的"使（得）"的逐渐兴起密切相关。关于后一点，我们将另文论述。

汉语在长期发展过程中，由于某些因素影响而产生一些特殊结构式。我们不能被表面现象迷惑，而应透过现象去寻求真正的原因。我们承认，语言接触会给语言以影响，但不能轻易将某些现象的出现归因于语言接触。毕竟，语言发展演变的动力大多来自语言本身。

第六章

汉、英使令动词来源之比较

人类交际中，普遍存在派遣、命令、允准、容让等行为，任何语言都有表达这些行为的方式。人类能认识到多个事件、多种状态之间的因果联系，能认识到一个事态对另一事态的致使影响，能用恰当的方式表达。从跨语言的角度加以研究，可以发现人类认识与思维的共性和差异，发现人类思维隐喻引申方面的共性和差异。下面我们将英语和汉语的使令动词的来源进行比较。汉语使令动词用于兼语式，这种句式与英语 SVOC 句式大致相当，但并不完全对应（王寅 2011）。因此，英、汉使令动词对比，是基于"使役、命令、致使"等意义及其发展变化的对比。

英、汉使令动词对比，理想做法是先对大量的历时材料进行分析，从使用频率中归纳其演变趋势和规律。但因英语历时材料不足，只能采用其他方式。我们的工作假设是：多义词由单义词发展而来，多义词的多个用法也是由单一用法发展而来的。现代英语词典中的多义词的多个意义和多个用法不是同时出现的，它们是不同时代在共时的积淀。根据多个意义和多个用法之间的关系的疏密程度，可以构建一个语义斜坡和语法斜坡。斜坡中箭头起始端反映更早时代的意义和用法，指向端是更晚时代的意义和用法。依据这一假设，我们依据词典释义，按照语言演变词义从实到虚、句法从简单到复杂的普遍规律，将各义项进行排比梳理，归纳各个词语的演变线索，然后跟汉语进行对比分析，从中找出共性和个性，所得结论待日后进一步验证。

第一节 英语使令动词及形成

英语中，表示"派遣、命令、允准、容让"和"致使"的语言成分很多。如：order、ask、send、have、let、allow、get、cause、-en、en-，

等等。除了词缀 -en、en- 之外，它们大多数是多义动词，保留着较强的行为动词特征，如 order、ask、send、get 等。有的则动作行为意义比较虚，如 cause、let 等。下面逐一分析。

一 order

《牛津现代高级英汉双解词典》（牛津大学出版社 1984 年版），动词 order 义项有二：①give an order to sb. or for sth.，对某人或为某事命令、指令、授权；②arrange，direct，安排、指导、管理。两个义项都含有使役义，但后者主要是搭配受事名词，前者可以译为命令、吩咐、叮嘱等，通常带指人的受事宾语，但"$S_{施}+V+O_{人}$"一般不能独立成句，其后通常有其他成分。句法特征如下：

1. 动词的宾语是 that 小句，that 可以省略，这种小句相当于汉语中的兼语式。

（1）The judge ordered (that) the prisoner should be remanded. 法官谕令被告还押。

2. 形成"$S_{施}+order+O_{人}+$副词或副词性短语"

（2）The regiment was ordered up (to the front). 该团奉令出发（开赴前线）。

（3）The doctor has ordered me absolute quiet. 医生叮嘱我要绝对安静。

3. 形成"$S_{施}+order+O_{人}+$不定式"

（4）The doctor ordered me to (stay in) bed. 医生吩咐我卧床休息。

4. 形成"$S_{施}+order+O_{人}+$指物宾语"

（5）She ordered herself two dozen oysters and a pint of stout. 她自

已点了两打牡蛎和一品脱黑啤酒。

5. 形成"$S_{施}$+order+ $O_{物}$+for+指物宾语"

（6）I've ordered lunch for 13：30. 我已经下令 13：30 开午饭。

6. 带指物宾语

（7）The chairman ordered silence. 主席命令保持肃静。

从形式和功能上看，现代英语中的 order 可以带 that 小句，小句可以变换为不定式，不定式又可以用副词或副词性短语替换。That 小句中的谓词、不定式、副词和副词性短语，从其语义指向来说，都指向 order 的宾语，都是这些宾语的逻辑谓语。因此这些句子实质上相当于汉语的兼语式。Order 也可以带抽象名词做宾语，但这种抽象名词是从谓词（包括动词或形容词）转化而来的。抽象名词宾语所承担的语义内容和语义功能归根究底与 that 小句一致。所以，order 类似于汉语兼语式中的 V_1。

根据《词源学词典》（Etymology Dictionary）可知，order 最初是名词，后来才引申出动词用法。它源于古法语的 ordre，义为"生活于宗教戒律之下的社团"（11 世纪），更早的形式是 ordene，来自经典拉丁语中义为"行、排、序列、安排"中的 ordinem（其主格形式为 ordo），而 ordinem 最初的意思是指"织布机上的一排线"，意大利语族中具有"安排、整理"之义的词根 ored（h）-（原始义为"开始纺织"），是英语 order 的源头。Order 的"命令、指令"义出现得较晚，最早记录于 1548 年，源自"保持秩序（to keep in order）"义。

从语义上看，order 相当于汉语言语动词"命令"，句子的语义结构是"命令某人做某事"，相当于表示"命令-行为"的兼语式。但它不能表述"致使-状态"，与典型使令动词"使、令"并不相当。其演变线索是：

使役义动词←言语动词（命令）←行为动词（保持秩序）←名词（生活于宗教戒律下的社团←序列←织布机上的一排线）

二　ask

根据《牛津现代高级英汉双解词典》，动词 ask 有四个义项：①call

for an answer to, request information or service：询问、索要；②invite：邀请；③request to be allowed：请求准许；④demand as a price：要价。ask 通常带言语对象做宾语。只有第二和第三项具有使役义，其基本句法是"$S_{施}$+ask+（$O_{人}$+）不定式"结构。如：

（1）We asked him to come again. 我们邀请他再来。

上例中的 ask 表示邀请。

（2）I must ask you to excuse me/ask to be excused. 我必须请求你原谅我（请求原谅）。

上例中的 ask 表示请求，相当于汉语中的"请"。
表示请求的 ask 也可以进入"$S_{施}$+ask+$O_{物}$（+不定式）"结构，这种结构中的宾语通常是抽象名词，表示人的某种行为。如：

（3）He asked permission to get up. 他请求准许起床。

此外，表示"邀请"义的 ask 还可以进入"$S_{施}$+ask+$O_{人}$+副词"结构。如：

（4）Shall I ask him in? 我可以请他进来吗？

从句法和功能上看，"$S_{施}$+ask+（$O_{人}$+）不定式"结构中的不定式实际上是宾语的逻辑谓语；"$S_{施}$+ask+$O_{物}$（+不定式）"结构中的宾语也是抽象名词，它从谓词转变过来，整个句式相当于一个逻辑陈述。因此，ask 的句法特征与兼语式大致相当。
从语义上看，ask 可翻译成"请、要求"等。使用 ask 的句子表述的是"要求–行为"，汉语中的"请"字兼语式也是如此。
根据《词源学词典》可知，ask 是从表示"希望、想要"的心理动词演变过来的。Ask 古英语中是 ascian，更古的形式是 ahsian，来自原始日耳曼语 *aiskojan（询问，要求）。原始印欧语中，*ais-表示"愿望，想要"。英语形式受斯堪的纳维亚语的影响,现代方言中的变体 ax,和古英语的 acsian 一样古老,直到 17 世纪都是一种被认可的书面变体,古英语也有更为方言化的变体,例如 fregnan、frignan 分别对应 question、inquire,来自原始印欧语词根＊prek-,是印欧语言中 ask 的普遍来源。

综合来看,现代英语中的 ask 与汉语使令动词"请"相当。其演变线索是:

使令动词←要求←询问←希望、想要

三 send

根据《牛津现代高级英汉双解词典》,动词 send 主要有四个义项:①cause sb. or sth. to go or be carried without going oneself:送、寄、遣、派、召;②use force to cause sb./sth. to move sharply or rapidly:使某人某物迅速移动;③cause to become:促使、使成为;④保佑。

1. 义项①和②句法上的主要特点是,send 的宾语后面有介词短语或分词短语,语义上是对宾语的补述。如:

(1) The mother sent her children to bed. 母亲打发孩子们睡觉去了。

(2) You nearly sent me flying. 你差点把我撞倒。

2. 义项③句法上的特点是宾语后面有补语,主要是形容词或介词短语,语义上也是对宾语的补述。如:

(3) This noise is sending me crazy. 这吵声快使我发疯。
(4) This music really sends me to ecstasy. 这音乐使我觉得飘飘然。

3. 义项④见于旧用法,send 可以带 that 从句。如:

(5) Heaven send that he arrives safely. 天佑他安全到达。

从形式和功能上看,send 的旧用法还可以带 that 小句,与汉语兼语式相当。现代英语中的 send 带上宾语之后，还可以带介词短语、分词短语、形容词，这些成分都可以视为宾语的逻辑谓语。根据这些特征，可以把 send 所处的句式视为与汉语兼语式相当的结构，send 相当于汉语兼语式中的 V_1。

从语义上看，send 的语义较复杂，有的义项相当于汉语动词"派遣"，表述"派遣-行为"；有的相当于汉语使令动词"使、令"，表述"致使-状态"。

根据《词源学词典》可知，send 中古英语中作 senden，古英语为 sendan，义为"发送、发出、扔"，来自原始日耳曼语 *sandijanan。后者具有"使役"义，词根 *sinþan（去，短途旅行），而 *sinþan 又来自原始印欧语词根 *sent-（前往，走）。

综合来看，不妨把英语中 send 视为既可以表述"派遣-行为"又可以表述"致使-状态"的使令动词，大致相当于中古汉语中的"使"和"令"，与现代汉语中的"让"不完全对应。根据词典的以上说明可知：send 最初为表示位移的行为动词"去、短途旅行"，然后演变成表示"使役"的行为动词"使离开、发送"，通过句法的复杂化，语义指向 send 宾语的补语成为句法强制性成分，send 就变成了使令动词。演变线索是：

使令动词（致使←派遣）←发送←使离开←短途旅行←前往、去。

四 make

Make 的使用频率高，义项多，用法复杂，《牛津现代高级英汉双解词典》共有 30 个义项，其中带有"使役、致使"义的共 5 个义项。

1. 《牛津现代高级英汉双解词典》所列义项⑥是 cause to be：引起。用于"$S_{施}$+make+O"结构，宾语通常是由动词或形容词转变而来的抽象名词。如：

（1）Why *make a disturbance* at this time of night? 值此深夜为何如此骚扰？

上例中，disturbance 是由动词转变而来的事件名词。

2. 词典所列义项⑧是 cause to be or become：使，使成为。用于"$S_{施/物}$+make+O+C"结构，C 通常是形容词或过去分词，语义上指向宾语

(常称宾语补足语，简称宾补）。如：

（2）He made his meaning clear. 他把他的意思说得很明白。

（3）He soon made himself understood. 他立刻把他的意思说明白。

（4）He couldn't make himself/his voice heard above the noise of the traffic. 在交通的喧嚣中他无法使他的声音让别人听到。

以上各例中，clear 是形容词充当补语，understood、heard 是过去分词充当宾补。

3. 词典所列义项⑭是 compel/ force/ persuade/ cause (sb.) to do sth., cause (sth.) to happen：迫使/说服/使某人做某事、使某事发生。形成 "$S_{施}$+make+O+C" 结构，C 通常是动词的不定式，但不带 to，语义上指向宾语。整个句子的意思是"在主语的作用下，宾语发出动词所表示的这种行为，或者是宾语呈现动词所表示的状态"。如：

（5）They *made me repeat*/I was *made to repeat* the story. 他们要我重述那个故事。

（6）What *makes the grass grow*? 什么东西使得青草生长？

（7）His jokes *made us all laugh*. 他的笑话使我们都笑起来。

以上各例中，repeat、grow、laugh 都是动词的不定式形式，在此充当补语，但其前面都没有出现 to。例（5）表示"使某人做某事"，后两例表示"使某种状态发生"。

4. 词典所列义项⑮是 cause to appear as, allege (to be, to do)：使表现为。可以形成 "$S_{施/物}$+make+O_1+O_2"，也可形成 "$S_{施/物}$+make+O+C"，C 既可以是不带 to 的动词不定式，也可以是形容词，均做宾补，表示"在主语的作用下，宾语呈现某种状态"。如：

（8）Olivier, in the film, makes Hamlet a figure of tragic indecision. 在该影片中，奥利弗把哈姆雷特演成了优柔寡断的悲剧人物。

（9）Most of the old chronicles *make the king die* in 1026. 古史多半认为那个国王死于 1026 年。

（10）You've *made my nose too big.* 你把我的鼻子画得太大了。

以上三例中，例（8）make 带双宾语，近宾语是 Hamlet，远宾语是对 a figure of tragic indecision 的描述；例（9）不定式动词补语 die in 1026 是对 king 的描述；例（10）形容词补语 too big 是对 my nose 的描述。

5. 词典所列义项21）为 elect/appoint/ nominate/ raise to the dignity of：选举，被任命，派定。带双宾语用于"$S_{施}$+make+O_1+O_2"结构，远宾语是对近宾语的描述。如：

The directors made him General Manager. 他被董事们推选为经理。

从句法和功能上看，"S+make+O+C"结构中的 C 与汉语兼语式中的 PP_2 相当，语义上指向宾语，是宾语的逻辑谓语；"S+make+O_1+O_2"结构中的 O_2 也是对 O_1 的逻辑陈述，功能上与汉语兼语式也无实质区别；"S+make+O"结构中的宾语由抽象名词充当，这种抽象名词由动词或形容词转化而来，其功能也相当于逻辑陈述，与汉语兼语式也无实质区别。因此，带有使令义的 make 所处的句式与汉语兼语式相当。

从语义上看，make 可以表示"引起""致使"或"迫使、说服"等，语义非常复杂；整个句式既可以表示"迫使-行为""致使-行为"，又可以表示"致使-状态"。可见，作为使令动词的 make 与中古汉语中的"使、令"大致相当，大致相当于现代汉语中的使令动词"让"。

综合来看，现代英语中这些义项的 make 是比较典型的使令动词。

根据《词源学词典》可知，make 古英语作 macian，来自古代日耳曼语 *makojanan，来自原始印欧语的 *mag-（捏制、混合、制造），在使用中，逐渐替代古英语 gewyrcan。不过，对于 make 的"致使"义的来源，该词典并没有详细说明。

根据语义之间的虚实度差异，我们假设：①make 最初是行为动词"制造、做"，带表示具体事物的名词宾语；②然后宾语泛化为由动词、形容词转化而来的抽象名词；③不定式形式替代抽象名词。但是对于这种结构到底是先表述"迫使-行为""致使-行为"，还是"致使-状态"，尚难以判断。我们推测 make 的演变线索可能是：

使令动词（迫使、说服←致使←引起）←制造←建造

五 have

现代英语 have 意义众多，用法多样。与使令意义相关的有 have

sth. done 和 have sb. do sth. 两个固定结构式。前者有两个含义：experience or suffer it（蒙受）和 cause sb. do sth.（使某人做某事），后者表示 want him to do it（要某人做某事）。

1. have sth. done

（1）He had his pocket picked. 他遭受扒窃。
（2）You'd better have that bad tooth pulled out. 你最好请人把那颗蛀牙拔掉。

例（1）have sth. done 表示"遭受某事"，表示"被动"；例（2）have sth. done 表示"请某人做某事"，表示"使役"。

2. have sb. do sth.

（3）I would not have you do that. 我不想要你做那事。

综合来看，两种固定结构形式不相同，前者的宾语指物，后者的宾语指人；前者宾语之后的成分是被动态，后者宾语之后的成分是主动态。但是，无论 have sth. done 还是 have sb. do sth.，其中的 done 或 do sth. 语义上都指向宾语，前者表示某物被处置的状态，后者表示某人所做的事，都应视为宾语的逻辑谓语。因此，我们有理由认为两种结构均相当于汉语的兼语式。

有意思的是，have 并没有"使役"义，为何这两种结构式会有"致使"义。根据《词源学词典》可知，古英语 habban（获得、拥有）源自原始日耳曼语支 khaf-（有），又源自原始印欧语＊kap-（抓住）。与拉丁语里的 habere 无关，尽管形式和意义相同。古英语里第二人称单数是 hæfst，第三人称单数 hæfð 变成中古英语 hast、hath，而古英语里的-bb-变成 have 中的-v-，-pp-从古英语的 gehæfd 发展而来，表示"拥有、供某人之用"（我有一本书）。have 在古英语中也被当作助动词使用（尤其是构成现在完成式）。《词源学词典》虽然梳理了现代英语中 have 的源流，但从中我们还是看不出其使令义的由来。我们猜想，上述结构中的 have 实际上仍然暗含"有"的意思，或者说意义与"有"相通。have sth. done 表示"某人有某物处于某种状态"，have sb. do sth. 表示"将有某人做某事"。只是在语用中，这种结构可能被临时赋予使令义，或者说被解读为"使令"，久而久之，这两种固定结构就有了使令义。have 的演变线索可能是：

使令动词（使役）←使令动词（致使）←有（表示状态）←获得、拥有

六 get

get 意义众多，用法多样，与致使义相关的主要有 3 个义项：

1. 义项②是 bring to a certain condition, cause to be or become：使成为某种状态，使变成某种情况或结果。基本句法结构是"S+get+O+C（形容词/过去分词）"。如：

（1）She soon got the children ready for school. 他很快就把孩子们准备好让他们去上学。

（2）I must get the breakfast ready/cooked. 我必须准备好早餐。

上面两例中，补语 ready、broken 都是表述状态，语义上都是指向 get 的宾语。这些例子中的主语需要主动发出某种力量才能使宾语达到补语所表述的状态。所以"S$_{施/物}$+get+O+C（形容词/过去分词）"宜解读为"主语致使宾语变成补语的状态"，相当于汉语中表示"致使-状态"的兼语式。

2. 义项④是 bring sb./sth. to the point where he/it is doing sth.：使（人或物）达到动作之某一点，基本句法结构是"S$_{施}$+get+O+C（现在分词）"。与上不同的是，这里补语是现在分词，表述宾语的动作，可以把动作解读为由宾语施为。如：

（3）Can you really get that old car going againt? 你真的能发动那部旧车吗？

（4）It's not hard to get the children talking. 让孩子们谈话不难。

上面两例中，going、talking 分别是由宾语 the car 和 the children 施为的动作。"S$_{施}$+get+O+C（现在分词）"表达的意思是"主语使宾语施为

某一行动作为"，相当于汉语中表示"致使-行为"的兼语式。

3. 义项⑥是 bring, persuade, cause（sb./sth.）to do sth. or act in a certain way：使（人或物）以某种方式做某事或行动。基本句法结构是"S+get+O+C（不定式）"。与现在分词充当补语的情况不同的是，不定式补语多表示未然动作。如：

（5）I can't get this old radio to work. 我无法使这架旧收音机播音。

上例中，work 分别是由宾语 him、old radio 和 him 施为的动作，只是这些动作通常尚未发生。与上一种情况一样，"S$_{施}$+get+O+C（不定式）"表达的意思也是"主语使宾语施为某一动作行为"，相当于汉语中表示"致使-行为"的兼语式。

这种兼语式中的动词如果可以带受事宾语，那么受事宾语可以前移而充当 get 的宾语，原来的宾语或省略，或由 by 引入。相应地，原来的不定式要变换成被动形式。如：

（6）I can't get anyone to do the work/ can't get the work done by anyone. 我找不到人做这工作。

（7）I must get my hair cut/get somebody to cut my hair. 我必须去理发。

从句法和功能上看，get 的上述三种类型的基本句法结构都是"S+get+O+C"。C 与汉语兼语式中的 PP$_2$ 相当，语义上指向宾语，是宾语的逻辑谓语。虽然内部有语义差别，但都表示"致使-行为/状态"，与汉语兼语式相当。

从语义上看，get 可以表示"引起"，可以表示"致使"，还可以表示"说服"，语义非常复杂；整个句式既可以表示"迫使-行为""致使-行为"，又可以表示"致使-状态"。可见，get 跟中古汉语中的"使、令"大致相当。综合这些情况来看，这些 get 是比较典型的使令动词。

根据《词源学词典》，get 一词源于古日耳曼语的一支——古诺尔斯语中 geta（获得、达到），其过去式为 gatum，过去分词为 getenn，古日耳

曼语作 *getan，再往上可知源自原始印欧语词根 *ghe（n）d-"抓住"。同在荷兰语与弗里斯兰语中一样，古英语中 get 做词根时只出现于复合词中。古英语中遗留下来的同根词 gietan 保存在了 get 的过去分词 gotten 以及 get 最初的过去式 gat。《牛津现代高级英汉双解词典》中，get 一词和含有 get 的短语足足占了 29 条义项，但其致使义的来源仍未详细说明。

根据语义之间的虚实度差异，我们假设：

A. get 最初是行为动词"获得、达到"，带表示具体事物的名词宾语。现代英语中 get 仍然可表示"获得某物，到达某地"。

B. 表示具体事物的宾语泛化，表示状态的形容词以及由动词转化为分词进入句法结构。如义项①是（cause oneself to）become, pass from one state to another：（使自己）变成、变得。基本句法结构是"S+get+Pred.（形容词/过去分词）"。如：

(8) He went out and got drunk. 到外面去喝醉了。

上例中，动词 get 后面跟的是过去分词 drunk，相当于表示状态的形容词，语义上指向主语。got drunk 可以解读为"使某人（他自己/你自己）变成醉状态"。不过，由于 get 的基本意义上"达到、到达、达成"，二者也可解读为"某人达成某种状态"，无须通过增加致使义进行解读。

又如义项③是 reach the stage where one is doing sth. 达到做事的某阶段。如：

(9) When these women get talking, they go on for hours. 这些女人一谈便是几小时。

C. get 和形容词或过去分词之间开始出现名词，使 get 发生重新分析，由"到达某状态"增加致使义而变成"致使到达某状态"。get 表述"致使-状态"的兼语式开始形成。

D. 现在分词替代过去分词进入句法结构，"致使-状态"开始变成"致使-行为"。

E. 不定式形式替代现在分词进入句法结构，"致使-行为"变成"说服-行为"。

F. 由"致使"演变成新的包含"致使"义的动词，如义项⑪是（esp in the perfect tenses）puzzle, catch in an argument, bring an accusation against sb. to which he cannot supply a good answer：（尤其用于完成式）使迷惑，难住，问倒。基本句法结构是"S+have get+O"。这种结构中，由于宾语之后并不要求有补语出现，跟汉语兼语式无相似性。如：

(10) I've got you there! 我可将你难住了。
(11) That's got him! 那问题难住了他。

不过，我们的这一假设有待进一步证明。我们推测，get 的演变线索可能是：

使令动词（使役）←使令动词（致使）←行为动词（到达某种状态←到达某地←获得、达到←控制、保持）

七 allow

根据《牛津现代高级英汉双解词典》可知，allow 共有 5 个义项：①允许、许可，②给、让……得到，③同意，④承认，⑤考虑到。前两个义项带有使令义，通常带宾语后再带不定式。

1. 允许，许可。句法形式是"$S_{施}$+allow+O+C"，宾语一般指人，补语一般是不定式。如：

(1) Please allow me to carry your bag. 请让我替你拿你的包。
(2) She is not allowed out after dark. 她在天黑之后不允许外出。

2. 让……得到。句法形式是"S+allow+O_1+O_2"。近宾语可以是人，也可以是物。远宾语通常是抽象名词，语义上指向近宾语，对近宾语有补述作用，所以这种成分也可以分析为近宾语的补语。如：

(3) She allowed her imagination full play, did nothing to control it. 她让她的想象力尽量发挥。

上例中，远宾语 full play 是对近宾语 her imagination 的补述。

根据《词源学词典》可知，allow 来自古英语 *alouer* "同意、赞成"，前身是拉丁语 *allaudare*，由词根 *ad-* "到" 和 *laudare* "赞扬" 组成。由此可知 allow 的演变线索是：

使令动词（使役）←使令动词（容让）←心理动词（同意、赞成）

八　let

根据《牛津现代高级英汉双解词典》可知，let 的基本意义是"允许、让"。用法也主要是带宾语后再带没有 to 的不定式，一般不用于被动。

1. 其后跟一个名词或代名词，再接一个没有 to 的不定式，用于此义罕作被动。

（1）Her father will not let her go to the dance. 他父亲不会让她去参加舞会。

2. 与第一人称和第三人称的代名词连用，形成间接的祈使句。如：

（2）Let's start at once, shall we? 我们即刻动身吧，好吗？

3. let 在祈使句中可指假设，有时亦可指许可，但含有挑战的意味。如：

（3）Let AB be equal to CD. 假设 AB 等于 CD。
（4）Let them do their worst! 让他们蛮干好啦！

4. "let+名词+不定式"也可改作"let +不定式+名词"，有时 let 之后的名词还可以省略。如：

（5）Let a hint drop. →Let drop a hint.

从上面四种类型来看，let 主要用于"（$S_{施/物}$）+let+O+C（无 to 不定式）"，宾语通常是人，或者是生命度较高或者是变化明显的事物，补语通常是行为动词。Let 的补语也可以是表示某种状态非行为动词，如 be。前一种情况的句子通常表述的是"容许某种事件发生或容许宾语做某事"，后一种情况通常表述的是"容许某种状态出现"。总的来看，英语中的 let 是个比较典型的使令动词，与汉语中的"让"非常相似。

根据《词源学词典》可知，let 一词源于古英语 lætan，义为"允许、放开、遗留、离开"。Lætan 源自原始日耳曼语中的 *lætan。*lætan 源于原始印欧语的词根 * le（i）d-，表示"留下、离开、屈服"。基本义是"使经历倦怠、忽视"。可见，let 原来是行为动词，后来发展成表示"容许、容让"的使令动词。我们推测，let 的演变线索可能是：

使令动词（使役←容让）←行为动词（允许←放开、遗留←留下、离开）

九　cause

现代英语中，cause 既可以作名词，也可以作动词。作为动词，根据《牛津现代高级英汉双解词典》，表示 be the cause of; make happen：引起、致使、使发生、是……之原因。但句法形式多样，有"$S_物$＋cause＋O""$S_物$+cause+O_1+O_2""$S_物$+cause+O+C"等。

1. S+cause+O

（1）What caused his death? 他的死因是什么？

2. S+cause+O_1+O_2

（2）This has caused us much anxiety. 这事使我们极为担心。

上例中，远宾语 much anxiety 实际上是 us 近宾语的逻辑谓语，表示"引起某种状态出现"。

3. $S_物$+cause+O+C

（3）What caused the plants to die. 那些植物死于什么原因？
（4）He caused the prisoners to be put to death. 他使囚犯们被处死。

上面两例中，例（3）to die 是状态动词的不定式充当 cause 的宾语，the plants 的补语；例（4）to be put to death 是不定式的被动态充当 cause 的宾语，the prisoners 的补语。上述三例都是表示"引起某种状态出现"。

根据《词源学词典》，我们只知道 cause 源自拉丁语 *causa*，最初是名词，"原因、起因、审判的过程、诉讼"的意思，但再往上无法溯源。根据名词和动词都有共同的语义要素〔+原因〕，我们猜想，cause 的动词用法和语义是由名词派生而来。作为动词，cause 最初可能是行为动词"引起"，后来才发展成使令动词，表示"致使-状态"。cause 的演变线索可能是：

使令动词（致使）←行为动词（引起）←名词（原因、起因、审判的过程、诉讼）

十　-en 和 en-

英语前缀 en-亦作 em-，加在形容词或名词之前，构成动词，有"使成某种状态""致使""做成……"等义，如 embody、empower、enlarge、enlighten、enrich；还可加在不及物动词之前，有"致使"义，如 emblaze。英语后缀-en 附在形容词、名词之后，构成动词，表示"使变成形容词表示的状态"，如 blacken、sadden、widen、shorten、heighten、lengthen、strengthen 等。这些派生的动词都可带宾语，形成 SVO 结构。如：

（1）The latest locomotives embody many new features. 最新的火车头有很多新特色。

（2）Can you enlighten me on this subject? 你能帮助我明白这一问题吗？

（3）The captain ordered his men to shorten sail. 船长命令船员缩帆。

（4）heighten a person's anger 使某人发怒。

无论从句法结构还是语义结构上看，由-en 和 en-构成的动词与上古汉语中的用于使动的词语都是一样的：都是形成 SVO 结构，动词都包含〔+致使〕和性质状态义。如果将以上结构进行语义分解，如 enlarge a photograph 可以分解为"［+致使］（en-）+［一张］（a）+［照片］（photograph）+［变大］（large）"。语义结构方面与兼语式一致。

《美国传统英语词典》（The American Heritage Dictionary Of The English Language，第三版）介绍，en-（em-、in-）或-en 都可以表示"致使"。作为前缀，是从中古英语中继承下来的，来自古法语；作为后缀，中古英语作-enen，-nen，来自古英语-nian。但是，二者之关系，《美国传统英语词典》语焉不详。我们猜想，二者实际上有同源关系。

此外，英语中表示"派遣、命令、邀请"等意义的词语还有：如 dispatch、command、instruct、dictate、invite 等。这些词语都是行为动词，但大多可用于"$S_{施}$+let+O+C"，与汉语兼语式有相通之处。限于篇幅，不再一一介绍。

第二节 英语使令动词的形成规律

上面描述了现代英语中表示使令义的 10 个词语的句法语义特征及来源，并勾勒了其发展线索。下面，我们将其汇总并分析英语使令动词的形成规律（见表6-1）。

表 6-1　　　　　　　英语使令动词形成线索一览

	使令动词	行为动词	言语动词	心理动词	名词
order	使役	命令←安排←织布			社团←序列←织布机上的一排线
ask	使役		要求←询问	希望、想要	
send	致使←使役	发送、发出←使离开、离开、短途旅行			
make	使役←迫使、说服←致使	引起（状态）←制造←建造			
have	使役←致使	有（状态）←获得、拥有			
get	使役←致使	到达某种状态←到达某地←获得、达到←控制、保持			
allow	使役←容让			同意、赞成	

续表

	使令动词	行为动词	言语动词	心理动词	名词
let	使役←容让	允许（心理动词）←放开、遗留←留下、离开			
cause	致使	引起（状态）			原因、起因、审判的过程、诉讼

通过表6-1可以看到以下特点和规律。

一　语义和句法的对应规律

（一）从表6-1来看，英语的使令动词根据意义特征可以分成四类：

1. 使役：order、ask
2. 致使：cause
3. 既可表示使役又可表示致使：send、make、have、get
4. 既可表示使役又可表示容让：allow、let

（二）语义方面的区别体现了句法结构的差异：

1. 只有使役义的动词，宾补通常要求"行动"义动词。

2. 只有致使义的使令动词，宾补多为表示"状态"的形容词、状态动词、过去分词，行为动词变成被动形式，即状态化之后才能进入句法结构。

3. 既可表示使役又可表示致使的使令动词，宾语之后的位置可以接纳"行动"义和"状态"义两类词语，但语义结构不同："行动"义动词进入此类结构时，该结构表示"要求某人做某事"；"状态"义词语进入此类结构时，该结构通常表示"致使某人或某物处于某状态"。这一类中有的使令动词之后最初是行为动词，如send，最初进入其后宾补位置的是行为动词，后来才是过去分词、状态动词、形容词；有的使令动词之后最初是过去分词、状态动词、形容词，后来才出现行为动词，如make、have、get。

4. 既可表示使役又可表示容让的宾语之后通常也只能出现表示"做"的行为动词，其他动词很难进入。该结构表示"准许/致使某人做某事"，主语是具有操控能力的人，但这种词语"致使"性弱，可以解读为容让，只在特定语境中才可解读为致使。

二 英语使令动词的形成规律

从形成来看,英语使令动词可以分为以下四类:

(一)言语动词→使令动词(使役),如 order、ask。

言语动词发展为使令动词,在汉语里很常见。不过,并非所有言语动词都可以演变成使令动词,只有那些能通过言语把个人意愿施加到他人身上的言语动词才会演变成使令动词,如"令、命、劝、叫、教、请"等。英语 order 原来是行为动词,意为"安排",后来发展成言语动词,表示"命令",有"通过言语把个人意愿施加到他人身上"的含义,与汉语的"命、命令"一样自然地演变成使令动词。Ask 原为心理动词,"希望、想要"的意思,后来产生"询问"义,发展成言语动词,接着又产生"要求"义,也开始具备了这种含义,之后就自然地演变成了使令动词。

从句法形式上看,汉语中演变为使令动词的"令、命、劝、请"等原先都是 SVO。但伴随着语义的变化,句法结构也同时变化,出现了"S+令/命/劝/请+兼语+VP_2",即在宾语之后出现了另一个 VP,原先的宾语又是 VP 的施事。英语的 order、ask 最初也只用于 SVO,后来才出现 SVOC。与汉语相似,C 表示动作,O 是 C 的施事。

(二)状态动词→使令动词,如 make、have、get、cause。

汉语中,表示状态的动词演变成使令动词的只有"致"。"致"与"至"是同源词,都有"到达"的意思。"致"又引申为"招致、使到达",最初带地点名词做宾语,后来宾语替换为表示状态的形容词或状态动词转变过来的抽象名词,表示"到达某种状态"或"使到达某种状态"。后来"致"之后的成分变得复杂,指人或事物的名词出现在其后,而原来充当宾语且表示状态的形容词或状态动词恢复本来词性。这样,"致"就成了表抽象"致使"的使令动词,表述"致使-状态"。

英语中的 get 与汉语"致"本义相同,演变路径也相似。Get 最初也是"到达"义,带地点名词宾语,后来变成抽象名词宾语,"到达某种状态",抽象名词由状态形容词或状态动词变来。接着,宾语由抽象而具体,可表示人或事物,宾语之后出现状态形容词或状态动词,但 get 的词义发生变化,表示抽象"致使",是使令动词,结构式义是"使某物到达某种状态"。最后,行为动词替换状态动词,get 产生"使役"义,结构式义变为"使某人做某事"。最后阶段的语义特征应当是受 order、ask 同化的结果。

　　Have 的本义是"获得"，引申为"拥有"，宾语是具体名词。与 get 的演变相似，宾语也是由抽象名词替换，表示具有某种状态，抽象名词由状态形容词或状态动词名词化而来。接着，其宾语又变成具体名词，其后出现状态形容词或状态动词，have 变成使令动词，表示"致使"，结构式义是"使某物到达某种状态"。最后，行为动词替换状态动词，have 产生"使役"义，结构式义变为"使某人做某事"。最后阶段的语义特征也是受 order、ask 同化影响。

　　Make 本来是行为动词，"建造"之意，隐含"结果"义，泛化为"制造"，带具体名词宾语。当表示状态的形容词或状态动词转化的抽象名词做宾语时，泛化为"造成、引起某种结果状态"。Heine and Kuteva（2002）对此有所阐述，但对于其变化过程未加说明。只举了下面两个例子：

　　a）*John made it. John washed the car.*
　　b）*Susie made John wash the car.*

　　例 a）中 make 是由行为动词，表示"迫使、说服（某人做某事）"，例 b）是使令动词。该书未说明中间的变化过程。根据句法象似的原则，我们认为，make 演变成使令动词，首先是由表示状态的抽象名词宾语替代具体名词宾语，然后句法复杂化，指人或事物的具体名词出现在其后，而原来充当宾语且表示状态的形容词或状态动词恢复本来词性。这样，make 变成表示抽象"致使"的使令动词，整个结构表示"致使−状态"。至于"迫使、说服（某人做某事）"的产生，应该是被 order、ask 同化的结果。

　　Heine and Kuteva（2002）提及，世界语言中由"制造、做"义的动词转化为致使范畴的有很多。如 Waŋkumara 语中的 *munkV*，Sango 语中的 *sara*，Moru 语中的 *ba*，Lendu 语中的 *bu*，Logo 语中的 *ba*，Saramaccan CE 语中的 *mbei* 等等。这么多语言中的"制造、做"义动词演变为使令动词，说明人类有相似的思维模式。这归根结底是由此类词语中的行为隐含结果义决定的。

　　Cause 本为名词，表示"原因"，名词转化为动词，表示"引起"，带抽象名词宾语。跟 make 一样，动词之后的成分进一步复杂化，演变为使令动词，表示"致使（某种状态）"。然后宾语之后的成分替换为行为动词，整个结构变为"致使某事发生"。

综合来看，make、have、get、cause 在演变为使令动词之前，或者是"引起某种状态"或者是"具有/达到某种状态"。不管怎样，都具有状态义，都是状态动词。再往前看，除 cause 之外，其余三者都是具有结果义或者能带来某种结果的行为动词。其演变线索可概括为：

使役义使令动词←抽象"致使"使令动词←状态动词←行为动词（名词）

状态化是抽象"致使"义使令动词的必由之路。

（三）行为动词→使令动词，如 send。

使令动词 send 的前身是行为动词，表示"遣、送、寄、发出"等义，跟汉语"遣"相似，不过前者意义更为宽泛，搭配对象也更多，可以是物，也可以是人，后者的搭配对象只能是人。跟"遣"的演变一样，send 最初只能表示"派遣-行为"，后来才可表示"致使-状态"。后者在现代英语中还不很常见。

（四）心理动词→使令动词，如 allow、let。

Allow 原为心理动词，表示"同意、赞成"。由此，引申为"容让"，从而演变为使令动词。整个结构一般应解读为"容让某人做某事"，是间接致使（科姆里，1981）。由于主语通常是人，而人通常具有影响力，只是影响力的大小因语境而异。所以在特定的语境中，allow 也可解读为"致使"。其致使义大概就是这样产生的。

Let 演变为使令动词之前也是心理动词，"允许"的意思，其演变缘由跟 allow 一样。不过，再往前回溯可知，let 最初是行为动词，既可表示"留下"，也可表示"离开"。引申为"放开"，再引申为"允许"。这样就走上了跟 allow 的相同之路。

小　结

根据以上分析，我们可以总结以下有关英语使令动词形成的一些规律。

1. 使令动词的前身都是普通动词，且绝大部分是行为动词；有的最初虽是名词，后来演变成使令动词，也须经历普通动词阶段。

2. 多数使令动词先有"致使""容让"义，最后才产生"使役"义，少量使令动词，如 send 是先有使役义，后来才产生致使义；order、ask 目前仍只有使役义，尚未产生致使义。

3. 与使令动词意义的产生相适应，英语运用使令动词的结构式的意义通常是先产生"致使-状态"义，而后产生"使役-行为"义。

4. 使令动词的前身都带有结果或能带来某种结果，具有影响性，都有共同义素［+影响］，这是它们能发展成为使令动词的基础。

5. 只能表述"使役-行为"和"容让-行为"的使令动词在形成过程中比较简单，直接来自行为动词，功能比较复杂的使令动词在形成之前要经历状态化阶段。也就是说，那些后来演变成复杂使令动词的行为动词，如 make、have、get，在演变过程中经历了不表示具体动作而只表示状态的阶段。状态化是表述致使义的使令动词的必由之路。

第三节　英、汉使令动词形成之比较

比较英、汉使令动词，可以看出它们在很多方面有共性。具体表现在以下三个方面。

一　来源和演变之异同

前面章节介绍了汉语使令动词"使、令、遣、命、致、教、请、俾、让、劝"等，这些词语原来都是普通动词，但是它们后来都变成了使令动词。演变的基本情况如表 6-2 所示。

表 6-2　　　　　　汉语使令动词形成线索一览

	使令动词	行为动词	言语动词	心理动词	名词
使	致使←派遣	派遣			
遣	致使←派遣	派遣			
令	致使←命令		命令		
命	命令		命令		
教	致使←命令←教导		教导		
请	要求		要求、请求		
俾	致使←派遣	派遣			
让	要求←致使←容让	让与	谦让、辞让		
劝	要求		劝请		

续表

	使令动词	行为动词	言语动词	心理动词	名词
致	致使	到达			

将表 6-2 与前一节的表 6-1 加以对照可知，英、汉使令动词有共同的来源：两种语言使令动词的前身都是普通动词。但是，从普通动词演变为使令动词，两种语言也有一些差异，具体表现在。

1. 英语的使令动词多来自行为动词，但也有少量心理动词、言语动词，个别词语的源头甚至是名词；汉语的使令动词一般来自言语动词，即便如"使、遣"本是行为动词，但也与言语动词相关联，只有"致"的本义与言语行为无关。

2. 英语多数使令动词先有致使义和容让义，最后才产生使役义；汉语绝大多数使令动词先有使役义和容让义，最后才产生致使义。

3. 英语的普通动词演变为使令动词，通常要经历状态化阶段，如果不经历此阶段，则其功能有限，只能表述"使役-行为"，不能表述"致使-状态"，汉语的普通动词演变为绝大多数使令动词是按照"使役-行为"→"致使-状态"阶段演变的，只有"让"例外。

4. 与使令动词意义的产生相适应，英语使令动词的句式义通常是先产生"致使-状态"义，然后才产生"使役-行为"义；汉语使令动词的句式义通常是先产生"使役-行为"义，中间经过多个阶段，最后才产生"致使-状态"义。

二 语义基础之异同

并非所有普通动词都能演变成使令动词，英语、汉语都是这样。最终演变成使令动词的普通动词往往有共同语义特征。下面，我们将英语、汉语中的使令动词的意义进行对比分析。

（一）英语中的使令动词

Order：命令，[+A 影响 B 做某事]，[+言语]……
Ask：要求，[+A 影响 B 做某事]，[+言语]……
Send：送，寄，[+A 影响 B 移动]，[+动作]……
Make：制造，引起，[+A 影响 B 的结果或状态]，[+动作]……
Allow：允许，[+A 容让 B 做某事]，[+心理行为]……

Let：允许，[+A 容让 B 做某事]，[+心理行为] ……
Cause：引起，[+A 影响 B 出现某结果或状态]，[+致使] ……
Have：有，[+A 有某物 B，B 处于某种状态]，[+状态] ……
Get：达到，[+A 使 B 达到某种状态]，[+状态] ……

（二）汉语中的使令动词

使：派遣，[+A 影响 B 做某事]，[+与言语相关的行为] ……
遣：派遣，[+A 影响 B 做某事]，[+与言语相关的行为] ……
令：命令，[+A 影响 B 做某事]，[+言语行为] ……
命：命令，[+A 影响 B 做某事]，[+言语行为] ……
教：教导，[+A 影响 B 做某事]，[+言语行为] ……
请：请求，[+A 影响 B 做某事]，[+言语行为] ……
俾：派遣，[+A 影响 B 做某事]，[+与言语相关的行为] ……
让：让与，容让：[+A 给 B 做某事的机会]，[+与言语相关的行为] ……
劝：劝请，[+A 影响 B 做某事]，[+言语行为] ……
致：到达，使到达，[+A 使 B 达到某种状态]，[+状态] ……

（三）英语、汉语使令动词形成的语义共性

仔细分解这些词语的概念要素可知，以上词语除英语 have、get 和汉语"致"之外，其余词语都有可概括为 [+A 影响 B 的行为] 的概念要素，有的是直接影响，有的是间接影响（容让）。A 对 B 的影响，A 的行为或特征是 B 受到影响的原因。这种意义是形成使令动词的基础。不过，表示 B 受到的影响的意义不能包含在这种动词中，如果包含于其中的话，就成了"致使+影响"综合于一起的词语。这种词语就不再可能发生变化。

汉语的"致"和英语的 get 本义相近，引申义也有很多相通之处。二者本义均为"到达某地"，又都有引申义"使到达某地""使到达某种状态"等。最后又都由此引申义演变为使令动词。

Have 原本不含 [+A 影响 B] 的义素，但由于其含义中也包含"有某种状态"，与"致"、get 的状态义非常接近，加之 have 跟汉语中的"有"一样，也可构成描写性 SVOC（兼语式），其句法结构与其他使令动词的结构一致，而主语通常是能发出某种影响力的人，因此，其句法结构受重新分析，被人解读为使令性 SVOC，have 被分析为表示"致使"意义的使令动词,又进一步发展使役性的使令动词。

(四) 英语、汉语使令动词形成的语义差异

英、汉使令动词来源的差异反映了什么? 为什么会有这种差异? 我们认为,使令言语行为反映行为主体 X 对另一主体 Y 的操控和约束,要求主体 Y 必须做出相应的反应,体现了 X 的高等级和权力,体现了 X 对 Y 的强意志性。这样,X 的言语行为具有较强的主观性。从"使役-行为"向"致使-状态"演变,也就是主观性逐渐消失、逐渐变成客观致使的过程。

汉语使令动词与言语行为和言语动词密切相关,汉语使令动词的产生和发展过程,也就是主观性逐渐消失、客观性逐渐增强的过程;相反,英语使令义动词与言语行为关系甚小,与状态化的行为动词关系较密切,说明英语使令动词在形成过程中与体现强意志性的主观性关联度小,与客观性关系较紧密。英语使令动词的形成过程体现的是 X 跟 Y 之间的客观联系。英语使令动词的产生发展过程,是客观性逐渐减弱、主观性逐渐增强的过程。

总的来说,英、汉使令动词形成和发展过程的差别大致如表 6-3 所示。

表 6-3　　　　　英汉使令动词形成演变过程的语义差别

	语义演变过程	演变差异
英语	"致使-状态" → "使役-行为"	客观→主观
汉语	"使役-行为" → "致使-状态"	主观→客观

此外,我们还认为,英语、汉语使令动词来源的差异也体现了两种语言中"使役-行为"跟"致使-状态"的关联度方面的差异。具体来说,汉语中"使役-行为"跟"致使-状态"的关联度较大,而英语中"使役-行为"跟"致使-状态"的关联度较小。因为汉语使令动词的形成和发展均体现了较为齐整的演变,模式的齐整性体现了两种语义间和谐而紧密的关联性。相反,英语中使令动词不仅来源多样,而且并不遵循从实在向虚泛演变的规律性,其形成和发展不如汉语那么严整,随意性较大。这说明英语中两种语义的关联度不及汉语。

三　相似的句法格局

英、汉普通动词演变为使令动词,句法变化上表现了很强的相似性。

这些相似性表现在结构变化、成分变化等方面。

（一）结构变化

汉语普通动词在演变成使令动词之前，都可以构成"施事+动词+受事"的 SVO 结构，"使、令、教、让、遣、致、请、俾、劝"等无不如此。由于语用等原因，SVO 结构与后续小句融合，从而使句法结构复杂化，后续小句变成 SVO 之 V 的强制性成分。这样，行为动词演变成使令动词，SVO 结构也变成兼语式。

现代英语中，普通动词构成的 SVO 是常见句式。order、ask、send、make、have、get、allow、let、cause 等词语，既可以构成 SVO，也可以构成等值于汉语兼语式的 SVOC。语法化理论认为，共时平面的多样性往往是历时演变的积淀。变成使令动词的词语一般有多个义项，能揭示这些词语的演变轨迹。语法化理论还认为，词义通常按照由实到虚的方向发展，而句法结构也通常按照由简单向复杂的方向变化。相比于普通动词，使令义动词的词汇意义要空泛得多。根据语法化理论可推断，普通动词向使令动词演变的过程中，句法形式也发生了从相对简单 SVO 向较为复杂 SVOC 演变的过程。在尚未向使令动词演变之前，这些词语一般不会用于类似于汉语兼语式的 SVOC 结构式。由于语用需要，补语进入 SVO 中并附着在 O 之后，形成 SVOC，从而使得语意更完整。当然，这些推论有待进一步证实。

（二）成分变化

使令动词在进一步发展过程中，句法结构变得更为复杂，而且补语（PP_2）、宾语（兼语）和主语都发生了相应的变化。

1. 补语（PP_2）的变化

汉语使令动词形成以后，整个兼语式的意思是"主体命令/派遣/教导/容许某人做某事"，其中表示"做某事"的 PP_2 都是行为动词。当使令动词向抽象"致使"演变时，表示状态的动词、形容词开始出现在结构之中。兼语式的整个意思也变成了"致使某人或某物处于某种状态"。

英语有"使令"义的动词形成之时，其所处 SVOC 的意义也很单纯。要么只表示"命令/说服/迫使某人做某事"，要么只表示"致使某人/物处于某状态"。例如，order、ask、let、allow 目前仍只是表示"命令、要求、容让"的使令动词，还没有向抽象"致使"演变，SVOC 只表示"命令/说服/迫使某人做某事"，补语（PP_2）还是行为动词。再如 cause

目前只是表示抽象"致使"的使令动词，尚未被其他使令动词同化，其补语（PP_2）也只是形容词或状态动词的不定式或过去分词形式。又如含 send 的 SVOC，原意为"派遣某人做某事"，后来向抽象"致使"演变，产生"致使某人或某物处于某种状态"义，形容词等状态成分可进入补语位置。又如 make、have、get 初为使令动词时，进入补语位置的通常是状态成分，但随着它们受到"命令/说服/迫使某人做某事"义词语的同化影响，不定式、现在分词等可进入补语位置。

这些表明，英、汉使令动词进一步演变时，补语的类型也同样发生变化。

2. 宾语（兼语）的变化

汉语使令动词初成之时，兼语往往是人，具有行为能力，能施为 PP_2 所表示的行为。当兼语式的整体意义变化时，兼语的范围扩大到物，不一定具有行为能力。

英语使令动词的宾语也有类似的变化。可以分两种情况：

①当使令动词为具有"派遣、要求、容让"义的 send、let、allow 等词时，宾语通常是人，具有行为能力，能施为补语中不定式、分词中的动词所代表的行为。如果这些词语意义向抽象"致使"方向演变时，宾语也会扩大到物，且不一定有行为能力。

②当使令动词如 make、get、have 初为"致使"义时，宾语范围大，可以是人，也可以是物。当这些使令动词的向"命令、要求"等意义演变时，宾语范围缩小，只能是有行为能力的人，不能是物。

3. 主语的变化

汉语使令动词表示"派遣、命令、容让"等义时，兼语式的主语只能是具有操控能力的人；表示"致使"时，兼语式的主语通常是物，操控能力降低甚至消失。英语使令动词如 send、let、allow 初为"派遣、要求、容让"等义时，主语也是具有操控能力的人；如果这些词语意义向抽象"致使"方向演变时，主语通常变为物，不具备操控能力。但 make、get、have 初为"致使"义的词语，主语通常是物，不具备操控能力；当它们向"命令、要求、容让"等义演变时，主语变成具备操控能力的人。

考察英、汉使令动词产生、发展上的共性和差异，具有很高的语言历时类型学的价值。以上我们对英、汉使令动词从句法、语义、来源及发展演变等方面做了比较分析，这些研究在一定程度上挖掘了语言历时类型学的价值。可以看到，英语和汉语的使令动词在这些方面有很大的相似性，但也有很多差异。之所以会有相似性，是因为人类思维在很大程度上具有跨民族、跨地域的相通性。人类在组织语言方面，也有着相通的优势选择。之所以会有差异性，是因为不同民族、不同地域人们的思维模式不可能完全相同，尤其是在隐喻方面。但也要看到，我们的研究，尚缺乏英语历时材料的支撑，有些结论须进一步证实。

第七章

使令动词的产生对使动用法的影响

兼语式的形成，给汉语带来了活力，原来需要用两个小句表述的两个事件在一个复杂句内得以表述。如：

(1) 卫人使右宰丑莅杀州吁于濮。(《左传·隐公四年》)

上例用了兼语式，将"卫人使右宰丑"和"右宰丑莅杀州吁于濮"两个事件整合在一起，如果不用兼语式，就必须用两个主谓小句进行陈述。可见，兼语式的形成，使汉语句子的信息量大为增加。

更为重要的是，兼语式的产生，丰富了汉语信息表达手段。如：

(2) 使民不安其土，民必忧。(《左传·昭公二十五年》)

上例中，"安"带处所宾语"其土"。而"安"也可以带使动宾语，如"安民"(使民安)、"安心"(使心安)。如果没有兼语式，上例就只能说成"不安民其土"。这样，"安"就得带上双宾语，而这种类型不符合语言习惯。兼语式的形成，很好地解决了这个问题。

随着兼语式的日益推广，处在 V_1 位置的使令动词不断变化，原来表述两个事件的兼语式逐渐变成"事件+事件的结果状态"，原来由行为动词占据的 PP_2 位置开始接收表示状态的形容词和动词。我们知道，上古汉语形容词除了充当定语和描写性谓语外，还一个很常见用法是，在表述事件时带使动宾语，即通常所谓"形容词的使动用法"。用于使动的形容词包含两个义素 [+致使；+状态]，"致使-状态"型兼语式也是如此。从这个角度来说，二者等值。只是前者用综合手段(词汇手段)，而后者用分析手段（句法组合手段）。根据前面的考察可知，使令动词形成于上古，成熟于东汉。众所周知的一个事实是，形容词的使动用法在中古大大衰落。两种现象之间有没有联系？我们选取若干文献对上古至中古的使令兼语式中形容词充当 PP_2 的情况进行考察，展示二者的关系。

兼语式跟使动用法之间的语义关系，前人早有认识，古书中常以"使之 X"的格式训释词语"X"，能清楚地说明这一点。对于二者之间此消彼长的事实，现代语言学家也曾有所说明，如陈承泽（1922）、杨树达（1929）、周祖谟（1946）、太田辰夫（1958）、王力（1964）、李平（1981）、蒋绍愚（2000）、张艳（2009）等。但是，这些成果大多没有重视使动用法、使令动词及使令兼语式的关系，没有抓住问题的关键，也就无法真正揭示使动用法的衰落原因。从语义角度考察使动用法和使令兼语式的历时发展，对问题的解决尤为重要。

第一节 《左传》中形容词的两种用法

前文已述，《左传》使令动词数量不多，只有"使、俾、令"等少数几个，除"使"之外，其余都用得很少。但用这些词语构成的兼语式倒是很丰富，如"派遣-行为""命令-行为""致使-行为""致使-状态"等，其中，"致使-状态"型非常少，这也就意味着能进入 PP_2 位置的形容词还不多。下面对《左传》使令兼语式 PP_2 位置的形容词加以考察。

一 在"致使-状态"兼语式中充当 PP_2 的形容词

《左传》中，能进入 PP_2 位置的形容词有 19 个。如（因多数例句已在前文出现，为方便观察和节省篇幅起见，此处只列兼语小句，不说明出处，下文不另作说明）：

使民不安其土	使我败于邲	使次己位	使我速死
不如小决使道	使吾子辱在泥涂	勿使坏	使君亡者
使登者绝而后下	使睦而疾楚	君使民慢	其使能终
使乘车者左实右伪	使柔服焉	使不聪明	使重其罪
上之人能使昭明	何故使吾水滋		

以上小句中的"使"都表示"致使",加点的"安、败、次、决、辱、坏、绝、睦、慢、实、伪、柔服、聪明、昭明、死、亡、滋、终、重"等都是状态形容词,"使+A"相当于形容词的使动用法。

心理动词可以表述心理行为和心理状态,代词"然"也可指称状态。《左传》中有少量心理动词和代词"然"可以进入"致使-状态"兼语式,如"怨、憾、畏忌、知"等:

使游氏勿怨　　使莫不憾者　　使民畏忌　　我则使然

但是,《左传》中有些形容词进入兼语式后仍为使动用法。如:

(1) 而亦使安定其社稷。(《左传·襄公二十八年》)
(2) 令倍其赋。(《左传·襄公二十二年》)
(3) 使薄其鸠。(《左传·僖公三十年》)
(4) 使黜官、薄祭。(《左传·襄公二十二年》)
(5) 使恶杜泄于季孙而去之。(《左传·昭公四年》)
(6) 晋侯使复其位。(《左传·宣公十二年》)
(7) 子产使尽坏其馆之垣而纳车马焉。(《左传·襄公三十一年》)
(8) 使有司宽政,毁关,去禁,薄敛,已责。(《左传·昭公二十年》)
(9) 齐侯使管夷吾平戎于王,使隰朋平戎于晋。(《左传·僖公十二年》)
(10) 使盈其罪。(《左传·哀公二十六年》)
(11) 使齐之封内尽东其亩。(《左传·成公二年》)

加点词语"安定、倍、薄、恶、复、坏、宽、平、盈"一般情况下是形容词,但在上面各兼语式中充当PP_2仍具有致使义,是使动用法。除例(11)之外,其他各例中的使令动词"使"带有较强的行为意义——"命令"。以上例子说明,通常被视为形容词的词语,只有在"致使-状态"兼语式中充当PP_2才不含致使义,而由表示抽象"致使"的使令动词承担,也只有如此,才真正用了分析的方法代替使动用法。

根据以上分析可知，《左传》中进入"致使-状态"兼语式的形容词数量有限，绝大多数形容词还没有进入这种结构。即，需要表述[+致使]和[+状态]两个义素时，《左传》一般不使用分析手段，不使用兼语式。

二 形容词的使动用法

张艳（2009）对《左传》的使动用法和自动用法做过全面考察，她发现以下单音节形容词有使动用法现象：①

安、败、卑、备（齐备）、敝、薄、残、长₁（chang）、达、定、笃、断、多、肥、丰、富、高、固、寒、和、厚、坏、活、坚、竭、尽、静、靖、劳、老、羸、利（锋利）、裂、乱、茂、美、宁、疲（罢）、平（平坦）、平（平安）、破、亲、轻、强、倾、穷（尽）、濡、弱、伤、深、生（活）、盛（大）、实、通、危、虚、宜、盈、永、优、远、长₂（zhang）、折、正、治、重（zhong）、足、醉，共77个。

复音节形容词有使动用法的有：安靖、艰难②。

还有一些词语是不是形容词有争议，但其表示"状态"的特征非常明显，"行为"特征非常弱，我们也罗列如下：

毙、绝、亏、没、丧、死、殄、亡、夭

此外，有些方位词有使动用法，其表示方位时类似于性质形容词。如：

先、东、上、下、左、右、后

《左传》中，"使动"形容词跟在"致使-状态"中的形容词相比，有以下特点：

1. "使动"形容词比"致使-状态"中的形容词要多得多，大多数形容词有使动用法，但没有出现在兼语式的 PP_2 位置。"使"字用于"致

---

① 张艳（2009）的统计数据实际上并不完全是根据《左传》得来，还综合了先秦其他文献。本文只讨论形容词的使动用法现象。在利用其数据时，我们将动词排除在外，故数据与之有差异。

② 《左传》中"辑宁、挠乱、翦灭、绥静、匡正"等组合也有使动用法，我们认为这些组合的前一成分为动词，只有后一成分才是形容词，故不统计在内。

使–状态"型兼语式的总量只有50多例,并且其中包括心理状态、存现状态、得失状态,如果排除这些,实际数量只有20多例。张艳(2009)指出,《左传》中形容词的使动用法有1000例以上。《左传》中"致使"义的表达主要采用综合手段,分析手段非常少。

2. 有些形容词只能出现在PP_2位置,没有使动用法,如"聪、明、慢、睦、柔服、昭明、滋、滋蔓"等,约占此类的一半。这些词语中有的在汉语史上很难找到使动用法,如"聪、明、慢、睦"等,这些词语在表述"致使"义时,只能用分析手段。如果没有句法手段,这些词语或许难以表述"致使"义。由此也似可推断,"使"字兼语式用于"致使–状态"是应这些词语的要求而生。

3. 有些词语既有使动用法,也可以出现在"致使–状态"的PP_2位置。据此似有以下几种推测:一是这些词语可自由选择表达方式,用使动还是用兼语式,没有限制;二是其用于使动,是受其他意义接近的动词的同化影响;三是其用于"致使–状态"的PP_2位置,是受上一类形容词的同化影响。

相比而言,第一种推测不大可能。用不用为使动,这些词语固然有两种选择,但在表示[+致使,+状态]时,未必也是如此,因为《左传》中"致使–状态"兼语式并不普遍。第二种推测与事实不大相符,因为这些词语在《左传》中的使动用法比较常见,如"多"的使动用法有22例,"绝"有31例,"亡"有29例,其他形容词的使动用法也不少。第三种可能性最大。后文讨论将证实,从上古到中古,随着"致使–状态"兼语式的日益普遍,随着使令兼语式表述"致使–状态"的比重越来越大,形容词充当PP_2的能力越来越强,这种形容词的数量不断扩大,使动用法日益萎缩。这种趋势跟第三种推测非常一致。

总的来说,《左传》中形容词的使动用法非常丰富,而进入"致使–状态"兼语式中充当PP_2的用例还非常少,表述[+致使;+状态]基本采用综合手段,很少用分析手段。

第二节 《史记》中形容词的两种用法

一 在"致使–状态"兼语式充当PP_2的形容词

《史记》中,能够进入"致使–状态"结构的形容词有47个。如:

使蕃臣不自安	汉使乏绝积怨	使人恻隐
使君子怠慢	而令头已断矣	名家使人俭而善失真
病使人烦懑	使人方正而好义	吾今令之复矣
皆令广大长	使秦制和	然令人主和说
令后世骄奢	使俗之渐民久矣	道家使人精神专一
使人拘而多所畏	使人不倦	令民奉祠不绝也
使囹圄空虚	乃自令困辱至此	中绝不令相通
使卫乱乃此矣	使各自明也	使之阳而不散，阴而不密
使欲不穷於物	使势相破	使方外之国或不宁息
故令春生夏长	臣能令君胜	令顺民心
无自令身死国灭	不能使韩不亡	使人温舒而广大
使人整齐而好礼	令其量中	使人腹肿
使其声足	使其文足	臣居燕不能使燕重

乃令咸阳之旁二百里内宫观二百七十复道甬道相连

令薄

使耳目鼻口心知百体皆由顺正

且终不令灌仲孺独死，婴独生

以上加点词语都是形容词，在"致使-状态"兼语式中充当PP_2。

《史记》中还有一些表心理活动的词语可在此结构中做PP_2。如"愁苦、急、怒、畏、疑"等。如：

(1) 乃使边境之民獘靡愁苦而有离心。(《史记·平津侯主父列传》)

(2) 使之大急。(《史记·魏世家》)

(3) 即令公主怒而轻君。(《史记·孙子吴起列传》)

(4) 今君相秦，……使天下皆畏秦。(《史记·范睢蔡泽列传》)

(5) 吾闻之，长者为行，不使人疑之。(《史记·刺客列传》)

《史记》中还有代词"然、如此"，方位词"东"以及数量短语等可在"致使-状态"兼语式中做PP_2，只是没有使动用法。如：

(6) 如何令盗如此！（《史记·李斯列传》）

(7) 传曰"青采出於蓝，而质青於蓝"者，教使然也。（《史记·三王世家》）

(8) 必得笑克者萧桐叔子，令齐东亩。（《史记·齐太公世家》）

(9) 诚得水，可令亩十石。（《史记·河渠书》）

《左传》中，"败"可以作为形容词进入"致使-状态"兼语式，但《史记》中进入兼语式的"败"只有使动用法的用例。如：

(10) 此人亲惊吾马，吾马赖柔和，令他马固不败伤我乎？（《史记·张释之冯唐列传》）

(11) 恶者辄斥去，毋令败群。（《史记·平准书》）

以上两例中"败伤""败"均是使动用法。当然，《史记》中某些句子的"败"字有排斥综合手段的倾向。如：

(12) 秦使翦子王贲击荆，荆兵败。（《史记·白起王翦列传》）

上例是承接复句，按常规来说，陈述完"秦使翦子王贲击荆"之后，在不更换主语的情况下可接着说"败荆兵"，但此处不仅将主语改成"荆兵"，而且也不将"败"用为使动，表现出排斥使动用法的倾向，反映出使动用法衰落的趋势。

与《左传》相比，《史记》中进入"致使-状态"兼语式的形容词明显增多，比《左传》扩大了一倍多；相应地，用分析手段表述［+致使；+状态］的句子也明显增多，比《左传》扩大了5倍。进入"致使-状态"兼语式的双音节形容词也明显增多，共有18个，而《左传》只有4个。

由此可推断，从先秦至西汉，分析手段渐渐发展起来了，开始跟综合手段竞争。从《左传》到《史记》，使令动词的功能得到扩展，越来越多地用来表述"致使-状态"，与此相应，使令动词的功能也在逐渐扩展。

根据双音节形容词进入此句法结构的数量对比，我们还可以推测，分析手段的发展，可能与形容词的双音化有关。《史记》篇幅约为《左传》的 2.6 倍，但进入这种结构的双音节形容词却是后者的 4.5 倍。

二　形容词的使动用法

众所周知，上古汉语使动用法丰富。第一节的讨论充分展示了上古汉语形容词使动用法的基本特点。西汉形容词的使动用法又有何特点呢？下面以《史记》为代表进行讨论。

张艳（2009）对《史记》的使动用法做了全面考察，以她的考察为基础，再加以重新整理，可知《史记》中用为使动的单音形容词有：安、暗、败、卑、薄、残、长$_1$、愁、断、多、肥、烦、忿、富、感、高、固、广、寒、和、厚、坏、缓、活、惑、坚、贱、骄、静、惧、绝、均、空、苦、亏、觉、劳、老、乐、累、利、裂、乱、美、灭、明、宁、怒、疲、平（齐）、破、强、轻、穷、全、辱、润、弱、散、丧、伤、深、生、盛、实、顺、死、碎、殄、调、通、同、完、亡、危、畏、误、虚、夭、优、愚、愈、远、正、重、足，共 85 个。具有使动用法的单音节心理动词有：骇、惊，共 2 个。此外，还有几个双音节形容词在《史记》中有使动用法：破碎、死生、破灭、显著、整齐，共 5 个。① 这些词语或不见于《左传》，或虽见于《左传》但无使动用法。

将《史记》中"使动"形容词与"致使-状态"兼语式中的形容词相比，可以发现：

1. "使动"形容词比"致使-状态"兼语式中的形容词多出不少。根据张艳（2009）的考察，以及我们对"致使-状态"兼语式中的形容词的统计，《史记》中"使动"形容词数量占绝对优势，综合手段仍占绝对优势，分析手段只有辅助作用。

2. 有些单音形容词只出现在 PP_2 位置，没有使动用法，如"急、久、密、齐、胜、阳、阴、长、中、肿"等，约占此类的 1/4。这些词语在《左传》中同样如此。至少能说明，西汉表述"致使"义时，如果要用这些词语，需优先考虑分析手段。

---

① 《史记》中"惑乱、迷乱、惊骇、惊动"等属于"动+形"和"动+动"组合，故不统计在内。还要注意的是通常做形容词的词语带宾语并不一定用如使动，有可能表示存现，宾语为存现宾语。如"多"：使尔多财，吾为尔宰。（《史记·孔子世家》）

3. 《史记》有 19 个双音形容词在"致使-状态"兼语式充当 PP_2，但大多没有使动用法。这种情况说明，西汉时，如果既要表述"致使"义，又要使用双音节形容词，需优先考虑分析手段。进而可说明双音化可推动分析手段的发展。

4. 有些词语既有使动用法，也可在"致使-状态"兼语式中充当 PP_2，共有 17 个，超过单音节形容词的一半。这种情况说明，即使形容词可使用分析手段，此时综合手段仍然重要。

再拿《史记》与《左传》进行历时比较。可以发现。

1. 《史记》中"使动"形容词和在"致使-状态"兼语式中充当 PP_2 的形容词都在增长，但后者的增幅更大。

2. 有些常用形容词在《左传》中不能在"致使-状态"兼语式中充当 PP_2，但在《史记》中可以，如"绝、复、薄"等。这种现象说明，随着使令动词的发展和功能扩展，部分常用形容词在需要表述 [+致使；+状态] 的语境中开始采用分析手段，形容词的使动用法有衰落迹象。

3. 《史记》中进入"致使-状态"结构充当 PP_2 的双音形容词明显增加。拿它与同义的单音形容词相比可知，双音形容词既可用综合手段，又可用分析手段，而同义单音形容词多用综合手段。如：

空——空虚

（13）此实空越，名从诸侯以伐也。（《史记·仲尼弟子列传》）

（14）……安国富民，使囹圄空虚。（《史记·汲郑列传》）

上面例（13）"空越"用综合手段表述 [+致使；+状态]，而例（14）"使囹圄空虚"用的是分析手段。尤其值得注意的是"使囹圄空虚"前面"安国富民"用的是综合手段。按常理来说，说完"安国富民"之后再说"空虚囹圄"，两个使用综合手段的四字语非常整齐，但这里使用分析性的兼语式。这表明《史记》中，分析手段虽用得不很多，但已蕴含着强大的生命力。

正——方正、顺正

(15) 缟素而正先帝之过。(《史记·秦始皇本纪》)
(16) 闻商音，使人方正而好义。(《史记·乐书》)
(17) 使耳目鼻口心知百体皆由顺正。(《史记·乐书》)

例（15）"正先帝之过"用综合手段表述[+致使；+状态]，而例（16）"使人方正"与例（17）"使耳目鼻口心知百体皆由顺正"用的是分析手段。

宁——宁息
(18) 我且杀孔父以宁民。(《史记·宋微子世家》)
(19) 是以使方外之国或不宁息。(《史记·孝文本纪》)

以上各组例子均说明，双音节形容词比单音节形容词更倾向于选择分析手段。随着汉语双音化的增强，分析手段是否也逐渐成为优先选择？答案应当是肯定的。

第三节 《太平经》中形容词的两种用法

一 在"致使–状态"兼语式中充当 PP_2 的形容词

《太平经》中在"致使–状态"兼语式充当 PP_2 的形容词有 124 个，其中单音节形容词 54 个，复音节形容词 70 个。充当 PP_2 的复音节形容词超过了单音节形容词，另外还有 5 个心理形容词。如：

则使国家长安	使得安静	今使愚人后生，遂暗无知
令小人与君子不别	令人君暗蔽	故使人病者，乃乐觉之也
令后世德君察察	使得长生	是令怅然
令人痴狂慢欺	乃使帝王愁苦	使帝王无聪明闭塞
使帝王无故断绝	自令命短	使其名善
反月使人益恶邪	使其物恶	乃反使男多而女少不足也
使神劳心烦苦	使人烦懑	各令分明
或使人大悦喜	令汝不死乎	或使人常苦大忿

使天忿怒	令后世日浮浅	复令天怒重忿忿
日使道浮且浅	令皆腐涂	其应乃使天地隔绝
使阴阳天气不和	使天气和调	使王治不和良
使有和顺乎	使神不恨	不当使天地恨怒也
使人恍惚	皆令欢喜	令人惚惚悦悦
使治昏愦	使其浑沌	使人饥寒而死
使人不吉	欲使常谨敬	大爱人使人吉利
故使流灾不绝	令地主敬慎	故使人民皆静而无恶声
使其言不空也	皆使乐善也	故令民命不得复久长
使觉寐望戒左侧	使子觉悟	使其心旷然开通
使其愦愦	令使贤且乐	令使不肖者且苦
令使人心乱也	自令苦极	故使乱败矣
故使久乖乱不调	使贤儒迷迷	令人灭亡矣
令生身日明	遂令冥冥	则使今年（今当作令）
欲使子努力不懈	使天下不平	故使天地大怒
安能使人大贫哉	各令平均	常使天地内独岁不平安
使此九气合和	使其平平	故能致上皇太平也
故使与面齐	常使强健	令人各自轻忽
令人不穷	令人穷困矣	令命不全
才使其仁	使其名善	诋冒令人伤
使得苏息之间深厚	而使过少	故令自慎
三解可使文书省减	使其老寿	故使阴气盛，阳气衰也
天已使子寿矣	令人顺孝	何故反使火衰也
令汝不死乎	使天忿怒	或使人死灭
故令欲使其疾死亡	令人死凶	使天地不调
乃使其辞语不通	各保令完全	天上文辞使通彻
令道大邪	勿令懈忽	常使君臣民都同，命同，吉凶同
使得温饱	故令希少	当令完
则使人大贤	则使人不肖	勿使其王也（王：旺）
因使万物不兴昌	令人常喜	使不危
使天下恟恟	令使孝善	是人能使物兴衰进退

令更眩不自知	文多使人眩冥	使君治眩乱
使天地常不悦喜	使得长大	常使天恇恇
使其时人直质朴	令使君治	令民臣不忠
天使自然如此也	更相令过重	与食令足
故使贤明共疑迷惑	使人不惑也	使其悦也
使人愚	令得愈	使疾正

此外还有代词"然"继续可以充当PP₂。如：天使其然。

与《左传》《史记》相比，《太平经》中进入"致使-状态"兼语式的形容词成倍增长，是《史记》的2.5倍，超过《左传》5倍多。特别是进入这种结构的双音节形容词明显增多，共有70个，比《史记》中同种类型的还多16个，约为《左传》的16倍、《史记》的4倍。并且，《太平经》的篇幅只有《史记》的1/3。

由此我们推断，分析手段在东汉时代已成为一种重要的表达方式，在跟综合手段竞争方面，已经取得一席之地。从先秦到东汉，"使、令"等使令动词越来越多地用来表述"致使-状态"，功能大大扩展，[+致使；+状态]义的表述越来越倾向于采用分析手段。从《太平经》中还可以看到，越来越多的双音形容词进入"致使-状态"兼语式，形容词的双音化与分析手段之间的联系逐渐加强。我们猜想，在此阶段，双音化使得汉语形容词的词性得到固定。

二 形容词的使动用法

《太平经》中，形容词的使动用法仍然很丰富，刘文正（2015）《〈太平经〉动词及相关句法研究》对出现在《太平经》中具有"致使"义的形容词做过全面考察，发现有下列词语有使动用法：

单音节形容词：安、败、病、昌、愁、定、短、断、烦、忿、富、故、规、和、活、坚、竭、尽、惊、竟、剧、觉、绝、苦、劳、乐、利、裂、满、凝、平、破、乱、荣、伤、通、亡、枉、危、闻、污、益、忧、冤、正、专、足，共47个。

双音节形容词：暗蔽、愁困、断衰、烦苦、贾利、骇畏、和合、和调、调和、竭尽、绝短、绝灭、绝匿、乱败、乱逆、乱误、荣宠、宠荣、伤衰、衰病、亡减、亡失、污乱、污辱、污恶、夭克、冤结、冤绝、冤枉、中断，共 30 个。

《太平经》中，有一些心理动词有使动用法。如：感、感动、动感、惑、惑乱、惑迷、惊动惑、恐忿、畏骇、晓、厌、荧惑/营或、知。

此外还有一些动作性较强的词语也有使动用法，这些词语或者动作性比较强，或者词中的某个构词语素动作性强。如：断除、断去、响、兴、兴利、兴生、兴行、行觉、中断止、淹污乱、淹污辱，其中单音词 2 个，复音词 9 个。

与进入"致使-状态"兼语式的形容词相比，《太平经》中"使动"形容词数量大大减少，充当 PP_2 的形容词总数超过了有使动用法的形容词的总数（124：77），这说明《太平经》中形容词的使动用法已经衰落，分析手段取得了优势。

与《左传》《史记》相比，《太平经》中"使动"形容词有所增加，但主要是双音形容词，其构件通常也是"使动"形容词。《太平经》中单音"使动"形容词比《左传》《史记》都要少，虽然《太平经》并不能反映当时语言的全貌，但是从这种对比中也可以看到，东汉的使动用法在下降，[+致使；+状态] 义的表述，越来越多地采用分析手段。

第四节 竺法护译经中形容词的两种用法

一 在"致使-状态"兼语式中充当 PP_2 的形容词

（一）西晋竺法护的 19 部译经中，可在"致使-状态"兼语式中充当 PP_2 的单音形容词 22 个。如：

煮熟令大美　皆欲使安　故使汝病　使不断者
使活如故　　能令死者生　扫道令净　使满百年
欲使灭不　　莫复令我贫　作方便令死　令弱者强
使众罪索　　使身不痛　开化令悦　我能令汝病愈
皆使永尽　　常使不绝
尔时姨母乳哺令长使吾身坏，肌骨枯腐，其身碎尽
假使卿心不相喜者

以上诸例均为"致使–状态"兼语式,加点词语充当PP_2,均为单音形容词,如"美、安、病、断、活、生、净、满、灭、贫、死、强、索、痛、悦、愈、尽、绝、长$_2$、坏、碎、喜"等。

表示心理状态"惊、觉"和行为状态的"结",也有同样作用。如:

慎莫令惊　　辩才令意觉　　使肠结如是

与前述文献相比,竺法护译经中能够进入"致使–状态"兼语式中充当PP_2的单音形容词少了很多。

(二)复音形容词也有相同的用法,这种词语共有50个。如:

好令安静	令我安隐	令饱满	勿令愁忧	令生虫臭恶
令身得充满	特令醇厚	使不断绝	莫使厄匮	勿令废断
而令丰饶	令我富饶	使诸刚强	令其欢喜	能令男子欢悦
不令饥寒	令心寂静	使无憍慢	令安吉祥无患	令身净洁①
协令静密	令人意迷乱	无令灭绝	悉令平等	使道平正
悉令普彻	普令清净	使彻清明	使土清宁	独令穷困
使德无缺减	悉令仁和	令人喜悦	欲令欣乐	转令兴隆
皆使严整	悉令严正	乃致夭亡	令魔忧戚	令民忧扰
令人愚痴	咸令悦豫	使长大耳	悉令照明	悉令周遍
不使迍塞	使吾身坏,肌骨枯腐		遂使致是痴惑日甚	
应时使梵志皆得欢喜悦		令我得如是聪明大智慧		

以上各例中,加点的"安静、安隐、饱满、愁忧、臭恶、充满、醇厚、断绝、厄匮、废断、丰饶、富饶、刚强、欢喜、欢悦、饥寒、寂静、憍慢、安吉祥、净洁、静密、迷乱、灭绝、平等、平正、普彻、清净、清明、清宁、穷困、缺减、仁和、喜悦、欣乐、兴隆、严整、严正、夭亡、忧戚、忧扰、愚痴、悦豫、长大、照明、周遍、迍塞、枯腐、痴惑、欢喜悦、聪明"等,都是双音形容词,在"致使–状态"兼语式中充当PP_2。多为两个同义词根并列,只有"安吉祥、欢喜悦"有三个同义词根。

---

① "洁净"似乎可用于动补结构,如:乃常为比丘尼扫除,扫除洁净已,辄发誓言令我能扫除天下人身病秽如是快耶。(《佛说㮈女祇域因缘经》)

这样使用的还有"覆蔽、毁灭、开解",可能有一定的动作性,但其状态特征非常明显。如:

皆使覆蔽　　令法毁灭　　使心开解

与单音节形容词相比,在"致使-状态"兼语式中充当PP_2的复合形容词是单音词的2倍多,这个比例比前面讨论过的文献有了进一步提高。可见,东汉以后双音化在继续加强,在"致使-状态"兼语式中充当PP_2的复合形容词也不断增长。

(三)除了形容词之外,代词"然、尔"也可在这种兼语式中指代状态,有2例。如:

自令其然　　欲使不尔

竺法护译经中在"致使-状态"兼语式充当PP_2的形容词一共72个,与《左传》《史记》《太平经》相比,比前两书要多出不少,但比后者少了40多个。刘文正(2015)曾将《太平经》中的动词与现代汉语动词相比较并指出,此书中复合动词的比例比现代汉语都要高,东汉是双(复)音化迅猛发展的阶段,同一复合动词意义往往有多个词形,其中部分动词因双音化的不成熟而未定形,随着时代发展,有些低频使用的逐渐被淘汰。竺法护译经中在"致使-状态"兼语式里充当PP_2的形容词的减少,恐怕也是如此。

二　形容词的使动用法

竺法护译经中,下列形容词具有使动用法。如:

单音节形容词:安、败、卑、残、断、烦、感、广、厚、坏、活、净(心)、绝、空、劳、乱、灭、破、穷、全、丧、伤、碎、调、危、虚、愈、悦、正、重,共30个。

复合形容词:饱满、残暴、残害、伤残、断绝、断除、遏断、解断、隔断、感伤、感动、和合、和解、和顺、迷惑、毁灭、坚固、坚住、开通、破坏、穷尽、惊动、困苦、劳屈、裂坏、调和、折辱,共27个。

与进入"致使-状态"兼语式的形容词相比,竺法护译经中有使动用法的形容词数量明显相对减少,前者是后者的 1.35 倍。东汉以来,使用分析手段整体上取得了优势,表述 [+致使;+状态] 义时日益采用兼语式形式。这一局面在西晋得以维持。不过也应注意,自东汉以来,具有使动用法的复合形容词有所增长。这一现象同译经语言特征相关,译经往往四字一句,句子简练,采用使动用法这种综合手段,有利于控制字数。

第五节 《世说新语》中形容词的两种用法

一 在"致使-状态"兼语式中充当 PP_2 的形容词

《世说新语》篇幅较小,可在"致使-状态"兼语式中充当 PP_2 的形容词也较少,只有 20 个,其中单音形容词 15 个,复合形容词 5 个。

单音形容词:方、佳、觉、乱、怒、亲、疏、死、泰、恸、喜、虚、远、著、足。如:

  晏乃画地令方 而正欲使其佳 唤江郎觉 使其酒足
  正使人人自远 士当令身名俱泰 能令公喜 能令公怒
  不欲使此声著 若使中朝不乱 使嘉宾不死
  何不使游刃皆虚 若使一恸果能伤人
  它人能令疏亲,臣不能使亲疏

复合形容词 5 个。如:

  使三乘炳然 令汝寿万春 使群臣释然
  非唯使人情开涤 若使阡陌条畅

《世说新语》中进入"致使-状态"兼语式充当 PP_2 的形容词一共 20 个,比《左传》多 1 个,比《史记》《太平经》少得多。原因有二:一是《世说新语》篇幅短小(主要原因);二是《世说新语》系文人叙事体,比较文雅。

二 形容词的使动用法

《世说新语》中具有使动用法的形容词有:安、败、备、畅、澄、恒、断、固、坏、毁、豁、坚、靖、决、苦、劳、累、连、裂、乱、宁、平、破、妻、倾、穷、屈、全、伤、盛、碎、袒、调、温、虚、逸、益、正、足、克服、小简、淬秽，共42个，其中单音词39个，双音词3个。

与进入"致使-状态"兼语式的形容词相比，《世说新语》中具有使动用法的形容词是其2倍有余；并且，《世说新语》中进入"致使-状态"兼语式的形容词以及具有使动用法的形容词的数量都非常少，远远少于《太平经》和竺法护译经。这些数据说明，《世说新语》的书面特色较强，在一定程度上影响了表述致使义时分析手段的使用，使得综合手段在全篇中占优势。

第六节 《齐民要术》中形容词的两种用法

一 在"致使-状态"兼语式中充当 PP$_2$ 的形容词

《齐民要术》是介绍北方农林牧生产、养殖技术的科技著作，通常是先介绍某种行为，然后介绍这种行为会产生什么结果。与此相适应，书中"致使-状态"兼语式用得多，也就是说，在"致使-状态"兼语式中充当PP$_2$的形容词非常多，就单音词来说，就有96个，名词用来表示性状时也可以这样用，共有6个。如：

勿令相逼	散蚕令遍	手揉令彻	授使极薄
以板石镇之令扁	令人大富	日曝令干	痛搅令和
常令水满	周筑令硬如石	使人易饥	必使极净
舒使极冷	常啮蒜令破	斩令长一尺半	令上劈裂
时使不溺	令胶不黏	化之使美	湿辗则令亩瘦
使汁甚滑	令马长跛	令地小荒矣	溲时微令刚
以水浸绢令没	日曝令皱	令直耸上	经冬令瘦
即令酘足	以火烧之令黄	曝根令坚	拭盐令尽
勿使棠近	停之使清	使豆小软则熟	勿使过咸
弥令酒香	常欲令温	间拔令稀	令羊口疮腹胀
卷令极圆	不可使厌	令书色暍	皆令瓜不茂
治釜令不渝法	曝使极燥	欲令菱长	令水道错

皆使周匝热彻	搅令黄白相杂	令曲如桥	不用令汗
勿使令湿	使地极熟	盘上调和令均	下蜜令甜
曝之令萎	踏其苗令死	臼中捣令碎	令羹浊而不能好
盖使不髯	烧铁令微赤	著怀中令暖	切生姜令长
以匕痛搅令散	故平都令光	数回转使匀	手捻之令褊
别舭之令细	宁随毛长者使深	即散收令干	和盐煎使熟
合煮之使烂	事麦折令精	著瓷漆盏中令凝	令上狭下阔
齑辣而苦	尤令速朽也	但令小卷止	碗子底按之令㘬
晚禾令地腻	斩两头令齐	令土下四厢高	令汁绝
令豉平	令人醉	令甚黑	令实繁
勿使饼	令不皱	令枣臭	令马肥
令豉苦	捣使熟	令饭涩	令调
使焦	浸豉使液	则令脐脓也	损首纸令穴
多与菹汁令酢	浸之令醋		

以上各例中，加点的"㘬、逼、褊、扁、遍、饼、薄、长、彻、赤、臭、酢、醋、皱、错、繁、肥、富、高、干、刚、光、汗、好、和、黑、滑、荒、黄、饥、坚、焦、尽、近、精、净、卷、绝、均、苦、阔、辣、烂、冷、裂、满、茂、没、美、溺、腻、黏、凝、暖、跛、破、平、清、齐、曲、髯、热、软、散、涩、深、湿、熟、瘦、死、碎、甜、调、萎、温、稀、细、狭、下、咸、香、朽、厌、喝、硬、渝、圆、匀、杂、燥、长、胀、皱、直、瘀、浊、足、醉"等单音词均为形容词，均在"致使-状态"兼语式中充当PP$_2$。加点的"疮、酢、醋、脓、穴、液"本来是名词，借用来表示性状，也可以如是使用。据查检，大多数词语在此前的文献中也有使动用法。

与前述文献相比，此书在"致使-状态"兼语式中充当PP$_2$的形容词大大增长，将近《太平经》的2倍。并且很大一部分词语在前述文献中并没有出现过这种用法，表明在此阶段，分析手段已经大量使用。

除了单音形容词，此书在"致使-状态"兼语式里充当PP$_2$的还有大量复合形容词，共88个，多为双音节，少量是四音节。如：

使人怅然	浇水令彻泽	令酱赤美	令洞洞如稠粥

第七章 使令动词的产生对使动用法的影响

令人短寿	欲使通宜	令树肥茂	勿令断错
令人短气而渴	常令肥饱	令竟冬肥盛	令酱芬芳
勿使粪秽	曝令干燸	搅令和解	无令和杂
勿使荒没	令色黄赤	莫使风土秽污	必令均熟
勿使坚刚	勿令坚润	绳紧令坚坚	足踏使坚平
令地坚硬	令栗肉焦燥	甚令精好	其米绝令精细
常令净洁	令使绝强	亦令均平	痛押使均柔
拌使均调	极令均调平好	莫令空阙	令溃破即愈
尽令烂熟	勿令蔓延	使材木得茂畅	亦使平均
坑底必令平正	使蒂头平重	磨处尖锐	令汁清澄
则令书拳缩	令手软滑	皆令润彻	底无令润湿
水浇常令润泽	使垅深阔	令地熟软	令羊瘦损
务使舒缓	若挽令舒申	搅使调和	极令调均
务令调适	令好调熟	令酒土气	悉使乌熟
令稀穊均调	桑令稀疏调适	又令体消瘦	令子孙孝顺
令其遥润	急则令书腰折	令下微汜汜	令花汜郁也
令马硬实也	勿令郁泹	按令圆平	令匀调也
使行阵整直	转常使周匝	令白净	令干燥
使和调	令黄黑	令坚实	使暖暖
令暖润	常使滂沛	令甜酢	令调平
令直竖			

以上加点的"白净、怅然、彻泽、赤美、洞洞、短寿、短气、断错、肥饱、肥茂、肥盛、芬芳、粪秽、干燸、干燥、好调熟、和解、和调、和杂、荒没、黄赤、黄黑、秽污、坚刚、坚润、坚坚、坚平、坚实、坚硬、焦燥、精好、精细、净洁、绝强、均均、均平、均柔、均熟、均调、均调平好、暖暖、空阙、溃破、烂熟、蔓延、茂畅、美脆、暖暖、暖润、滂沛、平均、平正、平重、清澄、拳缩、软滑、润彻、润湿、润泽、深阔、熟软、瘦损、舒缓、舒申、舒展、甜酢、调和、调均、调平、调适、通宜、土气、乌熟、稀穊、稀疏调适、消瘦、孝顺、腰折、遥润、汜汜、汜郁、硬实、郁泹、圆平、匀调、周匝、整直、直竖"等都是形容词,在"致使-状态"兼语式中充当PP_2。与《太平经》相比,还要多14个。绝

大多数是双音组合，但也有个别是三音甚至四音组合。根据抽样查检，大多数词语在前述文献中没有"使动"用法。

此外，《齐民要术》中还有一些既包含动作又包含状态的词语在"致使-状态"兼语式中充当 PP_2，并且，进入兼语式以后，这些词语往往只表示状态。一共 16 个。如：

使汁出　勿剌令穿　则令酒动　必致令裹　痛蹙令聚　勿使米过
使小沸　不令大沸　地热使眠　劂地令起　渍之使释　但令小卷止
令突起　令发消　　其汁才令相淹

以上加点的"出、穿、动、沸、裹、过、卷、眠、起、突起、释、消、淹"词语既包含状态义，又具有行为特征，但在上述"致使-状态"兼语式中只表示状态。这些词语中的大多数曾有过使动用法。

与前述文献一样，《齐民要术》中代词"然"也可代替表示状态的兼语小句。如"王政使然"。

二 《齐民要术》中形容词的使动用法

《齐民要术》中，具有使动用法的形容词有：安、病、残、断①、丰、富、干、骇、寒、厚、坏、缓、活、坚、焦、惊、绝、均、空、烂、劳、利、裂、乱、满、茂、美、灭、没、黏、暖、平、破、强、清、全、热、弱、伤、深、生、死、碎、调、同、温、误、稀、狭、优、杂、正、足、浊、醉、长生、干燋、调和、整齐，共 59 个。另外，"散"既包含 [+行为]，又包含 [+状态]，可归入此。

以上 59 个有使动用法的形容词中，单音词 55 个，双音词 4 个。前者占绝对优势。与《太平经》和竺法护译经相比，《齐民要术》用以表示"使动"的单音形容词并没有减少，但这与形容词使动用法的逐渐衰落并不矛盾。这可以从两方面予以佐证：其一，使动用法的形容词的使用频率已大大降低；其二，复音词大量出现，多把与之同义的单音词替代。如果不区分单、多音，PP_2 和"使动"在《齐民要术》中的比例为 467 : 303，前者约为后者的 1.5 倍。两种数量对比说明，这个时代已越来越倾向于采

---

① 《齐民要术》中另有使成动结式"截断"，其中"截"承担 [+行为]，"断"只承担 [+结果]，不在统计之列。

用分析手段来表述［+致使；+状态］，综合手段的使用越来越受局限。从历时来看，用来表示"使动"的双音形容词大大减少，表明从中古末期起，双音形容词用法基本固定，一般不用为使动。

《齐民要术》中形容词使动用法衰落的另一个证据是，行为动词后常带省略型"致使-状态"兼语式，而不是将 PP_2 直接用为使动用法。在此结构式中，兼语式不是独立小句，只作为一个复杂句的成分出现。如：

(1) 干令汁绝，著器中。(《种柿》)
(2) 耧耩作垄，蹉子令破，手散，还劳令平。(《种胡荽》)
(3) 盐色黄者发酱苦，盐若泣湿令酱坏。(《作酱等法》)

以上三例中，"绝、破、平、坏"均为形容词，出现在"致使-状态"兼语式中，而这个兼语式又作为行为动词"干、蹉、劳、泣湿"的后件出现，兼语式跟这些动词形成连动结构。

在先秦汉语中，［+行为；+状态］这种语义的表达通常是行为动词与用于使动的形容词连在一起出现。如：

(4) 天用剿绝其命，今予惟恭行天之罚。(《夏书·甘誓》)
(5) 使黥布等攻破函谷关。(《史记·高祖本纪》)
(6) 端平法度，万物之纪。(《史记·秦始皇本纪》)
(7) 堕坏城郭，决通川防，夷去险阻。(史记·秦始皇本纪》)

上面四例中，"绝、破、平、坏"分别跟在另一个动词"剿、破、端、坏"之后，形成连动结构。

《齐民要术》中共有"致使-状态"兼语式 700 多例，就算把存现、心理、得失等状态排除在外，单算以上形容词所涉及的句子也有 450 多例。显然，这种兼语式的大量使用，尤其是用在"V 令 A"之中，使得句法结构发生了很大变化，同时导致形容词使动用法的衰落，综合手段逐渐为分析手段替代。

此外，某些应视为动补结构的词语出现在"致使-状态"兼语式中充当 PP_2，这也是形容词使动用法衰落的一个标志。如：

(8) 挂著屋里壁上,令荫干,勿使烟熏。(《齐民要术·种茱萸》)

上例中,"荫干"应该可以视为动补结构,其语义重心在结果"干"。"荫干"用在兼语式之中,主要表示结果状态。

总之,以上分析充分说明,《齐民要术》中,分析性的使令兼语式已成为表述[+致使;+状态]的主要手段,而综合性的使动用法明显衰落。

第七节　使令动词的功能扩展对形容词的影响

从前文考察中可以看到,使令兼语式在殷商时期出现,随着不断使用和变异,最终变成"致使-状态",催生了一种新的语法范畴——使令动词,形成了[+致使]和[+状态]分别由不同成分承担的分析手段。与之相应,综合手段——形容词的使动用法自中古以来逐渐衰落,大致呈此消彼长态势。下面,我们再对若干形容词用法的变化加以分析,以证实"致使-状态"兼语式的应用、使令动词的功能扩展对形容词使动用法衰落的影响。

一　单音节形容词充当 PP_2 及使动用法

前几节从整体上考察了形容词的使动用法及其在"致使-状态"兼语式中的使用情况,从中可大致看出形容词使动用法与使令动词功能扩展的此消彼长的关系。但是,其中并没有反映使令动词的功能扩展对具体形容词的影响。本节对此进行抽样调查和分析。

表 7-1　　　　　　　　单音节形容词两种用法一览

		安	和	平	破	死	重	足	调
《左传》	总数	65	48	126	1	435	27	18	0
	使动	18	14	37	1	2	18	8	0
	PP_2	1	0	0	0	5	1	0	0
《史记》	总数	111	114	67	583	1232	15	31	10
	使动	26	32	26	444	5	8	2	5
	PP_2	0	0	0	0	3	5	1	0

续表

		安	和	平	破	死	重	足	调
《太平经》	总数	274	235	412	14	403	371	144	58
	使动	83	2	28	4	0	0	1	13
	PP$_2$	10	1	7	0	10	1	3	4
《竺法护译经》	总数	280	211	120	24	256	117	58	16
	使动	11	5	0	11	0	1	2	5
	PP$_2$	9	1	1	1	3	4	0	0
《齐民要术》	总数	27	3	55	91	127	5	63	41
	使动	4	0	5	27	1	0	11	31
	PP$_2$	1	1	7	12	1	0	3	6

说明：①表7-1关于《左传》《史记》的使动和总数的数据多采自张艳（2009），但也做了抽样核查。实际上，其数据不完全准确。如"破"，《史记》中共出现583次，而张文说只有516次。考虑到这些数据不影响结论，我们未一一加以核查。②"PP$_2$"一列指该单音形容词在"致使-状态"兼语式中充当PP$_2$。有些词虽在"使/令/致"等兼语式中充当PP$_2$，但兼语式并非表示"致使-状态"，这种词语未予统计。

前面分析过的中古以前的七部文献中，有过综合和分析用法的单音形容词有108个，限于篇幅，本表仅抽查"安、和、平、破、死、重、足、调"等八个。这些词语的数据有如下特点。

（一）先秦时期，比较常见的表述抽象致使的使令动词只有"使"，其他如"令、致、教、让"等都尚未形成，"致使-状态"这种分析性兼语式不发达。由于这个原因，在需要同时表述［+致使］和［+状态］两种意义成分时，多采用将二者综合在形容词身上的方式，其中"和、平、破、足"全部如此，"安、重"均只有一例例外，仅有"死"的分析性用例多于综合性用例。西汉时，变化不大，仍然只有三个词语有分析性用法，形容词的"使动"用法仍很牢固。

（二）自东汉起，表述抽象致使的使令动词成熟，"使、令"等成为典型的使令范畴成员，此外还有很多单音、复音使令动词，"致使-状态"兼语式大量使用，形容词在其中充当PP$_2$成为很常见的语法现象。表7-1中，除"破"之外，其余形容词都有此用法。同时，形容词的使动用法比重开始下降,"死、重"在《太平经》中甚至没有这一用法。

（三）西晋以后至中古末期,使令动词进一步发展,成员数量不断壮大。形容词的使动用法进一步衰落,"安、和、平、死、重"等词语用为使动的频率都不很高,部分词语"平、破"等用分析手段的比重进一步提高。

（四）分析手段有明显的好处,能使形容词词性趋于稳定,有利于从未有过使动用法的形容词用于致使义表达。但综合手段也有其优势,它采用最简明的 SVO 形式,能使主、客体之间的关系非常直观,能使语言最为经济。因此,使动用法逐渐衰落只是一种趋势,并不会消失。数据表明,使动用法虽然自东汉以来在逐渐减少,但多数词语在中古后期文献中仍有用例。这些词语的使动用法甚至延续到现代汉语之中,只要语体需要,它就会出现。甚至有些词语,上古文献中并没有使动用法,但中古反而可以这么用,如"空"等。

二 复合形容词充当 PP_2 及使动用法

前面考察过的中古以前的七部文献中,在"致使-状态"兼语式中充当过 PP_2 的复合形容词有 136 个,其中有过使动用法的词语只有 33 个。这些词语中,使动用法的总用例数是 98,其中"断绝"（24 例）、"破坏"（11 例）、"调和"（8 例）、"愁苦"（6 例）四个词恰好占比 50%。其余分别是"整齐"（5 例）,"坚固、迷惑"（各 4 例）,"开通、劳苦、分明"（各 3 例）,"隔绝、广大、惑乱、乱败"（各 2 例）,"安定、暗蔽、饱满、愁困、发泄、烦苦、感伤、隔断、和合、毁坏、毁灭、坚住、迷乱、平均、轻忽、穷尽、伤残、苏息、长大"（各 1 例）。这些复合形容词有如下特点。

（一）上古时期,复合形容词非常少,用为使动的也不多见,用于"致使-状态"兼语式的例子更少。与之相关的仅有一个"安定"。

（二）西汉时期,复合形容词增长较快,大多在中古与两种用法相关,但在《史记》中两种用法都非常少。

（三）东汉到西晋时期,复合形容词迅猛增长,大多数词语在此阶段出现。主要在"致使-状态"兼语式中充当 PP_2,使动用法并不多见。

（四）南北朝时期,可能受限于文献语体性质,复音节形容词出现在"致使-状态"兼语式的用例大大减少,基本没有使动用法。

总的来说，在"致使-状态"兼语式中充当 PP_2 的复合形容词，绝大多数没有使动用法，如果需要表达致使义，只能借助于分析手段。复合形容词的稳定性可能也促使单音形容词的性质趋于固定。总之，"致使-状态"兼语式的大量使用和使令动词的功能扩展，使单音形容词的使动用法衰落，双音化使复合形容词大量出现，其用法比较单纯，在单音形容词使动用法衰落过程中也有推动作用。

三 《祖堂集》分析手段和综合手段

《祖堂集》中有下列形容词可以进入兼语式中充当 PP_2 的词语不多，其中单音节形容词只有 4 个：赤、浑、静、破；复合形容词稍多，也只有 11 个：安隐、断绝、方便、孤露、寂静、究理、快乐、清静、朽坏、眼开、自在。两类词语的共同特点是，分析手段使用率非常低。

《祖堂集》中，用为使动的形容词也不多见，只有 8 个：乏、劳烦、累烦、破、全、伤、碎、误。值得注意的是，"破"的使动用法仍然不算少，共有 9 例，但它更多的是附在某一行为动词之后，形成使成动结式，如"打破、打……破、分破、勘破、劈破、踏破、弹得破、咬破、照破、张破、折破、道破、点破、话破、说破、笑破"等 16 种组合，共 30 例。这种情况也进一步证明：使动用法虽然自中古以来逐渐衰落，但仍有它独特的用场和价值，可以使语言精练，句法简明，只要符合语体要求，就可以使用。不过，使成动结式"V 破"在《祖堂集》中的大量使用，也必然使形容词的使动用法进一步衰落。

总的来说，《祖堂集》中，形容词用于"致使-状态"兼语式以及使动用法较之中古文献已经大大萎缩。这些语法现象的萎缩，跟另外一种语法现象——使成动结式的兴起不无关系。我们知道，使成动结式在东汉开始出现（刘文正，2009），经过六七百年的发展，在近代汉语中成了一种比较常见的语法现象。它的出现和兴起，对其他两种语法现象产生冲击，在很大程度上取代了它们的地位。

第八章

使令动词的产生对使成动结式的影响

"使成"这一术语由王力(1943)提出,指的是"凡叙述词和它的末品补语成为因果关系者",而末品又分形容词和动词两类,并区分外动和内动(及物和不及物)。但他(1958)将第一成分限定为外动词,将内动词带内动词(饿死)形容词(站累)排除在外,并从意义上加以限定(使受事得到某种结果)。"动结"这一术语可以追溯到赵元任(1968/1979)和朱德熙(1982)所说的动补(述补)结构,他们根据补语的意义将动补结构分为结果、趋向、可能、状态和程度等五种类型,根据补语和述语结合的紧密程度(是否带"得"),分为黏合式和组合式。可以看到,"使成"和"动补"是两个并不相等的概念,后者的外延要广得多。蒋绍愚(1994/2005)用"动结"指称"带结果补语的黏合式",将外延大大缩小,但仍然比"使成"大。

吕叔湘(1986)开补语语义指向分析研究先河,他根据补语与其他成分的意义关系区分三种均指"结果"。吴福祥(1999)把三种"结果"分别概括为"指施、指受、指动"。刘文正(2009、2015)指出"在某种行为的作用下产生某种新的结果产品"(变为、化为)的类型也应当概括在内。

可以看到,"使成式"只是"动结式"中的一种,与"指受"式相当。考虑到"动补结构"和"动结式"是当代语法学中常用术语,而"使成"更多的是体现语义关系,本书将两个术语合而为一,称"使成动结式"[①]。

[①] 刘文正(2009)曾用"指宾动结式"来指称,用意是区分受事做宾语和主语两种情况,只有受事做宾语时的"动词+结果"才是动结式,梅祖麟(1991)指出早期受事主语句中的"动词+结果"还不是动结式,而吴福祥(1999)的"指受"并不区分这一点。使成动结式还有一些其他名称,周迟明(1957)称"使动性复式动词",太田辰夫(1958)和志村良治(1984)称"使成复合动词"。

"使成"包括两个核心语义成分——[+致使]和[+状态]。现代汉语中，包含这两个语义特征的结构式有很多，如使成动结式、使令兼语式、用于使动的形容词和状态动词。试比较：

使令兼语式：使令动词+（兼语+）状态形容词或状态动词；

使动用法：包含[+致使；+状态]两个义素的形容词；

使成动结式：及物动词+状态形容词或动词。

通过比较可以看到，三者均包含[+致使]和[+状态]两个语义要素。不同的是使令兼语式采用分析手段，用使令动词专门表示"致使"而用状态形容词或状态动词专门表示"状态"，使成动结式因大多凝固为词，采用的是半分析半综合的手段。

尽管它们还有一些细微区别，但由于语义上高度相似，句法上也都以施事（致使者）为主语（话题），在不要求突出这些特征的情境中，它们可承担相同的功能。在历时发展中，这种语义、功能相同的结构，很可能会相互影响。因此，本章考察使令兼语式和使令动词的发生发展对使成动结式形成的影响。

第一节 使成动结式的产生

如何判别使成动结式的产生

（一）"致使"义的消失能否直接作为依据

一般认为，使成动结式的前身是"及物动词+用于使动的形容词或状态动词"，两个成分之间是并立或连动关系。当第二成分失去"致使"义变成自动词时，内部关系发生变化，其地位退化，降格为补语，连动式就变成了使成动结式。这个观点自然没有问题，但是，如何判断第二成分是否失去"致使"意义？

周迟明（1957）依据语感，把《尚书》中的"其犹可扑灭"视为使成动结式，这种以今律古的做法很不科学，受到了广泛质疑。王力（1958）将用于使动的形容词或状态动词的衰落跟使成动结式的产生联系起来，认为"由致动式（使动）发展为使成式，是汉语语法的一大进步"，能够说明"用哪一种行为达到此一结果"，"使汉语语法更完善、更能表达复杂的思想"。应当承认，王力抓住了问题的关键。但文献事实显示，形容词或状态动词的使动用法是长期存在的，即使在使成动结式产生很久以后，这种用法依然存在。例如：

（1）丁卯，石守信、高怀德破筠众于泽州。（《宋史·本纪第一》）
（2）丁酉，饶风关破，玠趣西县，彦奔达州，四川大震。（《宋史·本纪第二十七》）

例（1）"破"是使动用法，例（2）是非使动用法。《宋史》前三十卷中，"破"共147例（不包括人名用字2例），其中使动用法135例，形容词本用法7例，"V破"5例（"击破"2例、"袭破"2例、"攻破"1例）。《宋史》撰于元代，此阶段使成动结式早已形成，但用王力的方法来判断，显然是很难得出其结论的，那也就无从判断"击破、袭破、攻破"的结构类型了。

判断某词是不是使动用法，通常看其是否带受事宾语。但是，能带受事宾语，未必就是使动用法。如：

（3）闻于诸侯也，赵氏破胆，荆人狐疑。（《韩非子·存韩》）

上例中，"赵氏破胆"并不是"赵氏使胆破"，而是"赵氏闻之而胆破"，"胆"是"破"的受事，"破"并不是使动，并不带"致使"义。

可见，依据充当谓核的词语是否表示使动、是否带受事宾语，并不能直接判断使成动结式是否产生。

太田辰夫（1958）试图寻找一个第二成分从古到今都是"自动词"（形容词或状态动词）作为形式标志来证明使成动结式的产生，他以"V死"带宾语作为判断使成动结式的形式标准①，在他看来"死"自古以来都是自动词，"V死"在唐代以前均不带使动宾语，而唐代出现了带宾语的例子；唐代以前常用"V杀"，到了唐代多说"V死"，由此认为"V

---

① 寻找形式标准的还有志村良治（1984）、蒋绍愚（2004），志村先生以"愁杀、笑杀、听取"作为判定使成动结式产生的标志，这些均不是王力所说的类型。蒋先生以"尽"的位置变化作为判别动结式产生的标志。他指出，在先秦两汉，除了极少几例"V尽"外，都只说"尽V"（状中），而以魏晋南北朝才有"V尽"（动补）。但严格来说，"尽"无论在前还是后，都表示范围，而不是状态，因此，"V尽"并不表示"使成"。

死"已成为使成复合动词。但是,汉语史上"死"其实也偶尔带使动宾语,《左传》中就有 2 例(张艳,2009),甚至在《齐民要术》中都还有。如:

(4) 树下犁拨亦死之。(《齐民要术·种李第三十五》)

刘丽川(1984)、李平(1987)、李佐丰(1994)、张艳(2009)等试图完善王力(1958)所提出的方法,他们通过定量和定性相结合的方法来判断使动用法的衰落。但这种数量变化只能反映趋势,并不能作为[+致使]义素是否丢失的直接依据。

有一点需要强调:形容词或状态动词的使动用法消失后,[+致使]从[+致使;+行为]的统一体中分离出来,在需要表述这一义素时,这一义素由专门的使令范畴来承担。我们知道,具有使动用法的词语常这样解释:A→使……A,或者是 A→使 A。如:

(5) 既来之,则安之。(《论语·季氏》)
他们来了,就得使他们安心。(杨伯峻《论语译注》第 173 页)
(6) 邦有道,危言危行。(《论语·宪问》)
危:使高峻,使与众不同。(杨伯峻《论语译注》第 231 页)

杨伯峻将"安""危"分别释译为"使……安心""使高峻"。上古汉语中,"安""危"包含了[+致使]和[+A]的概念要素,而现代汉语中,"安""危"只含[+A]义素,原来包含在词语之中的[+致使]由"使"承担。专门承担[+致使]义素的除"使"外,还有"令、叫、让"等专职用为使令动词。

总的来说,从古到今有一种使动用法衰落的趋势,这种趋势可为考察使成动结式的产生提供帮助。但是,衰落并不意味着消失,在某些语境、某些语体中还有需要。使动用法的衰落并不意味着[+致使]义素就会丢失。这种义素从原来的整体概念中分离出来以后,会由使令动词"使/令"等单位来承担。因此,要探讨使成动结式的形成问题,单纯只看曾用为使动的单个词语[+致使]义素的丢失,而不管它承接这一义素的其他单位,无视使令兼语式和使令动词的存在,拿交际功能完全不同的结构如例（2）来比照，这样的做法是不可取的。

（二）从"隔开式动补结构"的角度来观照使成动结式

隔开式动补结构，最早是由周迟明（1957）提出来的。他认为使成动结式（使动式复式动词）有两个来源，除了前面介绍的直接黏合在一起的形式（合用式）之外，还有由句法上的关系发展而成的分用式。王力（1958）认为这也属于"使成式"，梅祖麟（1991）称之为"隔开式动补结构"，蒋绍愚（1994、1999）将它形式化为"VOC"。关注这一语法现象的还有祝敏彻（1963）、余志鸿（1984）、李平（1987）、梅祖麟（1991）、蒋绍愚（1994）、刘承慧（1999）、赵长才（2000）、梁银峰（2006）等，这些学者对它的命名和看法均相似。对这种句式的关注，为研究使成动结式的来源，开辟了新的思路。各家公认的典型的"隔开式动补结构"如下：

（7）当打汝口破。（《幽明录》）
（8）我憎汝状，故破船坏。（《幽明录》）
（9）今当打汝前两齿折。（《幽明录》）
（10）吹欢罗裳开。（《子夜四时歌·夏歌》）又异文作：吹我罗裳开。

以上各例中，"打……破""破……坏""吹……开""打……折"就是隔开式动补结构，第一成分"打、吹"是动作动词，"破"是使动词；第二成分"破、坏"是形容词，"开、折"是状态动词。名词介于二者之间，既是动词的受事宾语，同时又是形容词/状态动词的当事主语。

尽管以上各家均认为这些例子是隔开式动补结构，但对于早先出现过的同类结构，认识有所不同。周迟明（1957）不区分古今，仍将使成动结式与这种类型归入同一类型。王力（1958）认为"使成式既然是两个词的结合，就有可能被宾语隔开"，言下之意，二者是可以变换的，除语序外，没有其他区别。太田辰夫（1958）视之为使役句（使令兼语式的一种类型），受其启发，蒋绍愚（1999）认为对不同时代的例子要做不同分析。他指出，"'吹我罗裳开'和'吹开我罗裳'，'打汝口破'和'打破我口'确实只是分用和合用的不同"，"但从历史来源看，说它们是一种递系结构也是对的"，"这一类分用的动结式正是由表使役的递系结构经过'语法化'而产生的"。蒋先生认为下例不同于例（7）—例（10）：

（11）城射之殪。（《左传·昭公二十一年》）

他认为上例中"射"和"殪"都是主语"城"发出的动作，"射之殪"是连动，不是动结式，依据是《毛传》将"殪"解释为"壹发而死"。吴福祥（1999）、赵长才（2000）等意见相同。在我们看来，"城射之殪"当属兼语式。从《毛传》的训释来看，"壹发"可以视为"死"的状语，是"死"的原因或方式，语义重心在"死"，"而"连接状语跟中心语；"殪"并不是主语"城"的动作，而是宾语"之"的状态，是状态动词。这种句子与《左传》中普遍存在的"使"字兼语式是一致的。与先秦众多兼语式 PP_2 可以独立成小句一样，"城射之殪"也可以分解成"城射之，殪"。这样一来，"殪"的状态动词特点更为明显。

（12）宰书腼熊蹯不熟。（《左传·宣公二年》）
（13）止子路宿。（《论语·微子》）
（14）冷落若为留客住。（白居易《寒亭留客》）

对于例（12），蒋绍愚（1994）反对将它分析为"隔开式动补结构"，这是对的。但他的理由是，句子当断为"宰书腼熊蹯，不熟"，这就成问题了。联系先秦的兼语式来看，在 V_1 演变为表抽象"致使"的使令动词之前，PP_2 大多可独立成小句。因此，"不熟"与前面小句可断可连，连在一起时，就是兼语式，跟《左传》中大多数"使/令"兼语式是一样的。

例（13）中，"子路"是"止"的受事，又是"宿"的施事，太田辰夫（1958）认为这是表示"使役"的连动句，而不是兼语式，更不是隔开的使成动结式（使成式复式动词）。志村良治（1984）也持此看法。宋绍年（1994）视之为新兼语式，不过，这种句式并不新，跟先秦普遍存在的"派遣/命令/容让/致使-行为"兼语式是一致的。

例（14）中的"留客住"，志村良治（1984）认为是连动句式。其实，无论语义类型还是句法结构，都跟"止子路宿"是一样的："止"与"留"同义，"宿"与"住"同义，唯一不同是将"子路"换成了"客"。

既然如此，将先秦的"止子路宿"分析为兼语式，将唐代的"留客住"分析为"隔开式动补结构"，这样处理是否合适？

如果我们做不同处理，那么现代汉语中的"留客住"就更应如此。但我们可以说"留客住在家里"，按通行的方法，应当把"在家里"分析为"住"的补语，按照"隔开式动补结构"的处理办法，"住"也是补语，整个结构岂不要分析为"V+O+C+C"？这种分析恐怕没人接受。此外，按照兼语式演变的一般规律，发生变化的是 V_1，从行为动词逐渐泛化为抽象"致使"，有的还虚化为被动标记，如"教（叫）"。为何所谓"隔开式动补结构"却是第二成分虚化？

因此，我们的看法是，取消所谓"隔开式动补结构"一说，将它跟"使令兼语式视为同类句式。吴福祥（1999）也不赞同"隔开式动补结构"的说法。他认为，"按照现代的语感，'Vt+O+Vi'格式表达的语义与动补结构相似，所以过去常常被看作'隔开'型的动补结构。其实这类'Vt+O+Vi'的例子实在没有资格看做动补结构"。吴先生提出了两点理由，第一，"Vt+O+Vi"格式中 O 与 Vi 之间往往可以插入一些修饰性成分；第二，"Vt+O+Vi"例子实际上包含了几种不同的语义关系，分别属于不同的语法结构。吴福祥的观点很有见地。

这种兼语式可用来判断在哪种情况下将"V_1V_2"看成使成动结式，因为兼语式表述"行为–状态"或"（行为+致使）–状态"（注意：不能是"派遣/命令–行为"等类型），其中 V_2（PP_2）肯定不是使动用法，它只有状态义，不含致使义。这种结构在表述［+致使；+状态］语义特征时采用的是分析手段，而不是综合手段。如果这种句式经常使用，根据这一点可判断：如果某个时代要表述［+致使；+破］而多采用分析手段，可以推断"V 破"之"破"也是采用的分析手段，从而推断其为使成动结式。

此外，赵长才（2000）还提到了一种中古至近代汉语中不很常用的"VC+O+C"结构。如：

（15）打破烦恼碎。（《坛经》）
（16）斫破项羽营乱。（《汉将王陵变》）
（17）桑枝打伤头破。（《太平广记》）

赵长才（2000）将这些例子也视为隔开式动补结构，黄征（1992、1995）则视之为紧缩句。我们认为，这种结构仍然是兼语式，表述"行为-状态"，只不过是用使成动结式"打破、斫破、打伤"充当兼语动词V_1。黄征视为紧缩句，跟我们的观点并不违背：兼语式正是由并立的两个小句紧缩而成的。

前面讨论《齐民要术》的"令"字兼语式时，我们也注意到，此书中有"致使-状态"兼语式"令漉出（著冷水中）"，其特殊之处在于：表示状态的成分"漉出"是一个使成动结式，其中"漉"表示方式，"出"表示状态。

总之我们认为，"隔开的使成动结式"只能算作兼语式，而不是使成动结式。但它可以作为判断使成动结式的依据。刘文正（2009、2015）提出了判断使成动结式产生的六条标准，其中一条是："表示'结果'的成分要有非使动用法，尤其是要有在'使/令'等使令动词构成的兼语式中做谓词的用法。"这个标准弥补了前述各种方法的不足。

综合来看，研究使成动结式的来源，需要注意以下几点。

1. 使成动结式来自连用的两个动词，二者是并立或连动关系；第一个动词为及物的行为动词，第二个动词最初是使动词，具有[+致使；+状态]义素，后来丢失[+致使]义素，只剩下[+状态]，还原为形容词或状态动词。

2. [+致使]义素并不是真正丢失，而是由另一成分接收。与此相应，计算某文献中某词的使动用法和总出现次数的比例是没有多大意义的，因为很多用例无须表述[+致使]义素，将这种用例一概加以计算，是徒增工作负担。

3. 判断使成动结式的产生，要先判断[+致使]义素丢失；要判断[+致使]义素丢失，须依据"致使/行为-状态"兼语式的大量使用。只有在这种句式大量使用的情况下，才能证明此时已习惯于分析手段，而不是综合手段，也就可证明[+致使]义素已经丢失，从而证明使成动结式已经产生。

4. 根据"致使/行为-状态"兼语式在东汉大量使用、使令动词在此阶段已经成熟等事实可推断，使成动结式已经在东汉产生。

第二节 "V+A" 使成动结式的产生

表示状态的成分大致可分为两类：一类是形容词，可以受程度副词修饰；另一类是状态动词，通常往往还伴随有行为特征，不过主要表示行为过程中呈现的状态，通常不受程度副词修饰。下面分两节讨论两种不同成分充当补语的使成动结式的产生。本节讨论形容词充当补语的类型。

古汉语中，常处在连动式 V_1V_2 的 V_2 位置的词语有"破、正、绝、全、明"等，都具有使动义，表述 V_1 给受事带来的结果、影响等。这些 V_1V_2 后来都演变成了使成动结式，V_2 失去使动义，变为形容词。下面我们对其演变过程分别加以考察。

一 V破

破，《说文》："石碎也。"按此解释，"破"当属表示状态的形容词。但先秦的"破"主要用如致使动词，或者说使动用法。战国以前"破"不很常见，《诗经》中共出现 4 次，其中有 3 例是在同一首诗歌中，此外，《礼记》2 例，《左传》1 例，《老子》1 例。如：

(1) 既破我斧，又缺我斨。(《诗经·豳风·破斧》)
(2) 不失其驰，舍矢如破。(《诗经·小雅·车攻》)
(3) 析言破律，乱名改作，执左道以乱政，杀。(《礼记·王制》)
(4) 语小，天下莫能破焉。(《礼记·中庸》)
(5) 且夫贱妨贵，少陵长，远间亲，新间旧，小加大，淫破义，所谓六逆也。(《左传·隐公三年》)
(6) 其安易持，其未兆易谋，其脆易破，其微易散。(《老子》)

以上六例中，只有例 (2) 的"破"用如形容词，其余均用如动词，表示使动。在战国以前的语料中，可找到"破"字 8 例，动词和形容词的比例是 7∶1。在需要表述 [+致使] 意义时，没有一例用兼语式这种分析手段。

战国末期,"破"字的用例渐渐增多,《庄子》中有4例,《韩非子》中多达36例。如：

(7) 焚符破玺,而民朴鄙。(《庄子·胠箧》)
(8) 百年之木,破为牺尊。(《庄子·天地》)
(9) 臣敢言之,往者齐南破荆,东破宋,西服秦,北破燕,中使韩、魏,土地广而兵强,战克攻取,诏令天下。(《韩非子·初见秦》)
(10) 闻于诸侯也,赵氏破胆,荆人狐疑,必有忠计。(《韩非子·存韩》)
(11) 蔡、召陵之事,荆军破。(《韩非子·有度》)

《庄子》中的4例"破"都是使动用法。《韩非子》中"破"的使动用法中仍占绝大多数,但非使动用法9例,其中有带受事宾语但不表示使动的现象,如例(10)。在需要表述致使意义时,《韩非子》中全部使用综合手段。

先秦文献尚未出现连动结构"V破",但《史记》有了很多用例。如：

(12) 使章邯将,击破周章军而走。(《史记·秦始皇本纪》)
(13) 使黥布等攻破函谷关。(《史记·高祖本纪》)
(14) 及燕使乐毅伐破齐,齐湣王出奔。(《史记·田单列传》)
(15) 韩信用蒯通计,遂袭破齐。(《史记·高祖本纪》)
(16) 项王见秦宫皆以烧残破,又心怀思欲东归。(《史记·项羽本纪》)

全书中,"破"共出现583次（不含人名）,其中使动用法有444次（张艳,2009）,"击破"45例,"攻破"9例,"伐破"4例,"袭破"4例,"烧残破"1例,没有在"致使-状态"兼语式中充当小句谓词的用例。可见表述［+致使；+状态］时,"破"仍然选择综合手段,不选择分析手段。因此,这些"V破"只能算连动式,而非使成动结式。

《史记》中还有"破杀"11例,"破去"1例,"破取"1例,"破碎"1例。这些 V_1V_2 组合中,"破"处在 V_1 位置,非常鲜明地突出了它采用综合手段、用为使动的特征。如:

(17) 廉颇为赵将,破杀栗腹,虏卿秦、乐闲。(《史记·赵世家》)

(18) 柱天侯反於衍氏,又进破取衍氏。(《史记·曹相国世家》)

(19) 至郡,遂案宁氏,尽破碎其家。(《史记·酷吏列传》)

西汉刘向整理的《战国策》中也没有[+致使]与[+状态]的分析用法,所以书中出现的"椎破""袭破""灭破"也都不是使成动结式。不过,书中有些例子似乎表明"破"的综合手段开始动摇。如:

(20) 燕攻齐,齐破。(《战国策·齐策》)

按照话题一贯原则,将这些信息组织为"燕攻齐,破之"更合适。但作者有意回避这一做法,选用了转换话题的方式。这样的处理可能反映了综合手段开始动摇,分析手段渐兴。总之,西汉时虽新出现了"V 破"结构,但都还不是使成动结式。

《太平经》中,"破"共出现14次,其中使动用法4例,形容词10例。和西汉相比,使动用法的比重大大降低。但没有用于"致使-状态"兼语式的例子,也没有出现"V 破"。《汉书》有"破"字近500例,绝大多数是使动用法,"V 破"也不少,其中"击破"42例,"攻破"10例,"椎破""袭破"各3例,"伐破""围破""距破""斫破"各1例,但没有用于"致使-状态"兼语式的例子,所以很难说这些"V 破"是使成动结式。

不过,《论衡》的情况有所不同,"破"共出现50次,其中27例单独用为使动,"V 破"包括"斫破、攻破、椎破、剖破"共4例,其余19例为非使动用法,其中2例见于"致使-状态"兼语式。如:

(21) 正月建寅,斗魁破申,非寅建使申破也,转运之衡,偶自

应也。(《论衡·偶会》)

(22) 有扣头而死者,未有使头破首碎者也。(《论衡·儒增》)

《论衡》中的"使 N 破"正是采用将［+致使］和［+状态］分开表述的分析手段。例（21）中先出现"破"字的使动用法,然后用"致使-状态"兼语式,后者的应用似乎是为了特意强调"致使"关系才采用的分析手段,不过,例（22）没有强调的意味,表明分析手段已成为普通手段。

综合来说,东汉时,"致使-状态"兼语式大量运用,使令动词发展成熟,"破"用于这种结构而采用分析手段,会影响到当时的语言使用者对"V 破"之"破"的重新定位：V 承载［+动作,+致使］,"破"只承载［+状态］。这样,这个时代的"V 破"就可以分析为使成动结式了。

此后,使成动结式"V 破"渐增,《齐民要术》中多达 10 例。如：

(23) 围上诸军,临高以发石车火箭逆烧破其攻具。(《三国志·魏书·韩暨传》)
(24) 复于地取内口中,啮破即吐之。(《世说新语·忿狷》)
(25) 正月地释,驱羊踏破地皮。(《齐民要术·种葵》)
(26) 打破,著铜铛中,搅令黄白相杂。(《齐民要术·养鸡》)

《齐民要术》中,"破"能跟多种蕴含［+致使］的行为动词组合。由此可得出结论,使成动结式"V 破"形成于东汉,南朝时已大量应用。

二 V 正

现代汉语中,"正"兼属形容词和动词,做动词时,表示"订正、改正"等,都包含［+致使;+状态］两个核心义素,实质上就是使动用法。也就是说,直到现代,"正"的使动用法都没有消失。现代汉语中有"改正、纠正、订正、校正"等复合词,是公认的动结式复合词。在这些词中,语素"正"是否丢失了义素呢？如果说没有丢失,那岂不是说,与"V"意义相同的成分可以做它的补充成分？如果说已经丢失,那就得承认，现代汉语中有两个不同意义的"正"，作为动词的"正"跟作为动结式复合词的语素的"正"有不同的意义。既然如此，要判定"V 正"是不是使成动结式，就不能看"正"的使动用法是否消失，而应该看在有表达［+致使］义素的语境中用使动用法，还是用由不同的词语来表述的方法，看采用综合手段还是分析手段。如果有采用分析手段的现象，就可以推断"V 正"开始变成使成动结式了。

"正"是个古老的词，很早就有用例。如：

（1）天乃锡王勇智，表正万邦，缵禹旧服。（《尚书·仲虺之诰》）

上例中，"表""正"近义连用，组成韵律词，意为"以身为表率而正之"。由于《尚书》中没有单用的情况，所以只能说"表正"是并列关系。

《左传》中，"正"共出现 145 次，使动用法有 24 例（张艳，2009），但没有用于"致使-状态"兼语式的现象。所以说它的使动用法没有衰落的迹象。相应的，"V 正"也不能视为使成动结式。如：

（2）王孙若安靖楚国，匡正王室，而后庇焉，启之愿也。（《左传·哀公十六年》）

上例中，"匡""正"同义连用，二者均有"纠正、扶正"之义，故为并列式。《左传》中"V 正"仅有 1 例。

《史记》中，"正"共出现 73 次，使动用法 47 例，与《左传》相比，使动用法比例大大提升。"正"仍然不用于"致使-状态"兼语式，因此，"兴正、茂正、揆正、匡正、决正"等组合，都是并列式。如：

（3）兴正礼乐，度制於是改。（《史记·周本纪》）
（4）先王之於民也，茂正其德而厚其性。（《史记·周本纪》）
（5）五伯者，常佐天子兴利除害，诛暴禁邪，匡正海内，以尊天子。（《史记·平津侯主父列传》）
（6）巧匠不斫兮，孰察其揆正？（《史记·屈原贾生列传》）

(7) 俗贵女子，女子所言而丈夫乃决正。（《史记·大宛列传》）

东汉《太平经》中，"正"有436例，其中使动用法有11例，和此前相比，比重大大下降，并已用于"致使-状态"兼语式，共有3例。如：

(8) 真人欲乐安天地，道（同导）使疾正，最以三道行书为前。（《太平经·洞极上平气无虫重复字诀》）

(9) 故使贤圣策之，改其正也。（《太平经·洞极上平气无虫重复字诀》）

例（8）是典型的"致使-状态"兼语式，用的是分析手段。例（9）"改其正"的意思是"修改而致使其正"，也是用分析手段。与前一例不同的是，"改"既包含[+行为]义素，也隐含[+致使]义素。

既然如此，《太平经》中的"V正"就可以分析为使成动结式了，有"改正（2）、谏正（10）、绳正（2）、治正（5）、考正（3）、拾正（1）、拘校正（2）、辅正（1）"等形式，共出现了25例。例略。

使用"正"的"致使-状态"兼语式亦可见于《汉书》。如：

(10) 内置司命军正，外设军监十有二人，诚欲以司不奉命，令军人咸正也。（《汉书·王莽传》）

"正"在多种文献中均用于"致使-状态"兼语式的现象说明，它的分析手段已经比较流行，因而《汉书》中的"理正、奠正、革正、诛正、考正、匡正、化正、典正、敕正、辅正、饬正、改正、矫正"等13种组合，共25例，也都可分析为使成动结式。例略。

综合两部文献来看，"V正"在东汉已经变成了使成动结式。

三 V绝

"V绝"出现很早，今文《尚书·甘誓》中就有"天用剿绝其命"。周迟明（1957）视之为使成动结式，遭到很多学者反对。拙文

(2009)认为"V绝"在东汉已成为使成动结式。《太平经》里单用的"绝"有130余例，其中22例是使动用法，但出现在"致使–状态"兼语式的也不少。由此可推断，原来固定在"绝"的概念里的［+致使］和［+状态］有分化的趋势。在此情况下，"禁绝、激绝、废绝、厌绝"等"V绝"就可以视为使成动结式了。把"V绝"放在东汉使动用法大规模衰落、分析用法大量出现的大背景下，这种观点是站得住脚的。拙文只确定了"V绝"成为使成动结式的下限，能不能把使成动结式"V绝"的出现时间提前？

《左传》中，"绝"共出现40次，其中见于"V绝"中共2例，其余使动用法33例，非使动用法5例。如：

（1）子让而左，我让而右，使登者绝而后下。(《左传·定公九年》)

（2）止子西，子西缢而县绝。(《左传·文公十年》)

（3）奸绝我好，伐我保城。(《左传·成公十三年》)

以上例（1）的"绝"用于兼语式"使……绝"，并且"绝"不是使动用法，但是"使"并不是抽象"致使"，而是"容让"，所以"使……绝"并不是使用分析手段。因此，不能把后两例"县（悬）绝、奸绝"视为连动式。所以说，春秋战国之交，"V绝"是连动式。

《史记》中，据张艳（2009）统计，"绝"共出现346次，其中使动用法152例，使动用法较之《左传》大有衰落之势，且有用于兼语式者。《史记》中还有"烧绝、掩绝、遮绝、击绝"四种组合。如：

（4）高祖每过之而令民奉祠不绝也。(《史记·魏公子列传》)

（5）去辄烧绝栈道，以备诸侯盗兵袭之。(《史记·高祖本纪》)

（6）鲁兵败走，齐兵掩绝鲁归道。(《史记·齐太公世家》)

（7）秦王闻赵食道绝，王自之河内，赐民爵各一级，发年十五以上悉诣长平，遮绝赵救及粮食。(《史记·白起王翦列传》)

（8）还军敖仓，破项籍军成皋南，击绝楚馕道，起荥阳至襄邑。(《史记·傅靳蒯成列传》)

例（4）中，"令"可做两种解释，一是"命令"，二是"致使"。按前一种理解，"令……绝"不是分析手段，按后一种理解，是分析手段。也就是说，《史记》中"绝"的分析用法刚刚萌芽，若将"V绝"视为使成动结式，恐怕操之过急，处理为连动式比较稳妥。

我们还查阅了《战国策》，其中"绝"字虽不少，但未使用分析手段，书中的"断绝"无疑是并立关系。综合来看，西汉时，"V绝"还不是使成动结式。也就说明拙文（2009、2015）认为它在东汉时才形成使成动结式是没有问题的。

四 V全

查遍先秦文献，我们从《春秋谷梁传》《孟子》《周易系辞》《周礼》《礼记》《庄子》中共找到"全"24例，其中使动用法只有4例，无一用于"致使-状态"兼语式。《史记》中共出现74次，使动用法的比例倒是很高，共33例，仍然不用于"致使-状态"兼语式。此外，《韩诗外传》情况与《史记》相似。但《太平经》中"全"已可见于"致使-状态"兼语式。如：

（1）此为失善从恶，令命不全，何独而是耶？（《太平经·大功益年书出岁月戒》）

（2）不欲为善，自令不全。（《太平经·不用书言命不全诀》）

（3）乃善人骨肉肢节，各保令完全。（《太平经·为父母不易诀》）

以上例子中，"令"都表示抽象"致使"，"全"都只表示状态，是分析式用法。据此，可认为下两例中的"V全"已成为使成动结式：

（4）各欲保全其身耳。（《太平经·上善臣子弟子为君父师得仙方诀》）

（5）无故埋逃此财物，使国家贫，少财用，不能救全其民命。（《太平经·六罪十治诀》）

同样，《汉书》中有"全"6例，其中"保全"4例，"养全、拥全"

各 1 例，均可依《太平经》的情况判为使成动结式。例略。

五　V 明

《左传》中，"明"共出现 161 次，其中使动用法有 9 例（张艳，2009），但也有分析型用法。如：

(1) 上之人能使昭明。(《左传·昭公三十一年》)

上例的意思是"上面的人能够发扬《春秋》大义"，"使"表示"致使"，"昭明"表示状态，显然用的分析手段。不过，这只能证明"明"作为形容词的构词语素时可用分析手段，不能证明单独成词时也可如此。

《史记》中，"明"共出现 195 次，其中使动用法 73 次（张艳，2009）。由于《史记》中没有出现"使……明"这种分析型用法，因此书中的"V 明"组合都不能分析为使成动结式，包括五种组合："发明" 5 例，"申明" 4 例，"辨明""彰明""修明"各 1 例。例略。

《太平经》中，"明"共出现 615 次，使动用法非常少，并且已可用于"致使-状态"兼语式，共有 6 例。如：

(2) □□□□□□□敕教使道不明。(《太平经·乐生得天心法》)
(3) 今愚生欲助天，太阳之气使遂明。(《太平经·断金兵法》)
(4) 今是天与地……使其不明。(《太平经·万二千国始火始气诀》)
(5) 如小功效之日，令生身日明。(《太平经·大功益年书出岁月戒》)

以上四例中，[+致使] 和 [+（明晰）状态] 两个义素分别由"使/令"和"明"承担，这是典型的分析手段。

"明"表示"明白"时，是心理状态，也用了分析手段。如：

(6) 故使为善者不明。(《太平经·试文书大信法》)

(7) 天使子分别不明。(《太平经·起土出书诀》)

既然"明"已多用分析手段,那么此时的"照明(2例)、彰明/章明(6例)、分明(17例)、原明(1例)、考明(3例)、征明(9例)、修明(1例)、见明(1例)"等均可视为使成动结式,这种"V明"组合有40例。例略。

以上我们讨论了"V破、V正、V绝、V全、V明"等"V+形容词"使成动结式的产生,通过分析可以看到,它们都在东汉时期形成。它们的形成绝非偶然,与使令动词的发展成熟、"致使-状态"兼语式的大量应用、形容词在兼语小句中充当 PP_2 等现象密切相关。不妨说,没有使令兼语式的形成,就不会有表示抽象"致使"的使令动词的产生,也不会有[+致使]和[+状态]分别表述的分析手段,也就不会有使成动结式。

第三节 "V+状态动词"使成动结式的产生

古汉语中,常处在连动式 V_1V_2 的 V_2 位置的状态动词有"伤、断、死、怒、倒"等,表述施事针对受事做出 V_1 所表示的行为,并致使受事做相应的行为呈现相应的结果状态等。这些 V_1V_2 后来都演变成了使成动结式,下面我们对其演变过程分别加以考察。本节主要讨论"V伤、V怒、V断、V死"等四个使成动结式的产生。

一 V伤

现代汉语中,"伤"可以带受事宾语,表示"使受伤害",相当于使动用法;也可用为使成动结式"V伤",补充说明动作给受事带来的结果,如"杀伤、打伤、砍伤"等。"V伤"什么时候开始变成使成动结式的呢?

《左传》中"伤"出现41例,其中使动用法11例,没有出现"V伤",也没有用在"致使-状态"兼语式中的情况。《史记》中有156例,其中使动用法49例(张艳,2009),出现了5种"V伤"组合,其中"射伤""杀伤"各7例,"击伤"2例,"刺伤""贼伤"各1例,共计18例,没有用在"致使-状态"兼语式中的情况,但有兼语式"令/使……伤"。如:

（1）此人亲惊吾马，吾马赖柔和，令他马固不败伤我乎？（《史记·张释之冯唐列传》）

（2）元朔四年中，人有贼伤王后假母者，王疑太子使人伤之，笞太子。（《史记·淮南衡山列传》）

上面两例中，"令"是"命令、指使"，"败伤"和"伤"是伤害行为，分别带受事宾语"我""之"，"伤"都在兼语小句中充当谓语核心，但都带使动宾语，兼语式表述的是"指使–行为"，而非"致使–状态"，因此，不能算分析用法。相应地，《史记》中的"V伤"组合也都还不是使成动结式。书中的逆序"伤V"组合，如"伤杀"，更加证明了这一点。

《太平经》中，"伤"共出现219次，使动用法41例，"V伤"有41例，包括"杀伤（20例）、贼伤（18例）、贼杀伤（2例）、残伤（1例）"等4种形式。"伤"已经可用于"致使–状态"型兼语式，共有4例。如：

（3）小师强怒喜狂说，反令使天地道伤。（《太平经·国不可胜数诀》）

（4）诋冒令人伤，小诋小伤，大诋灭亡也。（《太平经·天咎四人辱道诫》）

这种用法表明，"伤"已经开始采用分析手段，有理由把《太平经》中"V伤"视为使成动结式。

二 V怒

"怒"通常是表示心理活动的状态动词，也可以表示"使发怒"，是使动用法。因此，要判断"V怒"的结构特征，必须综合考虑。《左传》中，"怒"共出现151次，使动用法13例，还没有出现"V怒"。《史记》中，"怒"共出现443次，使动用法共有8例（张艳，2009），但也出现了用于兼语式的情况。如：

（1）君因召吴起而与归，即令公主怒而轻君。（《史记·孙子吴

起列传》)

上例中,"即令公主怒"是兼语式,既可分析为"致使-状态",但也可分析为"致使-行为",如果联系后面的"轻君"来看,分析为后者可能更好。因此,《史记》中的这种用法还不能证明"怒"用的是分析手段。相应地,书中的"激怒、威怒"等组合也很难证明是使成动结式。

《汉书》中,"怒"共出现367次,使动用法3次,"V怒"4次,用于"致使-状态"兼语式2次。如:

(2) 欲谒平阳侯,诸骑欲击鞭之。令大怒。(《汉书·东方朔传》)

(3) 镌之裁没水中,不能去,而令水益湍怒,为害甚于故。(《汉书·沟洫志》)

上面两例中,"怒"充当兼语式的 PP_2,由于它的前面还有副词"大""益"等修饰,可见,其状态特征非常明显,这些兼语式最好分析为"致使-状态"。

《太平经》中,"怒"共出现96次,没有使动用法,但有4例用于"致使-状态"兼语式。如:

(4) 故使天地大怒,灾变连起。(《太平经·事师如事父言当成法诀》)

(5) 使天忿怒,无有喜时。(《太平经·不可不祠诀》)

上面两例,表明《太平经》中"怒"也是采用分析手段。不过,只有例(4)才算合格用例,而例(5)中充当 PP_2 的其实是并列复合词"忿怒"。

根据"怒"的使动用法消失,及用于"致使-状态"兼语式的情况,可以推断,《汉书》中的"怒"已经开始采用分析手段,相应地,《汉书》中的"V怒"也可分析为使成动结式。如:

(6) 令辱之,以激怒其众。(《汉书·陈胜项籍传》)

(7) 苟为奸讹，激怒圣朝。(《汉书·蒯伍江息夫传》)

不过，《汉书》中的"V 怒"形式不多，主要是"激怒"，其他组合很少，《太平经》的情况也是如此。此外，竺法护译经、《世说新语》以及《齐民要术》中，"怒"都不再用于使动用法。我们将东汉的"V 怒"处理为使成动结式，是完全说得过去的。

三 V 断

先秦至东汉，"断"可以表示使动，但不用于"致使-状态"兼语式，这段时间出现的"V 断"① 都不是使成动结式。不过，西晋时代竺法护的译经中，"断"已经出现在"致使-状态"兼语式中了。如：

(1) 使菩萨行永存不断。(《文殊悔过经》)
(2) 务令大乘永存不断。(《佛升忉利天为母说法经》卷一)
(3) 其护三宝使不断者。(《佛升忉利天为母说法经》卷三)

以上三例中"断"都是用在"致使-状态"兼语式中充当兼语小句的谓词核心，由此可知，其使动用法已经开始衰落。因此，该文献中的"V 断"已可视为使成动结式。如：

(4) 毁訾大乘，遏断正教。(《文殊悔过经》)
(5) 拔断十二根。(《普曜经》卷八)
(6) 见水隔断，中央扬尘，佛行其中。(《普曜经》卷八)

上面三例中，"遏断""拔断""隔断"都可以视为使成动结式。

相对而言，前面所说的几种使成动结式都在东汉出现，而"V 断"稍晚，到西晋才开始出现，但时代相距不远。

---

① 《左传》中，没有"V 断"；《史记》中有"决断"2 例，"击断""分断"各 1 例；《太平经》中"V 断"有"绝断"30 例，"厌断"2 例，"因断""壅阏断"各 1 例；《汉书》中，"V 断"有 9 种形式，"啮断""伐断""堕断""捕格断""捕斩断""割断"各 1 例，"颛断"2 例，"击断"3 例，"决断"2 例。

四 V死

"死"是状态动词，跟形容词相近。太田辰夫（1958）认为"死"从古至今只有自动用法，没有使动用法。但实际情况并非如此，《左传》中就有使动用法有 2 例（张艳，2009）。由于极少用如使动，所以用"死"的使动用法是否衰落来考察使成动结式"V死"的产生，意义不大，还是要看它在"致使-状态"兼语式中的使用情况。

《左传》中，"死"可以用于兼语式中表示状态。如：

(1) 余必使尔罢于奔命以死。(《左传·成公七年》)
(2) 爱我者惟祝我，使我速死，无及于难，范氏之福也。(《左传·成公十七年》)

例（1）中，兼语小句的谓语是连谓结构，并且两个谓词之间还有"以"连接，这种句式可能主要还是表述"致使-行为"，与我们的标准还有一点距离；例（2）中，"死"用于"致使-状态"兼语式中。考虑到表示抽象致使的使令动词"使"和"致使-状态"兼语式在此阶段刚形成，将书中的"V死"（只有一个"蔑死"①）分析为使成动结式，未免过早。

《史记》中，"死"的使动用法也非常罕见，但可以用在"致使-状态"兼语式中。如：

(3) 王可自谨，无自令身死国灭，为天下笑。(《史记·三王世家》)
(4) 且终不令灌仲孺独死，婴独生。(《史记·魏其武安侯列传》)

《史记》中还出现了很多"V死"组合，如"诛死"7 例，还有"戮死""杀死""弑死""刭死""殪死"各 1 例，都是"及物的行为动词+死"，这些组合是否可以视为使成动结式？梅祖麟（1991）指出，汉代表

---

① 陈成国《四书五经校注本》认为《左传》中的"蔑死我君"为"蔑我死君"之误。如果陈氏所述无误，那么《左传》中还没有出现"V死"。

示死亡事件时,如果施事做主语,一般用"V杀",用"V死"时,一般是受事做主语。我们知道,受事做主语时,句子其实是无标记的被动式,整个句子表示"受事主语遭受某种事件而死亡",显然,它表述的是两个连续的事件,应该分析为连动式,而不是使成动结式。

《汉书》中,"死"也可以在"致使-状态"兼语式中充当小句谓词,有2例。如:

(5) 建临观大笑,令皆死。(《汉书·景十三王传》)
(6) 或闭不食,令饿死。(《汉书·景十三王传》)

例(5)中"死"充当兼语小句的谓语核心,而例(6)是连动结构"饿死"充当兼语小句核心,严格说来,与我们的标准还有差距。

《汉书》中的"V死"比《史记》更多,有"杀死(3例)、戮死(6例)、弑死(5例)、诛死(15例)、刺死(3例)、烧死(1例)、劾死(1例)、流压死(1例)、伏死(3例)、诛屠夷灭死(1例)、殛死(2例)、创死(1例)、格死(2例)、格斗死(1例)、决死(1例)、到死(1例)、经死(2例)、绞死(3例)、缢死(2例)、刎死(1例)、馁死(1例)、溺死(5例)、堕死(2例)"等形式。但无一例外,都是受事在句前做主语,"V死"不带宾语。所以,都不是使成动结式。

我们还查阅了《太平经》《论衡》《世说新语》《齐民要术》及竺法护的19部译经等文献,情况也与《史记》《汉书》一样。所以,虽然我们用的标准与学界不同,但结论与梅祖麟(1991)是一致的。只有南朝《幽明录》中的"乃打死之"才可视为使成动结式。

以上我们讨论了"V伤、V怒、V断、V死"等四个"V+状态动词"使成动结式的产生.通过分析可以看到,这种类型也是在东汉时期才开始形成,但有的稍晚,如"V断"是在西晋,而"V死"更晚,到南明才有典型用例。由此可推想,东汉是使成动结式普遍产生的时代,但对于具体个案来说,却不一定相同,每个词可能有各自独特的历史。

当然,我们对个案的考察基本是孤立进行的,没有联系其他个案进行综合分析。如果考虑到这一点,那么有些组合的形成时间或许可以提早。如"V死",它跟"V伤"属于同一语义类,后者在东汉变成使成动结式。它的形成,会不会对"V死"产生类推影响?这种可能性应当是存在的，或许有新的文献材料可以证明。只是我们尽量尊重文献事实而已。

这一类型的形成不是偶然的，也跟使令动词的发展成熟、"致使-状态"兼语式的大量应用、状态动词在兼语小句中充当 PP_2 等现象密切相关。没有这些因素的实现，就不会有［+致使］和［+状态］分别表述的分析手段，也就不会有"V+状态动词"的使成动结式。

本章总结

以上我们讨论了两类使成动结式九种个案的形成过程和时代，从中可以看到：

1. 使成动结式形成于中古之初——东汉，但具体的实例，并非同时形成，有的形成于东汉，有的形成于西晋，有的可能更晚。

2. 使成动结式形成于东汉是多方面因素综合作用的结果。（1）使令范畴发展成熟，使得致使义的表述方式变得丰富，从而带动大批形容词、状态动词进入兼语式中充当兼语小句谓词；（2）形容词、状态动词进入兼语式之后，其原本的致使义逐渐脱离，从而导致使动用法衰落，形容词、状态动词的特征得以固化；（3）特征固化后，带动上述组合由连动式重新分析为使成动结式。

3. 使成动结式的前身一般是连动式，均由于综合手段变为分析手段而重新分析成使成动结式。

4. 表面看来，形容词、状态动词的"自动词"用法的增加及"他动词"用法的减少，反映了使成动结式的形成。但如果不从更广大的范围、不结合使令动词和使令兼语式来考察，是无法合理解释的。只有将兼语式的形成、使令动词的形成和功能拓展、大量形容词和状态动词进入"致使-状态"兼语式、使动用法的衰落，及使成动结式的形成等语言现象综合起来考察，才能得到圆满的解释。

主要参考文献

著作

白于蓝：《殷墟甲骨刻辞摹释总集校订》，福建人民出版社 2004 年版。

丁声树：《现代汉语语法讲话》，商务印书馆 1961 年版。

冯春田：《近代汉语语法研究》，山东教育出版社 2000 年版。

古屋昭弘：《〈齐民要术〉中的使成式 Vt+令+Vi》，朱庆之主编《中古汉语研究》，商务印书馆 2005 年版。

郭沫若：《甲骨文合集》，中华书局 1982 年版。

洪波，《使动形态的消亡与动结式的语法化》，吴福祥、洪波主编《语法化与语法研究》，商务印书馆 2003 年版。

胡厚宣：《甲骨文合集释文（一）》，中国社会科学出版社 1999 年版。

黄伯荣、廖序东：《现代汉语》，高等教育出版社 1981 年版。

黄征：《敦煌俗语法研究之一——句法篇》，季羡林、饶宗颐、周一良主编《敦煌吐鲁番研究（第一卷）》，北京大学出版社 1996 年版。

江蓝生：《近代汉语探源》，商务印书馆 1999 年版。

蒋绍愚：《汉语动结式产生的时代》，袁行霈主编《国学研究（第六辑）》，北京大学出版社 1999 年版。

蒋绍愚：《近代汉语研究概要》，北京大学出版社 1994/2005 年版。

科姆里：《语言共性和语言类型》，沈家煊译，北京大学出版社 2010 年版。

黎锦熙：《新著国语文法》，商务印书馆 1924 年版。

李临定：《现代汉语句型》，商务印书馆 1986 年版。

李平：《〈世说新语〉〈百喻经〉中的补结构》，北京大学汉语语言研究中心主编《语言学论丛（第十四辑）》，商务印书馆 1987 年版。

李佐丰：《先秦汉语实词》，北京广播学院出版社 1994/2005 年版。

李佐丰：《先秦汉语自动词及其使动用法》，北京大学汉语语言研究中心主编《语言学论丛（第十辑）》，商务印书馆 1983 年版。

梁银峰：《汉语动补结构的产生和演变》，学林出版社 2006 年版。

刘承慧：《试论使成式的来源及成因》，《国学研究》，北京大学出版社 1999 年版。

刘文正：《〈太平经〉动词及相关句法研究》，湖南大学出版社 2015 年版。

柳士镇：《魏晋南北朝历史语法》，南京大学出版社 1992 年版。

吕叔湘：《中国文法要略》，商务印书馆 1942/1982 年版。

吕叔湘：《现代汉语八百词》，商务印书馆 1981 年版。

吕叔湘：《含动补结构的句子的语义分析》，《第一届国际汉语教学讨论会论文选》，北京语言学院出版社 1986 年版。

马如森：《殷墟甲骨文实用字典》，上海大学出版社 2008 年版。

梅祖麟：《从汉代的"动杀"和"动死"来看动补结构的发展——兼论中古时期起词的施受关系的中立化》，北京大学汉语语言研究中心主编《语言学论丛（第 16 辑）》，商务印书馆 1991 年版。

邵永海：《〈韩非子〉中的使令类递系结构》，北京大学汉语语言研究中心主编《语言学论丛（第 27 辑）》，商务印书馆 2003 年版。

沈家煊：《不对称与标记论》，江西教育出版社 1997 年版。

石毓智《肯定与否定的对称与不对称》，台北学生书局 1992 年版。

石毓智：《被动标记"让"在当代汉语的发展》，北京大学汉语语言研究中心主编《语言学论丛（第 31 辑）》，商务印书馆 2005 年版。

史文磊：《汉语运动事件词化类型的历时考察》，商务印书馆 2014 年版。

宋亚云：《汉语作格动词的历史演变与动结式的语法化》，吴福祥、崔希亮主编《语法化与语法研究（四）》，商务印书馆 2009 年版。

太田辰夫：《中国语历史文法》，蒋绍愚、徐昌华译，北京大学出版社 1958/2003 年版。

王力：《中国现代语法》，商务印书馆1943/1985年版。

王力：《汉语史稿》，中华书局1958年版。

王力：《汉语语法史》，商务印书馆1958/1989年版。

王明：《〈太平经〉合校》，中华书局1960年版。

吴福祥：《试论现代汉语动补结构的来源》，江蓝生、侯精一主编《汉语现状与历史的研究》，中国社会科学出版社2005年版。

邢欣：《现代汉语兼语式》，北京广播学院出版社2004年版。

徐丹：《"使"字句的演变——兼谈"使"字的语法化》，吴福祥、洪波主编《语法化与语法研究（一）》，商务印书馆2003年版。

姚孝遂：《殷墟甲骨刻辞摹释总集》，中华书局1988年版。

俞理明：《〈太平经〉正读》，巴蜀书社2000年版。

张斌：《现代汉语描写语法》，商务印书馆2012年版。

张玉金：《甲骨文语法学》，学林出版社2002年版。

赵元任：《北京口语语法》，李荣译，开明书店1952年版。

赵元任：《汉语口语语法》，吕叔湘译，商务印书馆1968/1979年版。

志村良治：《中国中世语法史研究》，江蓝生等译，中华书局1984/1995年版。

朱德熙：《语法讲义》，商务印书馆1982年版。

朱德熙：《语法答问》，商务印书馆1985年版。

朱琳：《汉语使役现象的类型学和历时认知研究》，学林出版社2009年版。

朱晓亚：《现代汉语句模研究》，北京大学出版社2001年版。

期刊、论文

曹晋：《"使令句"从上古汉语到中古汉语的变化》，《语言科学》2011年第6期。

赫林：《〈诗经〉使令动词配价研究》，《长江学术》2006年第4期。

黄征：《踏破贺兰山缺——近代汉语中的一种特殊句式VC1+N+C2》，《语文建设通讯》1992年第36期。

李佐丰：《〈左传〉的使字句》，《语文研究》1989年第2期。

刘丽川：《试论〈搜神记〉中的结果补语》，《语文研究》1984年第4期。

刘文正:《汉语"指宾动结式"的判别和产生年代》,《古汉语研究》2009年第2期。

刘文正:《汉语兼语动词产生于殷商说质疑》,《湖南师范大学社会科学学报》2014年第5期。

刘文正:《汉语使令动词"令"在先秦至东汉的发展》,《古汉语研究》2008年第4期。

刘文正:《汉语使令动词"使"在先秦至东汉的发展》,《东方语言学》2011年第2期。

刘文正:《逆向类推:兼语动词"让"的形成和发展》,《湖南大学学报》2014年第1期。

刘文正:《太平经动词及相关基本句法研究》,博士学位论文,湖南师范大学,2009年。

柳士镇:《从语言角度看〈齐民要术〉卷前杂说非贾氏所作》,《中国语文》1989年第2期。

吕冀平:《两个平面、两种性质——词组和句子的分析》,《学习与探索》1979年第4期。

史存直:《论递系式和兼语式》,《中国语文》1954年第3期。

宋绍年:《汉语结果补语起源的再探讨》,《古汉语研究》1994年第2期。

宋亚云:《汉语作格动词的历史演变及相关问题研究》,博士学位论文,北京大学,2005年。

汪维辉:《〈齐民要术〉卷前杂说非贾氏所作补证》,《古汉语研究》2002年第2期。

魏培泉:《说中古汉语的使成结构》,《"中研院"历史语言研究所集刊》2000年第4期。

萧璋:《论连动式和兼语式》,《北京师范大学学报》1956年第1期。

余志鸿:《论古汉语补语的移位》,《语言研究》1984年第1期。

张静:《汉语句法结构的基本类型(下)》,《中国语文》1981年第4期。

张静:《连动式和兼语式应该取消》,《郑州大学学报》1977年第4期。

张丽丽:《使役动词的多重虚化——从句法、语义和语用三层面观之》,《台大中文学报》2006 年第 25 期。

张丽丽:《从使役到致使》,《台大文史哲学报》2005 年第 62 期。

张美兰《近代汉语使役动词及其相关的句法语义结构》,《清华大学学报》(哲学社会科学版) 2006 年第 2 期。

张艳:《古代汉语使动用法历时研究》,博士学位论文,南京大学,2009 年。

赵长才:《汉语述补结构的历时研究》,博士学位论文,中国社会科学院研究生院,2000 年。

周迟明:《汉语的使动性复式动词》,《山东大学学报》1957 年第 1 期。

Comrie, Bernard. *Language Universals and Linguistic Typology*. Chicago: University of Chicago Press, 1981.

Dixon, R. M. W. *Atypology of causatives: Form, Syntax and Meaning*. Changing valency: Case studies in Transitivity. Dixon and Aikherwald (eds.), London: Cambridge University Press, 2000.

Goldberg A. *Constructions: A Construction Grammar Approach to Argument Structure*. Chicago: Chicago University Press, 1995.

Harris, Alice & Lyle Campbell. *Historical Syntax in Cross-linguistic Perspective*, 世界图书出版公司, 1995/2007: 151-194.

Kay. Fillmore. *Grammatical Constructions and Linguistic Generalizations: The What's X doing Y? Construction*. Language, 75: 1-33. 1999.

Peng Rui. *The Development of Chinese Pivotal Construction: The Perspective of Grammaticalization*. Phd of Stanford University, 2006.

Shibantani, Masayoshi. *Lexical versus Periphrastic Causatives in Korean*. Journal of Lingusitics 9, 281-297, 1976.

Shibantani, Masayoshi. Ed. *The Grammar of Causation and Interpersonal Manipulation*. Philadephia: John Bejamins, 2001.

Sun chaofen. *to use and to cause: shi yong "to use" and the derivationof indirect causation in Chinese*. Journal of Chinese Linguistics, 33. 1. 2005, 140-163.

Tenny, C. & J. Pustejovsky. *Events as Grammatical Objects*. Stanford: Center for the Study of Language and Information, 2000: 66-69.

Traugott, Elizabeth Closs, Graeme Trousdale. Constructionalization and Constructional Changes. N. Y.: Oxford University Press, 2013.

后 记

对使令动词的研究产生兴趣，最初是因为在教中学语文时经常遇到这样的困惑：教参中明确将"通过……使我……"这类句子视为"病句"，但学生作文中却经常出现，很多名家名著中也不乏其例，为什么这样的"病句"不仅普通学生常说，典范的白话文著作也是如此？中学从教十年，这个问题也困扰了我十年。考取博士后不久，我选择以汉语史动词的古今差异及其演变作为研究对象，试图借此解决我曾经的困惑，我相继撰写了两篇以使令动词产生和发展为话题的小文章。在我自鸣得意之时，导师蒋冀骋先生告诫我不要浅尝辄止，并指导我将其与使令范畴在不同时代的表现、述补结构等相关问题联系起来考察，所以本书的诸多观点在撰写博士论文阶段就已有初步想法。博士毕业以后，我又陆续读到了不少专题讨论汉语使令动词的文献，受到了很多启发，加之在教学实践和课题研究中思虑问题的进一步深入，更觉有持续深耕的必要。

2013年，我成功立项了国家社科基金项目"汉语使令类兼语动词的形成、发展及其对句法结构的影响研究（13BYY110）"，本书稿既是该项目的最终成果，同时又是本人另一部专著《〈太平经〉动词及相关句法研究》最后一章五个专题之一的进一步延展。实际上早在2016年，本书稿的写作就已基本完成，但由于很多想法自觉不够成熟，需要经过时间的沉淀和检验，没有及时出版。近年来，我又陆续完成了几个国家级项目，积压了好几部书稿。眼看着电脑中的半成品不断增加，倘若再不整理出版，恐怕以后更是无暇顾及。此番付梓，既是对博士毕业以来所思所虑的一个总结，同时又希望能够将这些不很成熟的想法分享给大家，以期得到学界同仁的指教。

在此，我要特别感谢我的博士导师蒋冀骋先生，毕业以后，先生也一直关注我的学术成长,希望我能认真搞好教学和科研工作,争做名师,多出精品。无奈学生驽钝,距先生的要求相去甚远,只能俯首拼搏,以不负恩师厚爱。此外,本项研究得以顺利完成,我要感谢国家社科基金规划办的立项资助。本书得以顺利出版,则应感谢我的工作单位湖南大学中国语言文学学院的出版资助。本书的最后校对工作,我的博士生王博和硕士生叶俊雄付出了很多努力,中国社会科学出版社的编辑同志不辞辛劳,为本书的出版把好了最后一道关,在此一并表示感谢。

"立千载以上之人于前,而与之对谈;立千载以下之人于旁,而防其纠摘。"历来学问之成皆由辛苦,鲜由天才,我将继续保有对学术事业的激情和对学术研究的谨慎,脚踏实地,继续攀登!

刘文正于湖南大学第二院

2023年1月21日(壬寅年腊月三十)